insel taschenbuch 4892
Barbara von Bechtolsheim
Paare

AF196970

Marilyn Monroe und Arthur Miller, Yoko Ono und John Lennon, Ingeborg Bachmann und Paul Celan, Susan Sontag und Annie Leibovitz, John Cage und Merce Cunningham ... – zwanzig Paare aus Musik, Kunst und Literatur stellt die Autorin vor und erzählt, wie Kreativität das Miteinander und umgekehrt die Liebe das künstlerische Schaffen beflügeln. Die Lebenswege vieler dieser Paare sind untrennbar miteinander verwoben. Wie gestaltet sich ihr Alltag, gehen sie mit Rivalität und Stress und Verlust um? Wie bewahren sie ihre Liebe und Leidenschaft? Auch bei diesen Künstlerpaaren ist nicht alles perfekt, und darum geht es auch gar nicht. Vielmehr inspirieren Offenheit und Sensibilität, Stetigkeit und Bereitschaft zu Neuem in der Kunst und in der Liebe.

Barbara von Bechtolsheim studierte Literaturwissenschaft, Philosophie und Psychologie in München und Stanford. Sie hat Lehraufträge in Literatur- und Kulturwissenschaft an diversen Hochschulen und forscht über die Kreativität von Paaren. Als literarische Übersetzerin vermittelt sie vielseitig zwischen der amerikanischen und der deutschen Kultur.

# BARBARA VON BECHTOLSHEIM

# Paare

## VON BEZIEHUNGSKÜNSTLERN
## UND IHRER LIEBE

INSEL VERLAG

*Für A. Douglas Stone*

Erste Auflage 2022
insel taschenbuch 4892
© Insel Verlag Berlin 2022
Vertrieb durch den Suhrkamp Taschenbuch Verlag
Umschlaggestaltung: hißmann, heilmann, hamburg
Umschlagfoto: Arthur Miller und Marilyn Monroe, 1956
Foto: Bettmann/Getty Images, München
Satz: Satz-Offizin Hümmer GmbH, Waldbüttelbrunn
Druck: Pustet, Regensburg
Printed in Germany
ISBN 978-3-458-68192-2

# INHALT

PROJEKTE

# JOAN BAEZ & BOB DYLAN

Beim legendären Friedensmarsch in Washington 1963 waren sie vermutlich das prominenteste Paar, Königin und König der Folk-Szene – ihre Stimmen passten zusammen und in ihrer künstlerischen Überzeugung ergänzten sie sich ideal. Sie die Sängerin, er der Dichter, beide ganz existentiell für die Umbrüche der 1960er Jahre engagiert, für Menschen- und Bürgerrechte, für Frieden und Freiheit, für ein neues historisches Verantwortungsbewusstsein. Dieser gemeinsame Nenner machte die künstlerische und emotionale Kraft aus und bewirkte die gegenseitige Faszination.

Es war eine stürmische Beziehung. Diese beiden extrem unabhängigen Menschen verband ihr politisches Engagement, das sie einander künstlerisch und persönlich nahebrachte. Sie bewunderte sein Genie, förderte seine ersten Auftritte und gab seinem Leben eine Zeitlang Halt. Er inspirierte mit seinen unerschöpflichen Ideen ihre musikalischen und politischen Ambitionen und verlieh ihrer Zielstrebigkeit gelegentlich eine Prise Leichtigkeit. Beide waren der Bürgerrechtsbewegung, der Gegenkultur und dem Pazifismus verpflichtet, und dafür schrieben und sangen sie ihre Protestsongs. Zwei Jahre lang waren sie wahnsinnig verliebt und unglaublich kreativ.

Joan Baez, 1941 in Staten Island, New York, geboren, wuchs in einer mexikanisch-schottischen Intellektuellenfamilie auf, sie bewunderte ihre Eltern, besonders den Vater, der als Physiker nicht für die Rüstungsindustrie, sondern als freier Wissenschaftler in aller Welt arbeitete. Ihre High-School-Zeit im kalifornischen Palo Alto inspirierte sie sowohl intellektuell wie künstlerisch. 1954 hörte sie dort Pete Seeger, jenen radikalen Liedermacher, der die Folk-Szene in den USA mit prägte und nun Joan Baez beeindruckte – wie er bald auch Bob Dylan beeindrucken sollte. Als sie zwei Jahre später Martin Luther King mit einem Vortrag über Menschenrechte und Gewaltlosigkeit hörte, stand für sie endgültig fest: Sie wollte ihr politisches Engagement mit Folksongs in die Welt tragen. Die Familie zog 1958 nach Boston, und Joan begann, an der Boston University zu studieren, doch ihre eigentliche Ausbildung fand in den Kaffeehäusern statt, wo sie intensiven Kontakt mit der aufstrebenden Folk-Szene hatte. Ihre ersten Auftritte hatte sie im Club 47 in Cambridge, dann am 12. Juli 1959 beim Newport Folk Festival ihr legendäres Debüt vor einem riesigen Publikum. Von dem schrecklichen Lampenfieber und den Panikattacken vor solchen Auftritten ließ sie sich nicht einschüchtern. Im November des Folgejahres trat sie erstmals in New York auf und brachte im selben Jahr ihre erste LP heraus, die gleich für Furore sorgte. So natürlich begabt und willensstark, so schüchtern und zugleich präsent, wie sie war, faszinierte sie, nicht zuletzt weil ihr mädchenhaft-selbstbewusstes Auftreten eine ganz neue Weiblichkeit ausstrahlte.

Bob Dylan, immer ein Meister der Selbstinszenierung, machte am Anfang seiner Karriere gern ein Geheimnis um seine wahre Herkunft. Mit Vorliebe erzählte er abstruse Geschichten, zum Beispiel, er sei in New Mexico aufgewachsen, wo er Cowboy Songs gesungen habe und Motorradrennen gefahren sei. Tatsächlich wurde Robert Allen Zimmerman 1941 geboren und wuchs in den bürgerlichen Verhältnissen einer jüdisch-ukrainischen Familie in Minnesota im Mittleren Westen der USA auf. Schon als Schüler beschäftigte er sich hauptsächlich mit Gedichte schreiben, Musik hören und Gitarre spielen. An der Universität hörte er keine Vorlesungen, weil er rastlos in Clubs und Kaffeehäusern, im Radio und Fernsehen nach musikalischen Vorbildern suchte. Joan Baez sah er zum ersten Mal in einer New Yorker TV-Show und war hingerissen von ihrer Ausstrahlung und ihrer überirdisch schönen Stimme.[1] Bob entwickelte immer mehr seinen eigenen Stil, der sich optisch durch sein anarchistisches Auftreten und inhaltlich durch die präzise Beschreibung der momentanen gesellschaftlichen Lage ausdrückte. Er wollte Veränderung. Im Kaffeehaus Scholar in Minnesota hatte er seinen ersten Auftritt mit einem eigenen Repertoire an Folksongs, deren Texte die Leute irritierten. Das Songwriting hatte für Bob Dylan immer hohe Priorität. Er wollte mit seiner Musik Unrecht anprangern und Stellung beziehen. Der bedingungslose Kampf für Freiheit und Gerechtigkeit vereinte Bob Dylan und Joan Baez von Anfang an. Genau wie Baez brach er das Studium ab, um Musik zu machen, und er schuf eine ganz neue Richtung: Folk mit aufrüttelnden Texten. Menschenrechtsverletzungen waren sein Thema, und wann immer ihm Unrecht zu Ohren kam, ergriff er Partei.

Als Bob Dylan im April 1961 im Musiklokal Gerde's Folk City in New York auftrat, erregte der jungenhafte Sänger, der seine eigenen Songs so provokant vortrug, Joans Aufmerksamkeit. Nach der Veranstaltung wollte Bob ihr draußen zu später Stunde ein Ständchen spielen, hatte aber seine Gitarre liegen lassen. Sie bot ihm also ihre an für dieses Minnelied – und er bandelte gleich noch mit ihrer Schwester Mimi an. Joan schickte die kleine Schwester ins Hotel und plauderte dann mit diesem aufregenden und ganz außergewöhnlichen Musiker. Es dauerte nicht lange, bis es zwischen den beiden funkte.

So ergab sich die Zusammenarbeit: Dylan schrieb seine Songs, beispielsweise »A Hard Rain's a-Gonna Fall«, das der erste politische Song wurde, den Joan Baez sang – hiermit kam sie musikalisch in der Gegenwart an und fand ihren eigenen Stil. Für beide bedeutete dieses Manifest eine künstlerische Orientierung, für ihn als Liedermacher und Dichter, für sie als politisch engagierte Sängerin. Ursprünglich war sie es gewesen, die ihn zu sich auf die Bühne holte. Nun wurde er wegweisend für ihre künstlerische Laufbahn: Weg von der Tradition, hin zum Protest. »Wir beide ein Zwillingsgestirn der Subkultur. Wir lebten einen Mythos aus«, so erinnert sich Baez in ihrer Autobiografie.[2] Sie wurden zum Sprachrohr der Menschenrechts- und Stu-

dentenbewegung. Beim Monterey Folk Festival im Mai 1963 trafen sie sich wieder. Für Bob Dylan war es die Premiere an der
Westküste, Joan Baez stellte ihn ihren Tausenden von Fans vor
und sang mit ihrer unvergleichlichen Stimme nun seine Songs.
Dann sangen sie im Duett den Song »With God on Our Side«,
wohl das Kernstück der gemeinsamen künstlerischen Arbeit:

Ich habe gelernt die Russen
Mein Leben lang zu hassen
Wenn ein neuer Krieg beginnt
Werden wir die bekämpfen müssen
Sie zu hassen und zu fürchten
Zu laufen und mich zu verstecken
Und alles tapfer hinzunehmen
Mit Gott auf meiner Seite

...

Und jetzt da ich gehe
Bin ich höllisch erschöpft
Die Verwirrung, die ich empfinde
Ist nicht mit Worten auszudrücken
Die Wörter füllen meinen Kopf
Und fallen zu Boden
Wenn Gott auf unserer Seite ist
Wird er den nächsten Krieg verhindern[3]

Wie ist es möglich, dass in Kriegen oder historischen Krisenzeiten Moral und das Leid der Menschen keine Rolle spielen? Wie
können die Menschen sich dabei auf Gott berufen und somit ihr
Gewissen beruhigen? Mit paradoxer Moral waren Dylan und
Baez in der Nachkriegszeit sozialisiert, jetzt unterstützten beide
Martin Luther King, dessen Anhänger in ihrem Glauben wiederum auf Gott vertrauten. Die Konflikthaftigkeit von Religion
war ihnen völlig klar, und als Künstler stellten sie die Doppel-

moral radikal in Frage. Auch wenn der Vietnam-Krieg in der Aufzählung historischer Ereignisse hier nicht genannt wird, entsprach es ihrer Überzeugung, mit der Musik gegen ebenjenen Krieg zu protestieren. Wie stark beide mit der eigenen Moral ins Gericht gingen, wie unmittelbar sie sich dazu bekannten, Teil des Lügengespinstes zu sein, macht diesen Song so aufrichtig und verstörend.

Von Monterey fuhren sie gemeinsam in die Carmel Highlands. Baez hatte oberhalb von Carmel ein kleines Anwesen gekauft, um dort dem Trubel zu entgehen. Hier, nahe der traumhaften Pazifikbucht, konnte sie zur Ruhe kommen. Nun zogen sie sich als Paar hierher zurück, jeder widmete sich der eigenen künstlerischen Arbeit: Er hämmerte Songtexte und Prosa in seine Schreibmaschine und spielte auf dem Klavier, das Joan für ihn gekauft hatte. Sie übte seine Lieder. Und es wurde gemeinsam gesungen. Den Briefen an ihre Mutter zufolge genossen beide das gemeinsame Leben unendlich. Gelegentlich unternahmen sie Spritztouren entlang der Küste oder trafen sich mit Freunden und Familie. Joans Schwester Mimi, ebenfalls Sängerin, war inzwischen mit dem Musiker und Dichter Richard Fariña verheiratet, die beiden wohnten in der Nähe, und so saß man oft zusammen, machte Musik, schrieb, redete und lachte.

Im Juli traten Joan und Bob mit »With God on Our Side« beim Newport Folk Festival auf und nahmen den Song jeweils in einem eigenen Album auf. Newport 1963 – da waren alle bekannten Folksänger dieser Generation dabei, Pete Seeger und Judy Collins, Peter, Paul and Mary, und dann war es, wie der Sänger Tom Paxton meinte, die Krönung für Bob und Joan.[4] Danach war Dylan bei seinem Agenten Albert Grossman in Woodstock eingeladen, und Baez stieß bald dazu. Wenn Bob nicht gerade textete, fuhren sie auf seinem Motorrad durch die Gegend, schauten sich Filme an und badeten. Auch hier wieder: Freunde, Gespräche und vor allem stimulierende Auszeiten.

Am 28. August 1963 sangen Joan Baez und Bob Dylan vor 250 000 Menschen am Lincoln Memorial den Gospelsong »We Shall Overcome«, der damit zur Hymne der Friedens- und Menschenrechtsbewegung wurde. Martin Luther King hielt seine Rede »I have a Dream«, und Millionen amerikanische Fernsehzuschauer waren mit dabei. Dies war erst einmal der letzte gemeinsame Auftritt, jeder ging seiner Wege.

Zwei Jahre später lud Bob Dylan Joan Baez zu seiner England-Tournee ein. Als sie in London eintraf, war er an einem gemeinsamen Auftritt nicht mehr interessiert. In der misslichen Situation organisierte sie spontan ein Konzert in London, doch er hatte ihr das Herz gebrochen. Die von Musik und politischem Engagement getriebene Partnerschaft war am Ende. Joan Baez blieb dennoch ihrer Linie treu und engagierte sich, sie erhob ihre Stimme bei der Studentenbewegung in Berkeley und gegen die Kriege in Vietnam, Nordirland, Bosnien und Irak, sie trat in Chile gegen Pinochet und in Bratislawa für Václav Havels samtene Revolution und in Warschau für *Solidarność* auf. In ihren Songs ging es immer um ein Engagement – das war der gemeinsame Nenner mit Bob Dylan. Wohl keiner hat die Song Poetry so beeinflusst und mit seinen Lyrics die Kulturgeschichte verändert wie er. Eben dafür wurde ihm 2016 der Literaturnobelpreis verliehen.

Doch 1966 wollte er von alldem nichts mehr wissen, nichts von Joan Baez, nichts von der gegenseitigen Inspiration. Vergessen war, wie sie ihn fasziniert hatte, als wäre die Basis der Beziehung tatsächlich wesentlich das politische Engagement durch die Musik gewesen. Offenbar musste er die Beziehung rückblickend herunterspielen und auf eine platonische Liebe reduzieren, als hätte nicht gerade die Verliebtheit der kreativen Zusammenarbeit den Zauber gegeben. Das Bedürfnis, keine Bindungen einzugehen, war stärker. Aber das galt für beide.

Nach dem Beziehungsende nahm Joan Baez 1968 eine Platte

auf mit dem Titel »Any Day Now. Songs of Bob Dylan«. Damit setzte sie die Künstlerbeziehung fort, auch wenn sie vorerst nicht mehr zusammen auftraten. Seine künstlerischen Impulse galten für sie weiterhin, noch bis 1975, als sie den nostalgischen Song »Diamonds and Rust« in Erinnerung an ihn und für ihn schrieb – vielleicht das klarste Dokument dieser beglückenden und herausfordernden Beziehung.

1975/76 traten sie bei der *Rolling Thunder Revue Tournee* wieder gemeinsam auf, darum hatte er sie gebeten. In diesen kreativen und verrückten Wochen lebte die Beziehung in anderer Weise noch einmal auf. Joan hatte auch schauspielerisches Talent, sie trat als Dylan verkleidet auf, da war sicher nicht nur Vergnügen, sondern eine Erkundung ihres Gegenübers im Spiel. Bei der ganzen Tournee gab es allerlei merkwürdige Rollenspiele, aber auch enorm viel Spaß und gute Musik. Diese Filmproduktionen und Konzerte gingen dann letztlich sang- und klanglos zu Ende. Im Juni 1984 sah es erneut nach Wiedervereinigung aus, als Baez und Dylan auf eine Europa-Tournee mit gemeinsamen Auftritten in Hamburg und München gingen. Doch immer wieder gab es Reibereien, oftmals wohl durch sein Geltungsbedürfnis verursacht – sie fühlte sich von ihm ausgenutzt, er brauchte Unabhängigkeit und immer neue Anreize. Immerhin sprechen die beiden in der Rückschau der Jahrzehnte wohlwollend übereinander.

Grundsätzlich mag man überlegen, wie nah für Joan Baez und für Bob Dylan eine Zweierbeziehung überhaupt sein durfte. Beide fanden sicher in ihren Musikern sowie in ihrem Publikum eine unmittelbare Resonanz, die sich in einer Paarbeziehung schnell »zu nah«, zu verpflichtend anfühlte. Außerdem lieferte das Engagement, künstlerisch sowie politisch, einen Sinn, der sonst die Beziehung, auch mit Ehe und Familie, bieten kann. Möglicherweise liegt hier auch der Grund dafür, dass Dylan eine Beziehung hatte, während er mit Baez liiert war, und dass bei beiden enge Bindungen nicht lang hielten – und auch die spätere Ehe von Joan Baez mit dem Pazifisten und Autor David Harris nur fünf Jahre währte.

ILSE AICHINGER &
GÜNTER EICH

Offen lachen die beiden in die Kamera. Sie wirken natürlich und vertraut miteinander, humorvoll, vielleicht ein bisschen selbstironisch. So selbstverständlich wie auf dem Bild bewegte sich das Paar in literarischen Kreisen. So musste es sein, denn die Suche nach Klarheit durchdringt beider Werk: zurückzufinden zu einer echten Sprache, zu Worten, die Ambivalenz, Ungewissheit, Paradox erlauben. Denen man nachlauscht und dabei gnadenlos skeptisch bleibt. Das schützende Versteck der Literatur war beider Lieblingsdomizil. Beide hatten existenzielle Gründe für ihre Flucht in die Sprache. Ilse Aichinger war als Halbjüdin während der Nazizeit zur Heimlichkeit gezwungen gewesen. Günter Eich hingegen ging in eine innere Emigration. Gleichwohl waren beide in der deutschen Literatur der Nachkriegsjahre und vor allem in der Gruppe 47 höchst präsent. Nicht nur ihre lakonischen und hellsichtigen Texte trugen zu dieser Sonderstellung bei, sondern auch ihr Haus in Großgmain, dessen Tür den Literaten jener Jahre stets offen stand. Traf man sich dort, gehörten Sprechen und Lesen genauso dazu wie Zuhören und Schweigen.

Was machte also diese wortkarge Künstlerliebe aus? Ilse Aichinger nannte ihre Beziehung zu Günter Eich ein »inneres Einverständnis«, »Stille und Gelassenheit«. Ein zärtlicher Umgang miteinander und ein tiefes Vertrauen, das muss die Basis für die literarische Werkstatt gewesen sein, in der radikales Denken und rückhaltloses Fragen die Grundlage bildeten und jeder an seinem eigenen Schreibtisch eine Art Heimat in der Sprache fand.

Wie dieses Paar in der gemeinsamen Stille Ruhe und Sicherheit fand, kann man wohl als programmatisch bezeichnen, als ein Projekt in der Mitte eines Jahrhunderts, in dem der Lärm von Propaganda und Machtdarstellung ebenso zerstörerisch wirkte wie die Heimlichkeiten von Gewalt und Menschenverachtung. Ilse Aichinger und Günter Eich hatten beide die Gräuel des Krieges und der Nazizeit durchlitten und überlebt. Im Schreiben fanden sie nicht nur einen Rückzugsort, sondern auch Sinnstiftendes für die Zukunft.

Die beiden lernten sich im Mai 1951 bei einer Tagung der Gruppe 47 kennen. Die gut aussehende junge Frau aus Wien verdrehte auch anderen Männern den Kopf, doch 1953 gab sie Günter Eich das Jawort. Sie zogen nach Bayern, gründeten eine Familie und damit augenscheinlich eine bürgerliche Existenz. Doch wie vertrug sich das mit dem Anspruch zweier Literaten, die an ihren Schreibtischen saßen, ihre verknappten Texte verfassten und sich gegenseitig vorlasen, um eigenen Sinn zu finden? Ganz pragmatisch: Wie sollte eine neue Art von Literatur, die sich herkömmlichen Standards verweigert, das Einkommen sichern?

Immerhin hatte Ilse Aichinger bereits im Alter von 27 Jahren ihren Roman *Die größere Hoffnung* veröffentlicht. Der allegorische Kriegsbericht eines jüdischen Mädchens hatte sie schlagartig bekannt gemacht. Günter Eich hatte sich längst als Lyriker etabliert; und er arbeitete für den Rundfunk. Dieses damals neue Medium mit seinen Umsetzungsmöglichkeiten passte zu Eichs Traumwelten und war auch finanziell einträglich. Der ästhetische Ansatz der beiden überschnitt sich: Sie wollten mit den Mitteln der Sprache Sinn und Sinnlosigkeit ausloten.

–

Ilse Aichinger kam 1921 in Wien als Zwillingskind zur Welt. Ihre Mutter war Ärztin und von der jüdischen zur katholischen Religion konvertiert. Der Vater galt als vergeistigter Mann, der dem praktischen Leben offenbar nicht recht gewachsen war. Als Ilse und ihre Schwester sechs Jahre alt waren, trennten sich die Eltern, und die Mutter zog mit den Töchtern zur Großmutter. Dass Aichinger 1942 die Deportation der geliebten Großmutter mitansehen musste, belastete sie schwer. Sie entschied, das Leben sei eine Zumutung: Schließlich habe man sie nicht gefragt, ob sie zur Welt kommen wolle. Trotz aller Schwermut erkannte Ilse schon früh, was Hoffen und Wünschen bewirken können: Sie treiben das Leben voran.

Dem Beispiel der Mutter folgend, wäre sie gern Ärztin geworden, aber dann kam der jungen Medizinstudentin der zeitgemäße Roman *Die größere Hoffnung* dazwischen: Der Fischer Verlag erwartete, dass das Manuskript bis Jahresende 1947 vorliegt. Also Studienabbruch nach dem 5. Semester. Bald begann sie, als Lektorin beim Fischer Verlag in Berlin mitzuarbeiten.

Was hatte es nun mit der »größeren Hoffnung« auf sich? Woher konnte ein jüdisches Kind im Wien der Nazi-Zeit angesichts der Kriegskatastrophen diese nehmen? Aichingers eigene Hoffnung auf ein Visum für die USA hatte sich zerschlagen. Im Roman wird Ellen, der Tochter einer jüdischen Mutter, ebenfalls ein Visum verweigert, genauso wie der Wunsch, dazuzugehören. Am Ende dieses von Traumfiguren und Allegorien getragenen Prosastücks wird aus dem Judenstern der Morgenstern, der für eine verbleibende, brennende Hoffnung steht, jenseits von Angst und Tod. Träume sind es hier, die das Vergangene in die Gegenwart holen und verwandeln: In einer neuartigen Erzählweise lässt der Roman Hoffnung auf eine Zukunft aufscheinen. Der vom Verlag erbetenen Neufassung für die Neuausgabe 1960 hat Aichinger, wohl auch unter dem Einfluss von Günter Eich[5], dessen kritisches Urteil sie inzwischen schätzte, etwas von der Radikalität der Erstfassung genommen. Interessanterweise strich sie folgenden kurzen Dialog:

»Daß du mich erkannt hast, Jan!«
»Daß du mich erkannt hast, Ellen!«
»Müssen wir uns nicht alle mitten im Finstern erkennen?«[6]

Die beiden Fremden erkennen einander in ihrer tiefsten Sehnsucht und können die Seelenverwandtschaft kaum fassen. Vielleicht kamen der Autorin oder ihrem nächststehenden Leser
diese Zeilen zwölf Jahre später zu privat vor. Jedenfalls klingt
in diesem Willen zum Widerstand, zur gemeinsamen Hoffnung
angesichts des Todes und des Entsetzens, schon eine spätere
Gemeinsamkeit mit Günter Eich an: Träume, die die Welt verändern und auf besondere Art Sinn stiften. 1952 las Ilse Aichinger
in Niendorf beim Treffen der Gruppe 47, von dem später noch
zu sprechen sein wird, ihre »Spiegelgeschichte«, für die sie mit
dem 1. Preis ausgezeichnet wurde. Da zeigte sich ihr Stil bereits
knapper, der Inhalt surrealer. Vielleicht spielten bei diesen
Neuerungen Gespräche mit Günter Eich eine Rolle.

–

Er wurde 1907 im brandenburgischen Lebus geboren, in seiner
Kindheit zog die Familie mehrfach um, später studierte er erst
Volkswirtschaft in Leipzig, dann Sinologie in Paris. Schon als
Zwanzigjähriger veröffentlichte er Gedichte. 1932 brach er das
Studium ab, um als freier Schriftsteller in Berlin zu leben. Im
Zweiten Weltkrieg wurde er bei der Luftwaffe als Funker und
Kraftfahrer eingesetzt und geriet 1945 in amerikanische Kriegs-
gefangenschaft. Gedichte zu schreiben half ihm durchzuhalten.

–

Von diesen Kriegsgefangenengedichten hatte der Initiator der
Gruppe 47, Hans Werner Richter, gehört und Günter Eich 1948
zur Schriftstellertagung eingeladen. Eichs lakonische, die Sprache prüfenden Gedichte trafen den Ton und die Stimmung der
Zeit. Abgesehen von Gedichten gehörte er nun zu den Autoren,
die das Genre des Hörspiels prägten. 1953 erhielt er den Hör-

spielpreis der Kriegsblinden, als er nachdrücklich appellierte: »Wacht auf, denn eure Träume sind schlecht! / Bleibt wach, weil das Entsetzliche näher kommt. //Auch zu dir kommt es, der weit entfernt wohnt von den Stätten, wo Blut vergossen wird, / auch zu dir und deinem Nachmittagsschlaf, / worin du ungern gestört wirst (...) Nein, schlaft nicht, während die Ordner der Welt geschäftig sind! / Seid mißtrauisch gegen ihre Macht, die sie vorgeben für euch erwerben zu müssen! / Wacht darüber, dass eure Herzen nicht leer sind, wenn mit der Leere eurer Herzen gerechnet wird! / Tut das Unnütze, singt die Lieder, die man aus eurem Mund nicht erwartet. / Seid unbequem, seid Sand, nicht das Öl im Getriebe der Welt!«[7] Mit diesem legendären Hörspiel *Träume* schlug Eich einen ganz neuen literarischen Ton an – die Hörer waren entrüstet. Hier ging es nicht mehr um die existenzielle Einsamkeit oder auch Sprachlosigkeit derer, die düstere Erinnerungen und resignierte Hoffnungslosigkeit mit sich schleppten. Vielmehr oszillierten diese Hörspiele, ähnlich wie Ilse Aichingers Texte, zwischen Traum und Widerspruch, zwischen Spiritualität und Revolte. Gerade diese provokative Art stellte den gemeinsamen Nenner mit dem Schreiben von Ilse Aichinger dar. Ihre Gedichtzeilen: »es gibt die Welt, / prüfe, ob sie nicht lügen.«[8] – könnten auch von ihm stammen.

Aichinger und Eich haben sehr unterschiedlich gearbeitet, aber perfekt zusammengewirkt: Er inspirierte sie, Hörspiele zu schreiben, die er für sie sorgfältigst mit poetischen Anmerkungen redigierte, beispielsweise *Auckland*. Die große Achtsamkeit im Umgang mit der Sprache vereinte beide: »Derjenige, der schreibt, ist derjenige, der Ratschläge gibt, die nicht zur Vernichtung, sondern zur Erweckung führen. Alle Mitteilungen sind heute gefährdet. Aber derjenige, der schreibt, ob beredt oder unberedt, setzt das Schweigen dagegen. Das bedeutet für mich immer wieder: Das Ergebnis des genauesten, stillsten Hinhörens, das Ergebnis des Schreibens, das Schreiben selbst.«[9] Herkömmliches Schreiben war für beide verdächtig, weil es für sie nicht genau, nicht wirklich wahrhaftig sein konnte. Vielmehr zerlegten sie Sinnzusammenhänge oder überprüften die Worte, um wieder wach und sensibel mit dem Sprachmaterial umzugehen.

Gelegentlich entstanden in ihrer Zusammenarbeit explizite Verbindungen zu nun geteilten Erinnerungen. In einem Gedicht aus den 1960er Jahren lässt Eich implizit Aichingers deportierte Großmutter auftauchen: »Es geht / es geht. / Aber wenn der Krieg vorbei ist, / fahren wir nach Minsk / und holen die Großmutter ab.«[10]

–

Ilse Aichinger und Günter Eich hatten Kindheit und Jugend unter extrem wechselvollen Bedingungen zugebracht, sie ohne Vater, als Kind mit gelbem Judenstern der Verfolgung durch die Nazis und den Wirren des Krieges ausgesetzt, Verlust der Großmutter durch deren Deportation ins KZ, Trennung von der Zwillingsschwester, die nach London in Sicherheit gebracht wurde. Er hatte im Krieg gekämpft, 1943 die Ausbombung seiner Berliner Wohnung erlebt und nach der Kriegsgefangenschaft in Geisenhausen als Flüchtling Unterschlupf gefunden. In ihrer Partnerschaft gaben sie einander ein Grundvertrauen zurück. Damit konnten sie nicht nur in Träumen und literarischen Texten, sondern in der Realität einen Ort der Geborgenheit schaffen, an dem rund zwanzig Jahre lang Einvernehmen und Schaffenskraft gediehen.

Bezeichnend für das gemeinsame Leben war schon das erwähnte Kennenlernen im Mai 1951 bei der 5. Tagung der Gruppe 47 in Bad Dürkheim. Die damals neunundzwanzigjährige Ilse Aichinger trug ihre kafkaeske Erzählung *Der Gefesselte* vor, die Geschichte eines Mannes, der sich seinem Leben in Fesseln anpasst und die kleinsten Bewegungen nun als Freiheit erlebt. Die Schriftstellerkollegen zeigten sich beeindruckt und bemerkten vermutlich gar nicht, dass für Ilse Aichinger als Halbjüdin diese Geschichte und überhaupt die deutsche Sprache und Literatur eine viel ambivalentere Bedeutung haben mussten als für sie selber. Doch Eich zeigte Gespür dafür. Der Funke war übergesprungen zwischen der mädchenhaften Ilse und dem hoffnungsvollen Poeten, der 1950 den erstmals vergebenen Preis der Gruppe 47 erhalten hatte. Der Austausch wurde fortgesetzt, schon bei der Tagung im Oktober 1951 in Laufenmühle, wo sie aus ihrem Roman *Die größere Hoffnung* las. Zudem erkundeten die beiden bei gemeinsamen Fahrten in seinem silbergrauen VW-Käfer die Gegend. Günter Eich erhielt von Ilse ein Vorabexemplar ihres Buches, für dessen Lektüre er sich drei Tage Zeit nahm, ehe er reagierte. Er schrieb ihr, es fehle ihm »epische Gelassenheit«, betonte aber gleichwohl: »Du hast etwas sehr Seltenes: Sprache.« In demselben Brief teilt er mit ihr den hohen Anspruch und die Verantwortung, die sie beide in ihrer künstlerischen Tätigkeit sahen: »Das ist die tiefe Beunruhigung, die von der Dichtung ausgeht.«[11] Damit definierte er schon den gemeinsamen Nenner: mit der literarischen Sprache die Wirklichkeit zu durchdringen, die alltägliche Wahrnehmung zu hinterfragen und die Vieldeutigkeit der Welt zuzulassen. Sie empfand seine Zeilen als konstruktive Kritik, fühlte sich anerkannt und ermutigt. Wenig später heirateten sie. Sie bezogen ein Haus in Breitbrunn, siedelten zwei Jahre später nach Lenggries um, dann 1963 nach Großgmain, immer also in ländlicher Ruhe, die beiden guttat. Zweifellos unterschied sich die Familie von den übrigen Dorfbewohnern, aber die Leute bewunderten die berühmten Schriftsteller. Der ländlichen Überschaubarkeit entkamen sie gern und oft, indem sie ausgedehnte Reisen unternahmen – sie brauchten Offenheit und Beweglichkeit. Später waren es dann – meist getrennte – Lesereisen nach Portugal, Italien,

Frankreich, England, Japan, USA, Kanada. Über die Entfernung blieben sie postalisch eng im Kontakt. Die zahllosen Briefe und Postkarten, die sie im Lauf der Jahre austauschten, klingen unverändert zärtlich und sehnsüchtig. Zum Beispiel, wenn sie ihn zum Schreiben ermuntert:»Und ich wünsche mir, dass Du auch wieder Zeit bekommst, und Ruhe, um Gedichte zu schreiben. Denn ich freue mich fast jeden Tag daran – und oft helfen sie mir!«[12]

Eine gemeinsame Reise führte sie im Herbst 1955 nach Portugal, wo sie sich eine Weile in Estoril bei Lissabon aufhielten und zusammen an dem Hörspiel *Der letzte Tag* arbeiteten. Dieses gruselige Stück spielt 1755, am Vorabend des Allerheiligentages, an dem die Stadt Lissabon durch ein Erdbeben zerstört wurde. Ein durch die Inquisition zum Tode verurteilter Geistlicher spricht mit seinem Gefängniswärter über das Leben, über die Hoffnungs- und Zukunftslosigkeit des Menschen. Die Begnadigung hätte auch nicht viel geholfen, »eine Handbreit vorm Tod geschieht ein Wunder!«,[13] und dann endet alles mit dem Erdbeben. Dass zwei Liebende wie Ilse Aichinger und Günter Eich die verstörenden Aspekte des Lebens, abgründigste Ängste und Albträume auffalten und künstlerisch bearbeiten konnten, gehört wohl zu den besonderen Qualitäten dieser Beziehung.

Günter Eich arbeitete sehr diszipliniert, gemächlich, er brauchte eine klare Tagesstruktur, während Ilse Aichinger bevorzugt in der Küche schrieb, Notizen auf Zetteln festhielt und dabei Schlager hörte. Trubel, ja Chaos um sie herum, inspirierte sie. Ähnlich waren sich beide aber in ihrer anarchischen Weltsicht, in ihrer vollkommenen Unabhängigkeit von jeglichen Moden. Sie schrieben sozusagen gegen den Strom, so wie sie 1972 bemerkte:»Anarchie muss wieder werden, muss viel weiter gehen.«[14] Und dabei stand das Schreiben im Mittelpunkt, und es wurde gegenseitig gelesen und kommentiert.

Diese beiden ebenbürtigen Literaten ergänzten sich, der

schweigsame Mann mit seinem hintergründigen Humor und die stille Zuhörerin, und im Lauf der Jahre differenzierten sie ihren künstlerischen Standpunkt: Bei ihrem Grundzweifel an der Wirklichkeit nutzten sie die Sprache als philosophischen Kompass, aus dem Schreiben entfaltete sich Leben. Regelmäßig nahmen sie an den Treffen der Gruppe 47 teil und engagierten sich mit anderen Schriftstellern politisch, beispielsweise gegen Atombewaffnung oder im Kontext der Studentenbewegung. Allerdings richtete sich der Widerstand gegen alles Grausame, auch im Menschen selber, woraus eben ihrer beider Liebesfähigkeit erwuchs. Letztlich war das Schreiben das eigentliche Medium der Kommunikation, auch das wesentliche Zeugnis der Liebe.

Konkret gewidmet haben sie einander nur wenige Texte, doch ihre geistige Verbundenheit ist klar erkennbar. Eich meinte, es gebe eine »starke Verwandtschaft« in ihrer beider Schreiben, aber hielt doch seine literarische Lebensgefährtin für bedeutsamer.[15] Gab es denn keine Rivalität, keinen Wunsch, besser zu sein, es besser zu wissen, überlegen zu sein? Was war hier das Geheimnis?

Ilse Aichinger erinnerte sich, wie die beiden sich gegenseitig geschützt haben. »Da hat sich jeder um den anderen gekümmert. Er war ein stiller Mann. Er war ein Aufrührer ... Er war unfähig zur Rivalität. Er konnte es nicht ertragen, dass er etwas besser kann als die anderen.«[16] Mit einem solchen Wohlwollen kam zwischen den Eheleuten keine Rivalität auf, genau deshalb konnten sie sich gegenseitig fördern und konstruktiv kritisieren. Sie kam ja durch ihn zum Hörspiel, und er schrieb – nicht zuletzt unter ihrem Einfluss – immer mehr Kurzprosa. Beiden war eine große Sensibilität und Verletzlichkeit eigen, die nicht nur mit Blick auf das Schreiben, sondern auch auf die gemeinsame Schreibwerkstatt besonders war. Daraus konnte das entstehen, was Aichinger als »Präsenz« beschrieb, ein wirklich sinnvolles In-der-Welt-Sein. Für Ilse Aichinger war Günter Eich eine solch bleibende Präsenz.[17]

Nicht nur literarische Sprache verband sie, sondern auch eine Familiensprache. Beispielsweise hatte sie das Wort »Maulwürfe« geprägt. In ihrem Garten lief gelegentlich ein Maulwurf herum, über der Erde, und Aichinger sah darin ein Symbol für ihrer beider literarische Produktion. Seither nannten sie ihre Kurztexte »Maulwürfe«, als Gattungsbezeichnung für Prosagedichte oder Kurzprosa. Jahrelang hat Eich sich mit solchen »Maulwürfen« befasst. Nach seinem Tod übernahm sie diese Aufgabe. Ihre Maulwurf-Texte ähneln den seinen stilistisch und konzeptionell, doch bei ihr entfesselt die Sprache wirklich anarchische, revolutionäre Kräfte.

Nicht nur gemeinsames Schreiben, sondern auch gemeinsame Lektüren bestimmten ihr Leben. Beispielsweise interessierten sich beide für den amerikanischen Dichter Hart Crane. Zu Ilses 47. Geburtstag widmete Günter ihr das (unveröffentlichte) Gedicht »Cutty Sark – 1. 11. 1968, nur für Ilse«[18], in dem er auf das gleichnamige Gedicht von Hart Crane über jenes Handelsschiff des 19. Jahrhunderts anspielt. Was interessierte die beiden an Crane? Offenbar empfanden sie die Vieldeutigkeit von Cranes poetischer Sprache als spannend, zumal durch die Übersetzung noch weitere Bedeutungsebenen hinzukommen konnten. So ließ Aichinger sich von Crane für ihre Gedichte inspirieren, beispielsweise bei dem Prosagedicht »Queens«, mit dem sie auf Cranes Gedicht »Virginia« reagiert: Die Idee des transatlantischen Diskurses, der schon in den englischen Textteilen in dem Gedicht deutlich wird, mit allen implizierten Mehrdeutigkeiten gefiel ihr. Natürlich ging sie auch auf die Dichtkunst ihres Mannes ein, 1990, Jahre nach seinem Tod, widmete sie ihm ein Gedicht mit dem Titel »Erwiderung«, das mit dem Zitat eines Gedichtes von ihm beginnt.

Erwiderung

In Delhi,
wenn man stirbt,
kann man nicht fallen.

Günter Eich

Delhi
hinter sich lassen,
die Fallsucht
wieder aufnehmen
Delhi
vor sich bringen,
den verkommenen Gruppen der Reisenden
langsam folgen
und so
die Reise dahingeben,
lautlos und in jedem Fall
und wenn auch nicht mehr
erkennbar[19]

Sie entlässt uns mit dem Zweifel, ob etwas je erkennbar oder eindeutig sein kann. Was verstellt den Blick? Was bedeuten die mehrdeutigen Worte nun als Erwiderung?

Der Sprachraum war für Aichinger und Eich Lebensraum, aber beileibe kein bequemer Ort. Spöttisch erklärte Eich zur Verleihung des Büchner-Preises 1959: »Sprache ist ja wirklich nicht so wichtig, ein kleiner Nebeneingang in unser Haus«[20], um dann gegen Ende seiner Aufsehen erregenden Rede zu verkünden: »Wir haben keine Zeit mehr, Ja zu sagen. Wenn unsere Arbeit nicht als Kritik verstanden werden kann, als Gegnerschaft und Widerstand, als unbequeme Frage und als Herausforderung der Macht, dann schreiben wir umsonst.«[21]

Sie lernten jeweils die innere Welt des anderen kennen, mit aller Vertrautheit und zugleich Fremdheit. Immer trug das Schreiben dazu bei, die Wahrnehmung und Wertschätzung zu stärken, aber auch die Sensibilität füreinander, für die Verletzlichkeit und für die verkapselten Erinnerungen. Schon früh lernte er bei seinen Besuchen in Wien den wichtigsten und zugleich schmerzlichen Ort ihres Lebens kennen. Überhaupt spielten Orte für beide eine wichtige Rolle. »Ihr« Wien war nicht mehr das Wien ihrer Kindheit, und auch er fühlte sich eher in der Ortlosigkeit wohl. Aichinger schrieb mit »Wo ich wohne« (1952) einen verstörenden, kafkaesken Prosatext, in dem immer wieder das Fehlen des Ortes sowie die Suche nach einem inneren Fixpunkt vorgeführt wird. Eine Ich-Erzählerin geistert durch ihr Haus auf der Suche nach der eigenen Wohnung, nach der eigenen Existenz. Beim Lesen scheint das Selbstgespräch der einzige Halt zu sein, der dann mit dem Ende des Textes einbricht. Drei Jahre später antwortete Eich mit einem Gedicht unter demselben Titel:

Wo ich wohne


Als ich das Fenster öffnete,
schwammen Fische ins Zimmer,
Heringe. Es schien
eben ein Schwarm vorüberzuziehen.
Auch zwischen den Birnbäumen spielten sie.
Die meisten aber
hielten sich noch im Wald,
über den Schonungen und den Kiesgruben.


Sie sind lästig. Lästiger aber sind noch
die Matrosen
(auch höhere Ränge, Steuerleute, Kapitäne),

die vielfach ans offene Fenster kommen
und um Feuer bitten für ihren schlechten Tabak.
Ich will ausziehen.[22]

Trotz aller Skepsis schufen sie sich ein Zuhause. Die wechselnden Wohnorte waren jeweils Fixpunkte, wenn einer von beiden
auf Reisen war. Zudem öffneten sie ihr Haus stets für befreundete Literaten. Ingeborg Bachmann, Paul Celan, Heinrich Böll gehörten zum engen Freundeskreis, der genau wie die Tagungen
der Gruppe 47 stabilisierend und inspirierend auf Eichs und
Aichingers Ehe wirkte.

Die Aufmerksamkeit und Subtilität, die beide Schriftsteller
sich in ihrem literarischen Schaffen zum Prinzip gemacht hatten, galt natürlich für die Kommunikation untereinander:
nichts Künstliches, kein Spiel, sondern liebevolle Offenheit.
Demnach hielten Sprache und Schreiben oder auch ein kreativer
Prozess das Leben zusammen. Ebendeshalb legten sie großen
Wert darauf, sich darin gegenseitig zu unterstützen und keinesfalls zu behindern: »Wie aber kannst Du annehmen, dass Du
mich im Schreiben störst? Oder meinst Du das, weil ich Dich etwa störe? Ich hoffe es nicht.«[23] Dies stärkte beider Präsenz, auch
wenn dies phasenweise nur geistig darzustellen war. Bei aller
professionellen Sprachskepsis tauschte sich das Paar stetig über
all die Jahre liebevoll aus. »Mein Liebster, ich lerne es nur
schwer, bei Dir zu sein, weil ich ja zugleich lernen muss von
Dir weg zu sein, alles beide.«[24] Und er reagierte in ähnlicher Unmittelbarkeit: »Ich lebe, wenn ich von Dir höre«[25], oder zwei
Monate später: »Ich brauche Dich einfach oft, müsste Dich vieles fragen, und auch wo Du nicht antworten könntest, wüsste
ich, was mir notwendig ist, aus einem Blick oder einer Geste
oder schon aus Deiner Gegenwart.«[26]

Neunzehn Jahre waren die beiden verheiratet. Trotzdem blieb
ein kleiner Teil von Einsamkeit. »So fremd wie das, was man

liebt, kann das Ungeliebte nie werden«, so Ilse Aichinger.[27] Mag sein, dass sie mit dieser Fremdheit auch Bewunderung, Distanz, Respekt sowie das stetig Neue meinte, das in einer innigen Beziehung gegeben ist.

# ANNI & JOSEF ALBERS

Sie waren zwei Pioniere der Moderne, die sich am legendären Bauhaus in Weimar kennenlernten. Drei Jahre später heirateten sie – und genossen auf der Hochzeitsreise Florenz und seine Museen. Zurück in Weimar, nutzte Anni Albers Garne und Textilgewebe und studierte die Kunst der Webtechniken. Josef Albers experimentierte bei seiner künstlerischen Glasarbeit mit verschiedenen Techniken und entwarf Buntglasfenster. Während für ihn die Transparenz solcher Schmuckstücke wesentlich war, arbeitete Anni an großformatigen dekorativen Textilien. Klarheit und Geometrie waren für beide essentielle Kriterien, vor allem das Klassische sollte all die Jahrzehnte ihre Ästhetik bestimmen. Später ging es am Bauhaus in Dessau und Berlin weiter, dann 1933 am Black Mountain College in den USA.

Ob sie sich dieses Abenteuer vorstellen könnten, hieß es im Einladungsschreiben. Anni und Josef Albers waren sofort entschlossen, dort Kunst und Leben zu studieren. Vor Ort hatten sie die Freiheit, auf parallelen künstlerischen Wegen weiterzugehen. Beide fanden innovative Lehrmethoden: Er wollte den Studenten damit in erster Linie die Augen öffnen, sie stellte stets den Erfindergeist auf die Probe. Diese kreative Arbeit hatte nur noch wenig mit dem zu tun, was sie in Europa hinter sich gelassen hatten. Mehr als fünfzig Jahre experimentierten sie Seite an Seite – mit den Möglichkeiten der Abstraktion und dem Verhältnis von Figur und Hintergrund. Und damit, dies mit Lebenskontexten, die Kunst- und Alltagserfahrungen vereinten, zusammenzubringen. Natürlich wohnten sie immer entsprechend im Bauhaus-Stil und lebten in der Gemeinschaft des Black Mountain College: Alles war ein Experiment, die Kunst genauso wie das Leben. Beide hielten sich fern von den Trends in der Kunst – und auch von der Politik, wofür sie plausible Gründe hatten. Zwischen den Eheleuten bestand eine unterschwellige Rivalität. Wenn das Paar gefragt wurde, welchen Einfluss sie gegenseitig auf ihre künstlerische Arbeit hatten, hing die Antwort von der jeweiligen Situation oder Stimmung ab. Anni verwies in Reaktion auf eine solche Frage einmal auf das Schlüsselerlebnis Florenz, fügte aber hinzu, Josef wäre da anderer Ansicht, und zwar nur deshalb, weil er grundsätzlich gern eine andere Meinung vertrete.

Das Ehepaar Albers könnte man ein für die damalige Zeit typisches deutschamerikanisches Paar nennen. Mit der Emigration in die USA waren sie nach 1933 nicht allein. Doch die Begeisterung, mit der sie diesen Neubeginn von Anfang an als Lebenschance nutzten, macht diese Künstlerbeziehung so einzigartig. Ohne melancholischen Blick zurück wuchsen sie als Paar in der Fremde zusammen.

Anneliese Fleischmann wurde 1899 in Berlin in ein großbürgerliches jüdisches Elternhaus hineingeboren. Ihre Mutter kam aus einer Verlegerfamilie, der Vater war Kunstschreiner. Schon als Schulkind erhielt Anni Kunstunterricht und hatte sich früh in den Kopf gesetzt, Künstlerin zu werden – zur damaligen Zeit für eine junge Frau ein verwegener Plan. Sie begann ihre künstlerische Ausbildung in Berlin, wo sie sich nebenbei besonders für das Museum für Völkerkunde mit Textilien aus Südamerika interessierte. Weil sie an der Dresdner Akademie nicht zum Kunststudium zugelassen wurde, ging Anni nach Hamburg an die Kunstgewerbeschule. Dort erfuhr sie vom Bauhaus und war sofort begeistert: An diesem innovativen Ort wollte sie studieren. 1922 wurde ihre Bewerbung im zweiten Anlauf angenommen. Kurz zuvor waren sich Anni und Josef in Weimar begegnet, als er gerade mit Rucksack und Hammer aufbrach, um Glasscherben für seine Arbeiten zu sammeln.

Josef Albers war elf Jahre älter als sie und stammte aus eher kleinbürgerlichen Verhältnissen in Bottrop. Sein Interesse für Kunsthandwerk wurde schon früh geweckt, da er gerne seinem kreativen Vater zuschaute, der Malermeister war, gelegentlich als Bühnenbildner arbeitete und manchmal Glas als Werkstoff benutzte. Nach einigen Jahren als Volksschullehrer nahm Josef ein Kunststudium in Berlin auf, wo ihn insbesondere die Galerien zeitgenössischer Kunst faszinierten. Nach einem Zwischensemester in München ging er 1920 nach Weimar ans neu gegründete Bauhaus, um dort nach Absolvieren des legendären Vorkurses vor allem mit Glas zu arbeiten. Zwei Jahre später wurde er in die Fachklasse für Glasmalerei aufgenommen, 1923 berief ihn Walter Gropius ins Kollegium. Ein Senkrechtstart: Albers unterrichtete fortan verschiedene Kurse am Bauhaus, erst in Weimar, später in Dessau und Berlin. Er unterstützte Anni bei ihrer Bewerbung am Bauhaus, bald schon wurde sie seine Kollegin. Wie sich ihre Arbeiten aus dieser Zeit in Bezug auf die Motive ähneln, ist erstaunlich, obwohl beide mit ganz unterschiedlichen Materialien arbeiteten.

Als das Bauhaus 1925 nach Dessau zog, bewohnte das junge Paar bald eines der Meisterhäuser und gehörte somit zum inneren Künstlerkreis. 1930 wurde Josef zum ordentlichen Professor berufen, was dem Ehepaar Albers Einladungen zum Tee bei Paul Klee und zum berühmten Silvesterball bei Wassily Kandinsky einbrachte. Kunst und Leben sollten verbunden werden, das gehörte zu den Maximen des Bauhauses. Dazu zählte auch die Einrichtung der eigenen vier Wände. Zwar bevorzugte Josef minimal möblierte Räume, doch mit Anni richtete er sich weniger spartanisch ein. Klar und hell blieb jedoch die Maßgabe. Bett und Tisch aus Stahlrohr, Lampen und Geschirr – unter Josef Albers' Blick wurden Alltagsgegenstände zu Designobjekten.

Seine Lehransätze waren innovativ, funktionierten ohne Hierarchiestufen und galten als experimentell und interdisziplinär. Überhaupt experimentierte er gerne, auch mit seiner Rolle als Ehemann. Wenn er beispielsweise auf den gemeinsamen Reisen bevorzugt junge Frauen fotografierte, gehörte ein Flirt stets dazu. Vor allem waren es Affären mit Studentinnen, ohne die er offenbar nicht leben konnte und die im Kollegenkreis bekannt waren. Anni scheint damit souverän, ja kokett umgegangen zu sein. Er war es wohl auch, der keine Familie gründen wollte, und sie fügte sich; beide waren erfüllt von ihrer künstlerischen Tätigkeit, die Werke waren sozusagen ihre Kinder.[28]

Indessen fertigte Anni Albers Webarbeiten in allen Dimensionen, dekorative ebenso wie funktionale Wandteppiche und Textilien, und dies zunehmend kunstvoll. Im Lauf der Jahre wurden ihre Webtechniken nicht mehr als reines Handwerk, sondern als Kunstform anerkannt. Anni und Josef Albers entwarfen ihre Arbeiten vorher auf Papier, und diese Konzepte auf Millimeterpapier sahen einander zum Verwechseln ähnlich.[29] Massive Farbflächen, schwarze Streifen, rechte Winkel bestimmten beider Bildsprache, und die abstrakten Muster ähnelten sich, erzeugten aber in den unterschiedlichen Medien verschiedene Effekte.

Beruflich ging es mit schnellen Schritten voran: Beide nahmen an Ausstellungen teil, Josef begann mit dem Fotografieren, gemeinsam gingen sie auf Reisen nach Frankreich und Spanien. Ganz klar suchten sie schon in diesen Jahren Inspiration in der Fremde.

Kurz nach dem Umzug des Bauhauses nach Berlin musste es bereits im April 1933 wegen zunehmender Repressionen der Nationalsozialisten geschlossen werden, und alle Lehrkräfte wurden entlassen, auch Josef Albers nach zehnjähriger Tätigkeit. Im folgenden August erhielt er von John A. Rice, dem Gründer und Rektor des ganzheitlich orientierten interdisziplinären Black Mountain College in Asheville, North Carolina, eine Einladung. Auf Empfehlung des Museum of Modern Art wollte man das Ehepaar Albers in die Fakultät berufen. Sie waren schnell entschlossen, diese Chance wahrzunehmen, und schon im November 1933 reisten sie mit der S.S. Europa in die Neue Welt. Den gemeinsamen Mut zum Neubeginn bewahrten sie sich und ließen die emotionalen Belastungen der alten Heimat zurück. Ein Jahr später resümierte Anni auf einer Postkarte an das befreundete Ehepaar Kandinsky:»Wir sind so sehr glücklich hier, mit arbeitslust und möglichkeiten und einer wunderbaren menschlichen atmosphäre. Wir haben so viel glück gehabt.«[30]

Anni baute eine Werkstatt für Weberei auf, Josef unterrichtete Kunst und holte junge Künstler wie Willem de Kooning, Robert Motherwell und Robert Rauschenberg nach Asheville. Zwar blieben seine Sprachkenntnisse bescheiden, doch er bewies schauspielerisches Talent und die Studenten liebten seine Auftritte, denn seinem Credo folgend, machte er Kunst für sie zum Erlebnis. Dazu gehörte auch, dass er sich, genau wie Anni, für den Unterricht ganz in Weiß kleidete. Gelegentlich fand der Unterricht im Freien statt, und da konnten schon mal John Cage und Merce Cunningham dazustoßen, die 1948 erstmals ein paar Tage auf dem Campus zu Gast waren, wovon an späterer Stelle noch die Rede sein wird. Lernen war wirklich interdisziplinär.

Ungeachtet innenpolitischer Probleme wie der Rassendiskriminierung fühlten sich Anni und Josef Albers in den USA schnell heimisch. Sie gaben sich entschieden unpolitisch, insbesondere wenn es um Weltpolitik ging. Bereits nach sechs Jahren nahmen sie die amerikanische Staatsbürgerschaft an. Nach dem Umzug des Black Mountain College nach Lake Eden bewohnten sie ab 1941 eine Doppelhaushälfte auf dem Campus. Die Stühle aus Holz und Leder hatte Josef Albers im mexikanischen Stil entworfen, die Stahlrohrsessel im Bauhaus-Stil. Selbst gemalte Bilder zierten die Wände, waren aber sehr sparsam gehängt, im Garten gediehen Gemüse und Blumen. Beide maßen entsprechend der Bauhaus-Idee dem Alltagsleben Bedeutung zu und schwärmten für alles, was gut funktionierte. Ihr hoher Anspruch an Funktionalität und Qualität galt natürlich erst recht für ihre eigene künstlerische Produktion. Wenn es darüber Meinungsverschiedenheiten gab, wurde diskutiert, das war Teil der Arbeit – und Teil der Beziehung.

Ihr neues Umfeld – Amerika einerseits, das Black Mountain College andererseits – bildete einen Teil des gemeinsamen Lebensprojektes. Nun waren beide am Aufbau eines weniger akademisch als vielmehr künstlerisch-menschlich orientierten Ausbildungskonzeptes beteiligt. Beide hatten sich von der deutschen Kultur und Gesellschaft mit all ihren Ambivalenzen und Traditionen verabschiedet. Wie Albers in seiner Rede zum Beginn des Studienjahres 1939 betonte, war die Erziehung zur Menschlichkeit das zentrale Anliegen dieses Colleges, zumal gerade in Europa ein Krieg ausbrach, den eine maßlose Ideologie entfacht hatte. Sechzehn Jahre lang lebten und lehrten die beiden am Black Mountain College und setzten der Katastrophe in Europa eine zukunftsweisende Alternative entgegen.

Dabei waren die Bedingungen alles andere als perfekt: Ein richtiges Professorengehalt gab es nicht, honoriert wurde man vor allem durch die Freude am gemeinsamen Engagement, und die Mittel für die Finanzierung des Colleges mussten immer wieder neu eingeworben werden. Die innovativen Prinzipien der Lehre forderten von jedem enorm viel, vor allem von den Professoren, die jederzeit nicht nur für künstlerische Diskurse, sondern auch für Lebensfragen verfügbar sein mussten. Die Grenze zwischen Beruf und Privatleben verlief fließend. Die Beschäftigung mit der eigenen Kunst brachte da Ruhe und Gelassenheit – und Distanz zu den alltäglichen Belastungen.

In ihren Persönlichkeiten unterschieden sich Anni und Josef Albers: Er war ein geselliger Typ, dem seine Lehrtätigkeit Spaß machte. Seine enorme Schaffenskraft schränkte sie nicht etwa ein, sondern inspirierte sie, auch wenn sie mit ihrer zurückhaltenden Wesensart eher in seinem Schatten stand. Ursprünglich hatten sie sich gemeinsam auf die Klarheit und Disziplin des Bauhaus-Stils eingelassen, nun brachten sie ihn entsprechend ans Black Mountain College. Sie waren begeistert von der Aufgabe, diese Kunstschule mitzuprägen, das Experimentieren, die Anwendungsbezogenheit des Lernens entsprach ihnen. Ähnlich klar wie der Stil war auch ihre Lebensart. Disziplin war der Maßstab.

Anfangs war Josef Albers vor allem an allen Möglichkeiten interessiert, die die Arbeit mit Glas versprach. Bei seinen Glasbildern wurde das Material bis auf das weiße Milchglas zu Mustern abgeschliffen, dann mit schwarzer Farbe bemalt. Der dadurch entstehende dreidimensionale Effekt vermittelte Abstraktion, doch durch den Titel – *Hochbauten* – ergänzte Josef Albers eine konkrete Dimension. Dieses Wechselspiel von elementarer Form, Abstraktion und Reduktion funktionierte auch umgekehrt: Später gab Josef Albers seinen Farbquadraten mit jeweiligen Titeln eine konkrete Dimension – da war das Paar schon nicht mehr am Black Mountain College –, *Einsame Weißtöne, Weniger und Mehr, Zurückhaltung* oder *Abgrundtief*.

Schon in Weimar war Josef Albers offen für unterschiedliche Materialien und Ausdrucksformen. Malerei, Zeichnung, Fotografie, später kamen Design und Architektur beziehungsweise Kunst-am-Bau hinzu – meist war seine Arbeit wagemutig, aber Klarheit und Rhythmus ließen stets seine Handschrift erkennen. Immer experimentierte er, zuerst mit Material und Form, später mit Farbe. In Ashville musste er sich neue Werkstoffe suchen, da es schwierig war, an Glas zu kommen, und das sah er als eine Befreiung, die ihm neue Perspektiven eröffnete. Das unvoreingenommene Ausprobieren war immer Teil seiner Lehre. Gerade seine Experimente inspirierten Anni, Motive für ihre Wandteppiche und Textilien aufzugreifen, später kamen bei ihr Zeichnungen, Druckgrafik und Schmuck hinzu. Beispielsweise erzeugte sie in Webereien einen dreidimensionalen Effekt, indem sie Metallfäden einbrachte. Oder verband Abstraktion und Konkretes, so wie in ihrem Werk *City*, das erst durch den Titel konkrete Assoziationen auslöst. Dieses Beispiel zeigt, wie für beide die Frage der Lebensform von höchstem Interesse war: Wie gestalten wir Räume, Strukturen, Wohnen, damit darin eine freigeistige moderne Lebensart und gute Beziehungen kultiviert werden können? Die Kunst war ein integraler Bestandteil des Lebens, der das Paar in jeder Lebens- und Schaffensphase verband.

Davon abgesehen darf man vermuten, dass Anni nachdrücklich und progressiv zum Gelingen des kommunalen Lebens beitrug. Zweifellos war sie für die Studentinnen ein emanzipatorisches Vorbild, weil sie selbstbewusst die wesentlich weibliche Kulturtradition des Webens zeitgemäß und künstlerisch fortentwickelte und ihr damit einen gleichberechtigten Platz in der Kunstszene und an den Kunsthochschulen eroberte. Besonders für die jungen Frauen nahm sie sich Zeit, begleitete deren künstlerische Prozesse, aber forderte von ihnen im Gegenzug viel innovativen Geist. Keine Vorgaben, das war ihre Devise: »You can get anywhere from anywhere«, also »Du kommst von überall überall hin«. Das galt wohlgemerkt für die Kunst *und* für das Leben.

Anregungen für die eigene Arbeit holten sich die Albers regelmäßig auf ihren Reisen nach Mexiko und Südamerika. Die präkolumbische Kunst faszinierte sie, und mit Skizzen und Berichten teilten sie die Erfahrungen aus dieser irgendwie archaisch-märchenhaften Welt auch mit den in Deutschland zurückgebliebenen Freunden. Diese Entdeckungen gehörten für Anni und Josef Albers zum Glück ihrer neuen Welt, und die Kunstwerke aus so weit zurückliegenden Epochen bestätigten beider Überzeugung, dass es in der Kunst eine zeitlose Gültigkeit gebe.[31]

1950 wurde Josef Albers als Professor für Design an die Yale University berufen. Das Ehepaar bezog ein Haus in New Haven, Connecticut. Nebenbei wurde Josef immer wieder als Gastprofessor an herausragende amerikanische Universitäten eingeladen, vierzehnmal wurde ihm die Ehrendoktorwürde verliehen.

Ein glamouröser Aufstieg im Exil, könnte man sagen – obgleich sie sich nie als Künstler im Exil bezeichneten, denn Amerika war ihre Heimat geworden. Sein Einfluss als Künstler und Theoretiker wirkte insbesondere auf die Op-Art, und somit trug er mittelbar zum transatlantischen Austausch in der Kunst bei. Anni bewirkte mit ihren Webarbeiten ebenso wie in der Lehre Erstaunliches. Ein berühmtes Werk von ihr, *Six Prayers*, eine Auftragsarbeit für das Jüdische Museum New York von 1966/67, zeigt in der Verbindung von Abstraktion und Webtechnik ihren engagierten Anspruch an die Kunst – und ihre künstlerische und ideelle Leistung. Dieses meditative Mahnmal für die Opfer des Holocaust ist aus grauen, braunen und beigefarbenen Fäden gewebt, zwischen die mit silbernem Metallgarn hellere Akzente gesetzt sind. Weiße und schwarze Fäden wirken wie ein nicht entzifferbarer Text in dieser Textur – ein Bildgewebe aus Baumwolle, Leinen, Bast und Metallgarn, fast zwei Meter hoch und drei Meter breit. Von solch prominenten Aufträgen abgesehen, hatte Annis künstlerische Tätigkeit mit traditionellen Techniken in den früheren Jahren gut zu den lebensreformerischen Ideen des Bauhauses ebenso wie des Black Mountain College gepasst, so dass ihre Pädagogik und ihre theoretischen Schriften ein nachhaltiger Beitrag für beide Bildungsinstitutionen und deren Vertreter waren.

Als Paar postulierten sie Bildung und Ausbildung verantwortungsbewusster Menschen und traten für eine freiheitliche Demokratie ein. Diese Ideale galt es, konkret im Alltag zu leben. Somit ging es Anni und Josef Albers nicht nur um ein gemeinsames Projekt, vielmehr stand dahinter ein Wertesystem: die Utopie einer demokratischen Gesellschaft freier künstlerisch tätiger Individuen.[32] Dass das Ehepaar Albers hier besonders engagiert war, lässt sich leicht nachvollziehen, wenn man daran denkt, was sie in Deutschland hinter sich gelassen hatten. Ja, natürlich hatten diese beiden innovativen Künstler auch Auseinandersetzungen, wie hätte es anders sein können, vor allem in der unkonventionellen Umgebung des Black Mountain College. In Kunst und Lehre ging man ständig an die Grenzen, man stellte Fragen nach der praktischen Relevanz von Kunst und übte das ganzheitliche Bildungskonzept miteinander. Sowohl am Bauhaus wie am Black Mountain College wurde eine höchst individuelle Selbstwerdung in der künstlerischen Entwicklung angestrebt, und von diesem Ideal war ihre Paarbeziehung erfüllt. Verbindend war immer, dass sie mit höchstem Anspruch ihre künstlerischen Ziele und die Idee von vollkommener Gestaltung verfolgten.

Josef Albers,
*Hochbauten* (1929)
34 × 33,5 cm,
sandgestrahltes Glas
mit schwarzer Farbe

Anni Albers,
*City* (1949)
44,4 × 67,3 cm,
Leinen und Baumwolle

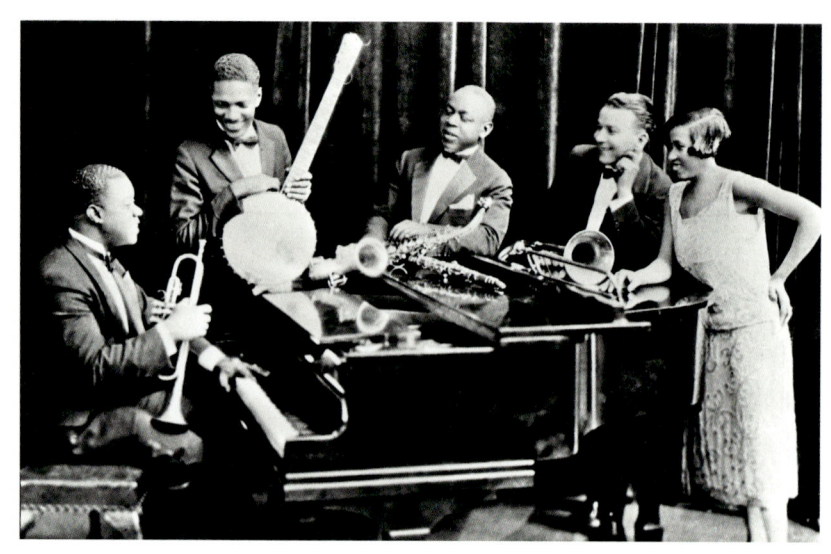

# LIL HARDIN &
# LOUIS ARMSTRONG

Ohne dieses Musikerpaar ist das Jazz Age schwer vorstellbar, und ohne Lil Hardin wäre Louis Armstrong sein kometenhafter Aufstieg nicht gelungen. Hochmusikalisch waren beide bereits in ihrer Kindheit. Musik zu machen, das war alles, was sie im Sinn hatten, für das praktische Leben waren sie unterschiedlich ausgestattet. Er konnte schlecht mit Geld umgehen. Sie war geschäftstüchtig und ehrgeizig. Sie wirkte offenherzig und weltgewandt, ja mondän, während er wie ein lebenslustiger Junge aus der Provinz aussah, dabei doch umwerfend charismatisch war. Zwar war es ihrerseits keine Liebe auf den ersten Blick, aber sie bewunderte seinen Charme und sein Talent. Er verliebte sich Hals über Kopf in die wilde »Hot Miss Lil«. In der von Männern beherrschten Jazz-Szene Chicagos war sie eine der gefragtesten Pianistinnen, sie hatte sich mit ihren Jazz-Kompositionen und als Bandleaderin bereits einen Namen gemacht. Als sie den jungen Kerl aus New Orleans zum ersten Mal mit der King Oliver's Band in Chicago hörte, erkannte sie in ihm den Star, der er später tatsächlich werden sollte.

Schnell war sie entschieden, ihn zu dem Erfolg zu führen, den er ihrer Meinung nach verdient hatte. Er fand das schlicht verrückt. Aber sie blieb unermüdlich in ihrem Einsatz für Louis, der seine Solo-Karriere letztlich ihr zu verdanken hatte. In den 1920er Jahren machten die *Hot Five* die ersten berühmten Studioaufnahmen, sie spielte Klavier, sang und komponierte das eine oder andere Stück, er entfaltete seine Virtuosität mit der Trompete, aber auch als Sänger. Doch während sein Erfolg explodierte und Louis fast jeden Abend Auftritte hatte, kam das Privatleben zu kurz. Ernüchtert über diese veränderte Dynamik, trennten sich die Wege. Aber schauen wir, wie alles anfing.

Lil Hardin stammte aus Memphis, Tennessee, der Vater verstarb an Tuberkulose, als Lil drei Jahre alt war, die Mutter, die sich als Dienstmädchen verdingte, ermöglichte der kleinen Tochter Musikunterricht und kaufte ihr ein Klavier. Als Teenager war Lil dann schon so fundiert ausgebildet, dass sie mit größtem Vergnügen in der Kirche Orgel und in der Schule Klavier spielte. So durfte sie an der Fisk University in Nashville, Tennessee, einer der besten Hochschulen für Afroamerikaner, das Musikstudium aufnehmen, wobei klassische Musik und Kirchenmusik im Vordergrund standen. Jazz gehörte nicht zum Lehrplan, denn noch hielt man diese moderne Musikrichtung im Süden für verrucht. 1918 zog die Mutter mit ihrem zweiten Mann nach Chicago, das für die Afroamerikaner der Südstaaten ein Ziel der Hoffnung war. Sie versprachen sich im Norden ein besseres Leben. Mit solchen befreienden Erwartungen kamen die Hardins nach Chicago, und Lil war elektrisiert, wie erfüllt diese Stadt von Musik war und wie elegant die Großstädter aussahen. Schnell ergab sich für sie die Gelegenheit, in einer Musikalienhandlung die Noten am Klavier vorzuführen. Nach nicht einmal drei Wochen gelang ihr der Absprung zu einer New Orleans Creole Jazz Band. Dort musste sie erst einmal lernen, ohne Noten zu spielen, aber das klappte ganz gut, und die Band nahm sie unter Vertrag. Die Musikalienhandlung sah sie nie wieder. Lil hatte immer wieder neue Engagements als Klavierbegleiterin von Jazz-Gruppen, bis sie 1921 zur King Oliver's Creole Jazz Band kam. Auf den Fotos aus jenen Jahren sehen wir die zierliche Dame, gekleidet als Flapper Girl, umringt von den Musikern, alle mit breitem Lächeln und offensichtlicher Spielfreude. Wie Louis später über sie sagte, konnte sie perfekt vom Blatt spielen, aber das Improvisieren war nicht ihre Sache. Insofern lag es fast auf der Hand, in diesem aufregenden musikalischen Kontext eine neue Aufgabe zu finden, die sich wie von selbst einstellte, als sie den jungen Gastmusiker hörte, den King Oliver aus New Orleans eingeladen hatte.

»In allen Songs geht es irgendwie um mein Leben.« So kommentierte Louis Armstrong rückblickend sein Lebenswerk.[34]

Er kam in New Orleans zur Welt, der Vater verschwand kurz nach seiner Geburt, so dass er mit seiner jüngeren Schwester »Mama Lucy« bei seiner Mutter »May Ann« aufwuchs. New Orleans war um die Jahrhundertwende 1900 für die Schwarzen der Südstaaten ein relativ liberaler Ort. »Musik hielt einen in Schwung.«[35] Es war eine musikalische und von viele Kulturen geprägte Stadt: Hier lebten Einwanderer aus Frankreich und Spanien, aber auch aus Deutschland, Italien und Irland, afrikanische Sklaven und Kreolen; in dieser kulturellen Vielfalt entstand der Jazz. Die Stadt unterhielt das erste feste Opernhaus der USA und schickte Beauftragte nach Paris, um Musiker und Sänger für Engagements nach New Orleans zu holen. Diese Musiker waren häufig nebenher als Musiklehrer für die jungen Leute in New Orleans tätig. Und sie erfüllten die Stadtviertel mit den Klängen der europäischen Oper, mit irischer Volksmusik, deutschen Volksliedern oder mexikanischer Straßenmusik. Dass in der Oper für die Schwarzen der zweite Rang und bei den Bällen ein separater Teil des Saales reserviert war, wurde damals noch nicht als Diskriminierung thematisiert. In den Trödelläden konnte man preisgünstige Instrumente von den Marschkapellen des Bürgerkriegs erwerben. Aus einem dieser Läden stammte das erste zerbeulte Kornett, das Louis spielte.

Später erzählte Armstrong von der jüdischen Familie, die ihn als Siebenjährigen bei sich aufnahm. Angefangen hatte es damit, dass er sich bei den Karnofskys Geld verdiente, indem er für sie Flaschen sammelte oder ihre Kohleneimer austrug, bald schon behandelten sie ihn wie ihren Sohn, er saß mit der Familie am Esstisch, und sie ermutigten ihn, etwas aus sich zu machen. Vor allem bemerkten sie, dass der Kleine musikalisch war, und applaudierten, wenn er auf ebenjenem Kornett spielte, das er sich von seinem Ersparten gekauft hatte. Sie statteten ihn mit Selbstbewusstsein und Lebensfreude aus, so dass er es von der armseligen Umgebung seiner Kindheit auf die Bühne der Welt schaffte. »Mein ganzes Leben war ein großes Glück. Ich hatte zwar viel Pech, aber ich habe nie etwas geplant. Das Leben war für mich da und ich habe es angenommen. Ich habe nie versucht, etwas zu beweisen, ich wollte nur immer etwas Tolles auf die Bühne bringen.«[36]

Tatsächlich lauschte Louis als Kind den Bands, die abends in seiner Nachbarschaft spielten, und als er zwölf war, gründete er mit drei anderen Kindern ein Gesangsquartett, sie zogen sich nett an und sangen auf der Straße, dann ließen sie einen Hut herumgehen. An Silvester 1912 traten sie wieder mal als Quartett auf. Für das Feuerwerk um Mitternacht brachten die Leute üblicherweise Pistolen und Flinten mit, Louis hatte in der Truhe seiner Mutter eine Pistole des Stiefvaters entdeckt. Infolge einer kleinen Schießerei in jener Nacht wurde Louis festgenommen, er kam vors Jugendgericht und dann in eine Art Besserungsanstalt für schwarze Jungen, die sich letztlich als ein Glück im Unglück erweisen sollte. Denn hier gab es neben den strengen Tagesroutinen Musikunterricht, und der Musiklehrer unterrichtete ihn bald im Kornettspielen. Im Sommer war Louis so weit, im Ensemble mitzuspielen, bis er schließlich die Band mit zwanzig Kindern leiten durfte, die sich alsbald einen Namen machte. Wenn in einer anderen Band ein Kornettspieler ausfiel, musste Louis einspringen. Nach achtzehn Monaten wurde er entlassen, aber zur Schule ging er nie mehr, sein Leben als Musiker hatte begonnen. Seine Lehre war das Mitspielen in den Bands und die Bekanntschaft mit Joe Oliver, den er Papa Joe nannte, sein großes Vorbild und Vaterersatz. Oliver gab ihm Musikunterricht, und da wurde schon manchmal ein Duett gespielt. Ansonsten verdiente Louis sich Geld als Musiker auf den Mississippi-Dampfern und im Rotlichtviertel von New Orleans.

Als er im Sommer 1922 ein Telegramm erhielt, mit dem er als zweiter Kornettist in die King Oliver's Creole Jazz Band nach Chicago eingeladen wurde, war er sofort bereit. Mit einem kleinen Koffer und dem Kornettkasten bestieg er den Zug nach Chicago, nicht zuletzt, weil ihm die finanziellen Verbesserungen willkommen waren. Statt 1,50 Dollar pro Abend würde er nun 7,50 Dollar pro Abend verdienen, und mit den Trinkgeldern kam da pro Woche ein beträchtliches Honorar zusammen. Zu den Bandmitgliedern gehörte seit Neustem am Klavier Lil Hardin, die von Armstrongs erstem Auftritt mit King Oliver nicht recht überzeugt war, weil ihr seine offensichtlich schlecht sitzende Kleidung missfiel. Doch sie merkte auch, dass Louis verglichen mit dem ersten Kornettisten und Bandleader Oliver ein genialer Musiker war und mit seinem Swing etwas ganz Neues in die Band brachte. Für Louis war jedenfalls ein Traum wahr geworden, und dafür steckte er gern zurück, um »King Oliver« nicht die Show zu stehlen: Mit freien Umspielungen der Lead-Stimme bewies er zwar seine Virtuosität, seine Fantasie und seine Spieltechnik, den brillanten Ton aber nahm er bewusst zurück. Natürlich merkten die Musiker der Band durchaus, dass der junge Musiker aus New Orleans für sie ein großes Glück war. Abends wurde im Lincoln Gardens gespielt, dem riesigen, damals angesagten Tanzlokal in Chicago, wo in den 1920er Jahren der Jazz gefeiert wurde. Die Engagements hier waren für die Musiker das pure Vergnügen, sie spielten eigene Stücke und beliebte Tanzmusik und Schlager, an manchen Tagen spielten sie vorher noch zum Dinner in einem Restaurant auf, so dass sie ihr Repertoire in- und auswendig beherrschten. Bei diesen Auftritten kam Louis sein schauspielerisches Talent zugute, mit seinem Charme und Witz eroberte er die Herzen der Leute, die sich von den Rhythmen und der Heiterkeit anstecken ließen. Man spielte nicht nach Noten, sondern das Improvisieren und das kollektive Zusammenspiel standen im Vordergrund. Lil wirkte nicht nur als Pianistin, sondern auch als Managerin, sie schrieb Stücke nieder und sicherte die Urheberrechte.

Im Folgejahr begannen sie mit den ersten Plattenaufnahmen,

die uns die frühe Geschichte des Jazz dokumentieren. In Richmond im Staat Indiana, vierhundert Kilometer südlich von Chicago, gab es eine Klavierbaufirma, wo man nebenbei die neue Technik der Schallplattenaufnahmen erprobte. Auf dem Fabrikgelände richtete die Firma ein Aufnahmestudio und ein Presswerk für die Herstellung von Schellackplatten ein. Am 5. April 1923 bestiegen die Musiker der King Oliver's Creole Jazz Band, mit ihren Instrumenten bepackt, den Zug nach Richmond. Die Stücke hatten sie drauf, so dass, auch wenn die Aufnahmetechnik keinerlei Korrekturen zuließ, neun Titel eingespielt wurden – ohne Mikrofone, ohne jede Tontechnik. Die Aufnahmen mussten an einem Tag gelingen, denn eine Übernachtung war in Richmond für Schwarze nicht zulässig, so dass die Musiker zu später Stunde den Milchzug zurück nach Chicago nahmen. Jedenfalls hatten sie erstmals den Jazz des amerikanischen Südens, das unvergleichliche Duo von Armstrong und Oliver und den Swing, festgehalten. Dabei ist Armstrongs strahlender Klang, im Vergleich zu seinem Mentor Oliver, unüberhörbar, wenngleich der weiterhin sein Idol blieb. Lil drängte Louis, sich aus diesem Ensemble zu lösen, aber zuerst einmal wusste sie, die privaten Dinge zu regeln:

Am 5. Februar 1924 heirateten die beiden. Zuvor hatte Lil sich darum gekümmert, dass ihrer beider frühere Ehen geschieden wurden. Im Zeitungsbericht über die Hochzeit wurde besonders ihr elegantes Brautkleid angemerkt, das im Pariser Stil mit Perlen und Strass besetzt war. Natürlich wurde mit Jazz aufgespielt, und die Kollegen gehörten zur Hochzeitsgesellschaft. Die Hochzeitsreise war eine Tournee mit der Oliver-Band, das ganze Leben drehte sich um Jazz. Ab jetzt sorgte sie dafür, dass der Angetraute sich besser kleidete, einen korrekten Haarschnitt trug und mit ihr zur Kirche ging, damit er diese Art der Musik kennenlernte. Ganz klar, sie hatte hier das Heft in der Hand und gewährleistete, dass sie ein Zuhause hatten, selbst wenn er hin und wieder Engagements in New York wahrnahm. Im folgenden Sommer stellte sie ihn vor die Alternative: »Du kannst nicht mit mir und mit Joe verheiratet sein.«[37] Also kündigte er seinen Vertrag und war frei. Während er schon sein nächstes Engagement in Chicago hatte, erhielt er ein Telegramm von dem berühmten Fletcher Henderson, dessen Band im Roseland Ballroom in New York spielte. Lil war die Letzte, die ihn an diesem Abenteuer gehindert hätte, sie sah darin einen Schritt in die richtige Richtung. Musikalisch und kulturell hatte eine neue Ära begonnen, und New York war der Mittelpunkt nicht nur des Jazz Age von Scott und Zelda Fitzgerald, sondern auch der *Harlem Renaissance*. In Harlem lebten zu der Zeit 200 000 Schwarze, die ihre Umgebung so gestalten wollten, dass sie stolz darauf sein konnten. Viele von ihnen waren Intellektuelle und Künstler, einer von ihnen Fletcher Henderson. Seine Bandmitglieder spielten klassische Musik, Unterhaltungsmusik und Jazz, alle konnten Noten vom Blatt lesen, was für Louis die erste Herausforderung war. Es fiel ihm auch nicht leicht, die Sitten seiner neuen Kollegen hinzunehmen, die oftmals alkoholisiert ihren Part verpatzten. Aber gelegentlich traf er einen Kornettisten aus einer anderen Band, mit dem er im Probenraum neue musikalische Spielweisen ausprobierte. Bei seinem ersten Solo im Roseland hielten die Leute beim Tanzen inne und strömten zur Bühne, um ihm zuzuhören. Am nächsten Abend kam man kaum in den Saal, so groß war der Andrang. Die Sensation hatte sich herumgesprochen. Louis bemerkte, fast erstaunt, wie begeistert man von ihm als Solisten war und dass er den New-Orleans-Jazz-Stil des Ensembles mit seinen melodischen Soloimprovisationen veränderte. Die Plattenaufnahmen der Henderson-Band machten dieses Musikereignis einem weiteren Publikum und auch der Nachwelt zugänglich.

Paradoxerweise musste Lil bei einem ihrer Besuche in New York feststellen, dass auf den Ankündigungen der Henderson-

Veranstaltungen und in den Zeitungsbesprechungen nirgends Armstrongs Name auftauchte. Sie hatte inzwischen in Chicago in der East 44th Street ein Brownstown, ein Stadthaus aus braunem Sandstein, für sie beide gekauft, in einem Stadtteil, der wesentlich von schottischen und irischen Immigranten der Mittelklasse bewohnt war. Jetzt handelte sie mit dem Manager des Dreamland Café in Chicago bessere Bedingungen für ihren Mann aus und stellte Louis wiederum vor die Wahl: die Fletcher-Band oder die Ehe. Inzwischen hatte Lil ihre eigene Band, *Madame Lil Armstrongs Dreamland Syncopators*, und so waren die Würfel gefallen. In Chicago erwarteten Louis nicht nur seine Frau und der feste Platz in ihrer Band; sie hatte einen Exklusivvertrag für ihn mit dem Label *OKeh* ausgehandelt, wo nun die ersten Aufnahmen unter seinem eigenen Namen gemacht wurden. Lil hatte Louis Stargagen versprochen – er fand das wiederum verrückt. Doch so sollte es sein: Am 12. November 1925 machten *Louis Armstrong and His Hot Five* die ersten Aufnahmen, primär Kompositionen von Lil Armstrong, so das unvergessliche »My Heart«, das nicht nur für ihren Mann komponiert, sondern für ihn gemeint war. Einige Stücke stammten von ihm. Diesmal gab es Mikrofone bei den Aufnahmen, so dass auch die musikalischen Feinheiten übertragen wurden. Louis moderierte die Takes, indem er die Mitspieler einführte: »Hau mal drauf, Miss Lil! In die Vollen, Kindchen! Lass uns das Klavier mal so richtig hören!« Und dann, mitten auf der Bühne, ließ er sein Kornett jubeln. Bei den Studioaufnahmen erprobte er einen Gesangsstil, Improvisationen aus Unsinnssilben, eine Lautspielerei, die er aus New Orleans kannte. Einmal war ihm das Notenblatt mit dem Text aus der Hand gefallen, und um die Aufnahme nicht zu unterbrechen, hatte er einfach di-da-du-bi ... eingelegt, dieses *Scatting* blieb ein Markenzeichen von Armstrongs heiterem, beschwingtem Jazz. Dazu passten seine kleinen Comedy-Einlagen, deren Humor dem eher abstrakten Jazz eine menschliche Note gab. Nicht immer waren sie fünf Musiker, gelegentlich stellte Louis die Band aus sechs oder sieben Musikern zusammen, die sich dann *Hot Seven* nannten. Ende 1927 war Louis Armstrong der berühmteste Jazz-Solist, und man konnte in den Läden in Chicago kaum seine neuen Platten ergattern, weil sie stets sofort ausverkauft waren. Dass diese Aufnahmen später Höhepunkte in der Karriere von Louis Armstrong und Meilensteine der Jazz-Geschichte sein würden, war noch nicht abzusehen. In dieser Zeit, etwa im Mai 1926, wechselte Louis Armstrong vom Kornett zur Trompete. Dies war eine Art sozialer Aufstieg in der Musik, aber vor allem ermöglichte die Trompete ihm einen volleren und in den hohen Lagen brillanteren Klang.

Unabhängig von den *Hot Five* spielte Louis weiter in Lils Band, doch allmählich machten sich Spannungen bemerkbar. Sie war die Chefin, er der Virtuose, das konnte auf die Dauer nicht gut gehen. Schon Anfang 1926 hatte er im Publikum ein hübsches junges Mädchen erspäht, sie saß regelmäßig in der ersten Reihe und himmelte ihn an. Zu Hause sah er Lil von morgens bis abends, und sie war sehr fordernd, da war die unbefangene Alpha eine Erholung. Zeitgleich begann auch Lil einen außerehelichen Flirt. Beide waren dieser ganzen ehelichen Intensität müde. Aber musikalisch blieben sie in Kontakt bis zuletzt. Im August 1971, einen Monat nach seinem Tod, trat sie bei einem Gedächtniskonzert für ihn auf, brach während des Konzerts zusammen und verstarb auf der Bühne. Das Ende einer großen Liebe des Jazz Age.

# GEGENSÄTZE

ROSA LOY & NEO RAUCH

Wie verschieden sie voneinander sind, haben sie immer betont. Und auch, wie fruchtbar diese Gegensätze sein können – für die Kunst und für das Leben, zumal beide Bereiche für Rosa Loy und Neo Rauch ohnehin vollkommen miteinander verwoben sind. 2018 haben sie für den *Lohengrin* bei den Bayreuther Festspielen das Bühnenbild geschaffen, und zwar alles in Delfter Blautönen. In der Leipziger *Spinnerei* haben die beiden ihr Atelier, im selben Stockwerk dieses weitläufigen Geländes, wo sie umgeben von anderen Kreativen zurückgezogen und ruhig arbeiten können. Kurz nach dem Fall der Mauer zogen Künstler aller Sparten in die ehemalige Baumwollspinnerei ein, Loy und Rauch gehörten dazu. Ein Zentrum der Kunstproduktion entstand. 2004 kam eine erste Galerie dazu, und es dauerte nicht lange, bis Galeristen aus aller Welt in der *Spinnerei* die Neue Leipziger Schule entdeckten. Der sensationell erfolgreiche Neo Rauch könnte sein Atelier überall auf der Welt einrichten, aber die *Spinnerei* mit ihren Ateliers, Ausstellungshallen und Büros etwas außerhalb der Stadt entspricht dem für Neues offenen Geist des Künstlerpaares.

Gemeinsame Ausstellungen sind eher selten. 2011 fand in Klosterneuburg unweit von Wien die erste Gemeinschaftsausstellung *Hinter den Gärten* mit etwa 80 Arbeiten statt, für beide eine Herzensangelegenheit. Da kamen die Bilder in unerwarteter Weise miteinander ins Gespräch. Doch die Synergie ist immer da. Wie das konkret gelingt – keiner weiß es. In Rauchs Worten: »Erklären lässt sich das nicht.«

Rosa Loy ist im Alltag die Praktische, Neo Rauch hingegen der eher introvertierte Denker. Umgekehrt scheint es sich in der Malerei darzustellen: ihre filigranen Märchenwesen gegenüber seinen ernsten Gestalten von dieser Welt. Hier haben zwei Menschen fünfunddreißig Jahre lang geübt, wie sich Gegensätze ergänzen, wenn sie von Respekt und Liebe getragen sind. Rosa Loy taucht nicht nur gelegentlich in seinen Bildern als Betrachterin auf, sondern vor allem in seinem Atelier. Sie fragen sich gegenseitig um Rat, wenn es mal nicht weitergeht bei einer Arbeit, und am Ende entscheiden sie miteinander, was sie mit dem Prädikat »fertig« versehen wollen – die gemeinsame »Endabnahme«, wie Neo Rauch das schmunzelnd nennt.

Ähnlich wie Gegensätze die Beziehung bereichern, machen sie auch gute Kunst aus: Ein Werk, das Ambivalenz aushält, hat eine gültige Aussage. Das Leben besteht nun einmal aus Gegensätzen, gut und böse, hell und dunkel, Geist und Materie. So zeigen beider Werke immer wieder eine Vielschichtigkeit unterschiedlicher Elemente, Zeiten oder Stimmungen.

Neo Rauch wurde 1960 in Leipzig geboren. Seine Eltern, damals junge Kunststudenten, kamen bei einem Eisenbahnunglück ums Leben, als er wenige Wochen alt war. Neo wuchs bei den Großeltern in Aschersleben in Sachsen-Anhalt auf. Später studierte er an der Hochschule für Grafik und Buchkunst in Leipzig Malerei, schloss sein Studium als Meisterschüler ab und blieb dort einige Jahre als Professor für Malerei. Die frühen Bilder seines Vaters empfand er dabei stets als Ermutigung und Herausforderung.

Rosa Loy stammt aus Mosel bei Zwickau, von wo die Eltern bald nach Leipzig umzogen. In der noch fremden Stadt fehlten dem kleinen Mädchen die Freundinnen, ersatzweise erfand sie sich immer wieder eine Zwillingsschwester. Später tauchen in vielen ihrer Bilder solche Paare auf – Alter Ego, Gesprächspartnerinnen, Seiten einer Persönlichkeit. Rosa Loy absolvierte das Ingenieurstudium für Gartenbau in Berlin und begann 1985 ein Studium für Grafikdesign und Malerei in Leipzig.

In der dortigen Kunstszene begegneten sich Rosa Loy und Neo Rauch. Sie entschieden sich schnell füreinander und leben und arbeiten seither zusammen. In der Malerei vertreten sie unterschiedliche Positionen, man darf wohl generalisierend sagen: weibliche Figuren, Märchengestalten sowie Pflanzen und

Tiere bei Rosa Loy und entwurzelte, desorientierte Männerfiguren, riesige, bühnenartig aufgebaute erzählerische Tableaus und archaisch wirkende Landschaften oder rätselhafte Historienmalereien in der Tradition des 19. Jahrhunderts bei Neo Rauch. In ihren Bildern überwiegen kräftige, klare Farben, Rot, Grün, Gelb, während er sich jeweils an eine ausgewählte Farbskala hält, die gelegentlich durch ein giftiges Gelb oder knalliges Pink gesprengt wird.

Das mal explodierende, mal beruhigend wirkende Kolorit trägt entscheidend zur Bildaussage bei. Dieses Credo gehört zu den Gemeinsamkeiten beider Künstler. Darüber hinaus geht es geheimnisvoll zu, wenn Innenwelten inszeniert werden. Der jeweils komplexe Bildaufbau stellt verschiedene Szenen dar; sich eröffnende Räume oder Nebenschauplätze zeigen simultane, ambivalente Ereignisse. Bei Neo Rauch sind es komplexe Bildwelten, die immer wieder neu alle Sinne anrühren und den Betrachter in seinen Bann ziehen.

Eine weitere Gemeinsamkeit ist das figurative Malen, in dem jeder für sich eigene Wege beschritt. Rauch begann zu malen, als in der DDR der Sozialistische Realismus schon nicht mehr der alleinige Maßstab für jene Künstler war, die sich frei entfalten wollten. Im Gegensatz zu einer Malerei, die ein gewünschtes Menschenbild vorführte, galt nun eine expressive oder auch unterkühlte Abstraktion als Befreiung: eine ästhetische Prämisse, die individuellen künstlerischen Ausdrucksformen im Weg stand. Neo Rauch wandte sich wie Rosa Loy, wohl ebenfalls in der Tradition der Romantiker, den eigenen Seelenlandschaften zu. Beide verfeinerten ihren individuellen und unverkennbaren Stil, bewusst gegen jeden Hype. Heute gelten sie als Mitbegründer der Neuen Leipziger Schule, was wohl eher ein Terminus für den Kunstmarkt ist, denn der jeweils ganz spezifischen Bildersprache wird er nicht gerecht. In ihren Werken geht es um individuelle Charaktere, die eine persönliche Situation inmitten einer aus den Fugen geratenen Welt erleben und damit zugleich eine allgemeine Erfahrung der Fassungslosigkeit darstellen. Es sind Figuren, denen die Künstler ein fiktives Dasein erschaffen, in vielfältigen Facetten. Wie unvorhergesehen sich ein Werk entfaltet, ist immer wieder eine Überraschung, so Neo Rauch – oder »ein Abenteuer, geheimnisvolle Zustände, denen man sich hingibt«.[1]

2010 hat Neo Rauch Rosa Loy das Bild *Aufrichtung* geschenkt. Da bestehen gleichzeitig Draußen und Drinnen, Tag und Nacht, sonnengelber Himmel mit Gewitterwolken und hinter den Fensterscheiben, an denen Libellen oder Nachtfalter flattern, Finsternis, Nacht. Aus der grünen Landschaft steigt oder schwebt eine Frau im grünen Kleid herein, einen Busch schulternd, offenbar einen Blitzstrahl umgreifend, und der Mann reicht ihr die Hand. Sie kommt aus ihren Bäumen zu ihm, vielleicht ins Atelier? Die Kleidung ist harmonisch abgestimmt, seine Hose in demselben Veroneser Grün wie ihr Kleid, sein nachtblaues Sakko schimmert edel. Doch während sie zielstrebig auf ihn zuhält, scheint er eher ungeschickt dazusitzen oder wegzugleiten. Noch blicken sie sich nicht an, erst einmal begegnen sie sich in diesem Zwischenreich, an der Grenze. Im Vordergrund oder gar da, wo der Betrachter sich befindet, werden sie wohl miteinander sicher sein vor den Träumen und Albträumen der Welt. Man kann sich vorstellen, wie sie sich dann auf Augenhöhe gegenüberstehen.

Im richtigen Leben hat Rosa Loy, die aus einer Gärtnerfamilie stammt, ihr Leben als Gartenbauingenieurin verlassen, um sich in der Welt der Malerei, des visuellen Geschichtenerzählens, einzurichten. Wenn dieses Bild etwas über das Geheimnis der Ehe verrät, dann scheint dies mit der Vereinbarkeit der Gegensätze zu tun zu haben. So in sich versonnen hier beide Figuren aussehen, so respektvoll füreinander wirken sie. Sie bringt einen Teil ihrer Welt, das Bodenständige und Klare, in seine hinein. Sie finden sich gemeinsam im Grenzbereich von Chaos und Ordnung.

Wie in den meisten Bildern von Neo Rauch und Rosa Loy erkennen wir Raumzonen, die unterschiedliche Dimensionen kennzeichnen, und in diesen Räumen entwickeln sich die Figuren und ihre Beziehung. Es gibt keine Lösung oder klare Aussage. Oftmals entsteht aber eine Hoffnung auf Erlösung beim Betrachten. Nichts ist je fest, die Fantasie darf das Bild- oder Geschichtenmaterial weiterspinnen.

Gemeinsame Arbeiten sind wie ein Spiel, Zug um Zug. Wer begonnen hat, wissen beide oft nicht mehr. Und wie Rosa Loy sagt, lassen sie »Platz für den nächsten Zug und es entsteht ein Dialog der Motive. Das Gleiche gilt für die Farben.«[2] Die beiden nutzen unterschiedliche Farben: Sie mischt Kasein, das ziemlich umständlich angerührt werden muss, wie sie selber sagt, ein »alchemistischer Prozess«. Er hingegen drückt lieber auf die Tube, im wörtlichen Sinne; er benutzt fertige Farbe, bei den riesigen Formaten auch aus dem Eimer, die er oftmals auf dem Fußboden mischt, und bemerkt, dass dieses unterschiedliche Herangehen auch mit ihrer beider Wesensart zu tun hat: »Das ist ganz typisch für Rosas Umgang mit den Dingen: die Sorgfalt und Achtsamkeit, die sie allen Dingen gegenüber aufbringt. Im Gegensatz zu der Schlamperei, die ich eher an den Tag lege (...) Dann bin ich auf möglichst rasche Verfügbarkeit und schnelle Handlungsmöglichkeiten ausgerichtet.«[3]

Sie lassen sich bei der künstlerischen Arbeit ständig von den Arbeiten des anderen anregen, gerade weil sie so verschieden geartet sind. Er meint zu ihrer Kunst: »Ein Mann kann unmöglich solche Bilder malen.« Gerade dadurch lässt er sich inspirieren. Und manchmal gerät eine Figur von ihrer Leinwand auf seine Leinwand und verändert die Atmosphäre des entstehenden Bildes.

Ein bemerkenswertes gemeinsames Bild ist *Das Handeln*

(2018), das im *Handelsblatt* abgedruckt wurde. Nicht schwer zu erraten, wer hier was gemalt hat und was diese künstlerische Rollenverteilung über die Dynamik zwischen den beiden Partnern aussagen könnte. Da trägt ein Mann mit Kappe und weitem Mantel einen Bauchladen. Die ganze Figur ist ockerfarben, wie auch die Menschenmenge im Hintergrund und der Mann mit der Sense im Mittelgrund, der eine Maske hochzuhalten scheint. Der Händler sinniert, die linke Hand leicht gehoben, ob zum Sprechen oder um die Aufmerksamkeit der Frau mit dem beschwingten gelben Kleid auf sich zu ziehen, die sich ihm mit einer Fahne in der Hand zuwendet. An den Bildrändern erkennen wir einander zugekehrt das Gesicht eines jungen Mädchens mit verspielter Haartracht und eines Mannes mit einer Arbeiterkappe, dann eine angedeutete Landschaft, in der sich kleine Zauberwesen tummeln, im Hintergrund ein offiziell wirkendes Gebäude. Das Bild ist in einem harmonischen Farbspektrum von Ocker und Gelb bis zu Grüntönen gehalten, signiert von beiden Künstlern. Auch hier finden die gegensätzlichen Welten zusammen, Mann und Frau, Kommerz und Menschlichkeit, Ernst und Heiterkeit, Leistung und Spiel.

Loy und Rauch haben sich immer gegenseitig begleitet, beim kontinuierlichen Arbeiten, beim Organisieren von Ausstellungen und in einem guten Umgang mit der kreativen Energie. »Sonntags gab es bei Rosa und Neo immer einen Braten«, erinnert sich ein Galerist. Die Mopsdame Smylla lockert den Alltag auf, indem sie es sich im Atelier hörbar schmecken lässt. Neo Rauch und Rosa Loy betrachten in großer Konzentration ein Bild und sprechen über kleinste Details. »Da fehlt der Rand der Kappe.« »Die Waden sollten schlanker sein.« »Du könntest ihr zum Beispiel Perlenohrringe machen, die würden gut passen ...« Dann wird nachgebessert und wieder neu beraten.

Nach Neo Rauchs Überzeugung ist die Malerei ein »sicherer

Zufluchtsort«, an dem man die Widerstandskräfte stärken kann. In solchen Äußerungen klingt die Jugend in der DDR nach, aber wie er sagt, sind sie »noch mal davongekommen«, denn in den 1980er Jahren nahmen sich die Künstler schon ihre Freiheiten. Geblieben ist eine Abwehr jeglicher politisch engagierter Kunst. Vielmehr entstehen die Figuren aus dem Inneren und entwickeln sich im Prozess des Malens. Genau das begeistert die beiden Kreativen so: »Sich selbst als Schöpfer zu erleben, als Hervorbringer von Charakteren«, dies ist sein Selbstverständnis, aber gilt wohl auch für sie. Wie eine Gnade des Schicksals, die Welt erfinden zu dürfen. Dagegen setzt Neo Rauch ein zögerliches »Wer bin ich denn, wenn ich nicht male?«. Also, gewissermaßen ein Prometheus oder ein Niemand, zwei antagonistische Selbstwahrnehmungen, die sich aufheben und wiederum Kraft entfalten. Ebendieses unermüdliche Hinterfragen und Erkunden macht die beiden erfolgreichen Künstler so überaus menschlich. Sie wollen und müssen immer wieder Neues erproben, was nach all den Jahren der künstlerischen Arbeit durchaus schwieriger wird.

Für Rosa Loy bedeutet Malen, sich Fragen oder Probleme zu stellen: »Malen ist wie Tagebuchschreiben.«[4] Ihr wesentliches Thema ist Beziehung, Kommunikation. Sie stellt meist zwei Frauen dar, Doppelgängerinnen, und oftmals gibt es noch eine oder mehr Betrachterinnen im Bild. Offensichtlich sind Frauen für sie zeitgeschichtlich interessanter als Männer. Vor allem geht es ihr um die Auseinandersetzung und die Balance zwischen Männern und Frauen. Sie zeigt Frauen, die in einer patriarchalischen Gesellschaft eigene Wege erstreiten, und dies nicht angepasst, sondern auf eine spezifisch weibliche Weise. Vielleicht funktioniert unter anderem deshalb die kreative Partnerschaft mit Neo Rauch so fantastisch.

Vermutlich auch, weil sich beide immer wieder Freiräume außerhalb der Kunst schaffen. Sie fahren mit dem Rad von ihrem

Wohnort zum Atelier, das befreit, wie Rosa Loy sagt: »Im Atelier angekommen, bin ich völlig gereinigt von all meinen Problemen. Man muss sich, um zu malen, voll aufs Nichts konzentrieren.« Mentales Detox von der Arbeit sozusagen, was garantiert der Beziehung guttut, gerade wenn es ein solches Distanznehmen sonst nicht gibt. Die Frage »Wie war denn dein Arbeitstag?« stellt sich eher nicht, weil sie immer zusammen sind und gleichgestimmt arbeiten.

Dass Neo Rauch und Rosa Loy in der Wahrnehmung der Öffentlichkeit so unterschiedlich dastehen, könnte man als Herausforderung für die Beziehung betrachten. Sammler in den USA schwärmen für Neo Rauch, 2007 widmete das Metropolitan Museum ihm eine Einzelausstellung. Demgegenüber steht Rosa Loy eher in seinem Schatten, was ihn nachdenklich macht – doch was soll er daran ändern? Diese unterschiedliche Rezeption erklärt sich zunächst durch die immer noch unterschiedliche Anerkennung von Frauen im Kunstbetrieb, eine Diskrepanz, die offenbar die Beziehung nicht beeinträchtigt. Die gemeinsame Basis scheint wesentlicher. Ob es der Rückgriff auf Träume und deren Bildersprache ist oder ein Wissen um die Dramen der Menschheit, dieses Material trägt beide.

Bei Rosa Loy gehören Mythen und Märchen mit ihren Implikationen des Weiblichen zum Bilderfundus. Frauenfiguren, die lächeln, einander anblicken, schweben, tanzen, umgeben von Blumen, Gärten oder fantastisch gestalteten Landschaften. Auch ihre Bilder erzählen rätselhafte Geschichten, deren Personal nicht Gewalt und Schrecken ausgesetzt ist wie bei Neo Rauch, sondern eine emotionale Ausstrahlung hat, die negative Stimmungen, Klagen und Angst aufheben. Dabei mischen sich Traum und Wirklichkeit, Gegenwart und Erinnerung, vieldeutige Perspektiven. Und immer stehen die Figuren in Beziehung zueinander, sind dabei aber so stilisiert, dass sie nicht die Realität vorgeben, sondern Schichten von Eindrücken übereinanderlagern. Von jedem Bild geht etwas Fantastisches und Hoff-nungsvolles aus.

Dann gibt es für die beiden Künstler einen weiteren Halt, der die Balance der Polaritäten ermöglicht: die gemeinsame Ver-ortung in der mitteldeutschen Heimat. Im Widerspruch zum Zeitgeist der Globalisierung stehen beide zu dieser Kulturland-schaft. Aus der Zugehörigkeit zu einer überschaubaren und we-nig spektakulären Landschaft mit ihren großen Traditionen der Malerei, der Musik und der Literatur entstehen die inneren Bil-der, erwächst die Gelassenheit, den Figuren und ihren Geschich-ten Entfaltungsraum zu lassen. Man darf vermuten, dass dieses Gefühl von Ruhe und Entschleunigung sich auch vermittelnd auf die Gegensätze in der Beziehung ausgewirkt und ihnen die Jahrzehnte einer tragfähigen, respektvollen und inspirierenden Ateliergemeinschaft geschenkt hat.

Rosa Loy und Neo Rauch,
*Das Handeln* (2018)
31 × 25 cm,
Bleistift, Albrecht-Dürer-Tusche,
Pitt Artist Pen, Acryl,
Gouache auf Papier

# FRIEDERIKE MAYRÖCKER
# & ERNST JANDL

Zwei Außenseiter des Literaturbetriebs, zwei Innovatoren, deren verschiedene literarischen Ansätze Jandl folgendermaßen kommentierte: »Friederike Mayröcker, von so vornehmen Geistern wie Bach und Hölderlin angeführt, hat in ihrer Kunst eine glorreiche Höhe erklommen. Mein Sinn, in Richtung einer aufgeklärten Massenkultur, konnte sich gleichermaßen durchsetzen. So ergänzen wir einander liebevoll und mit Respekt.«[5] Unmittelbarer lassen sich die extremen Unterschiede des Temperaments und des künstlerischen Anspruchs kaum beschreiben. Friederike Mayröcker meinte, dass »die Verschiedenartigkeit der poetischen Standpunkte (...) ein kaum überwindbares Hindernis«[6] dargestellt hätte, jedenfalls dann, wenn das Paar zusammen etwas erarbeiten wollte. Entsprechend turbulent verliefen die Anfänge der Beziehung, bis sie sich zwar für ein gemeinsames Leben entschieden, aber ohne gemeinsame Wohnung, jederzeit telefonisch im Kontakt.

Sicher eine gute Idee, wenn man sich Mayröckers Schreibkosmos vor Augen führt: Inspirationen aus Literatur, Musik und bildender Kunst auf zahllosen Notizzetteln in Zettelkörbchen aufgehäuft, und all dies wiederum überall gestapelt, auf dem Flügel, auf dem sie als Kind gespielt hatte, auf dem Bett, auf den Fensterbrettern, die ganze Wohnung völlig zugebaut mit Einfällen – und nur sie konnte sich da zurechtfinden. Bei ihm kahle Wände, sachdienliche Einrichtung, Akten, Bücher, Briefe, Zettel in Regalen, auf dem Couchtisch – eine ähnlich eigenwillige Organisation, nicht chaotisch, aber trostlos. Getrenntes Wohnen war die Lösung, wie Jandl bemerkte, »ohne eine gemeinsame Wohnung, und ohne Kochtopf (...) ohne Idylle«.[7] Mayröcker verglich das Leben in einer Beziehung mit dem Leben des Waldes. »Man braucht Luft um sich herum wie die Bäume.«[8] Mit dieser gewissen Distanz konnten sie sich in den anderen hineinversetzen und stets gegenseitig bereichern und schließlich an einigen Texten zusammenarbeiten, als »Hand- und Herzgefährten«. Was nach einem pragmatischen Arrangement klingt, war bei aller »Ereignislosigkeit« eine große Liebe.

ich liege bei dir. deine arme
halten mich. deine arme
halten mehr als ich bin.

deine arme halten, was ich bin
wenn ich bei dir liege und
deine arme mich halten.[9]

Seine Resonanz auf den ersten Augenblick, in dem die Zeit still-stand und zwei Menschen in ihrer Einsamkeit füreinander Raum schufen. Sprachlos erst einmal. Im puren Dasein, in der Umarmung scheint alle Sehnsucht sich zu verwirklichen, aner-kannt zu sein ohne irgendein Zutun, gehalten als Individuum ungeachtet aller künstlerischen, männlichen, väterlichen oder sonstigen Rollen oder Leistungen. In dieser Umarmung werden die Liebenden eins, sie halten ihre Gegensätze und werden ein Wir. Ähnlich, etwa zeitgleich geschrieben, klingt das bei ihr:

Lasz uns schlafen Geliebter meine Seele verlangt nach dir ...
ach wie die Zeit unserer Liebe gestundet ist
Und wie das Masz endlicher Zärtlichkeit ungewisz
Liebe trägt Zeit fort
auf ihren schönen schillernden Flügeln
Zeit trägt Liebe fort[10]

Wie ein lyrisches Duett über die junge Liebe klingen die beiden Gedichte miteinander. Die Stimmen anderer Dichter schwingen mit, Rilkes »Wie soll ich meine Seele halten« ebenso wie Inge-borg Bachmanns »Gestundete Zeit«. In ihrer Liebeslyrik war Mayröcker erfinderisch mit Namen und Bildern für den Geliebten, »Mein Schäfchen mein Schäfer mein Hirte mein Königssohn«[11]. So oder ähnlich denkt sie an Ernst Jandl, wenn er nicht da ist. Hier wird der weite geistige und ästhetische Raum abgesteckt und ein gemeinsamer Nenner gefunden. Vor allem aber kommen in diesen Bildern Zärtlichkeit und ein aufmerksamer Blick zum Ausdruck. Natürlich ging es so verliebt nicht weiter, aber über all die Jahrzehnte blieb beiden, oftmals auch mit Humor, die Wertschätzung des Anderen.

Friederike Mayröcker, 1924 in Wien geboren, hat Kindheitserinnerungen an den Vater, an Wien, an den Prater, an Sommerferien in frühen Gedichten festgehalten. Sie besuchte eine kaufmännische Wirtschaftsschule, studierte dann Englisch und arbeitete als Englischlehrerin. Bereits im Alter von fünfzehn Jahren begann sie mit ersten literarischen Arbeiten, einige Jahre später folgten kleinere Veröffentlichungen von Gedichten in der Wiener Avantgarde-Zeitschrift *Plan*, dann 1956 die erste Buchveröffentlichung. Seither schrieb sie unermüdlich Lyrik und Prosa, Erzählungen und Hörspiele, Kinderbücher und Bühnentexte. Als sie Ernst Jandl 1954 kennenlernte, entstand erst einmal eine enge Literatenfreundschaft mit außergewöhnlicher Vertrautheit, die eine große Leichtigkeit des künstlerischen Arbeitens erlaubte. Als beide später Lebensgefährten wurden, intensivierte sich mit der Paarbeziehung diese Berufung.

Ernst Jandl stammte ebenfalls aus Wien. Er wurde 1925 geboren und wuchs in gehobenen gutbürgerlichen Verhältnissen auf. Seine Eltern waren künstlerisch interessiert, der Vater übte zwar als Bankangestellter einen bürgerlichen Beruf aus, widmete sich aber primär seiner Leidenschaft, der Kunst: Er malte, zeichnete und fotografierte. Später erinnerte Jandl in einem Gedicht an ihn, »Vater komm erzähl vom Krieg«. In dialektalem Tonfall fordert der Sohn, von den Kriegserinnerungen zu hören. Vermutlich gab es im richtigen Leben keine Antwort darauf. Die Mutter muss künstlerisch ambitioniert gewesen sein, denn als sie unheilbar erkrankte, begann sie zu schreiben. Der noch kleine Sohn ließ sich davon inspirieren, und nach ihrem Tod (da war Jandl vierzehn Jahre alt) hielt er mit seinem Schreiben die Erinnerung an sie lebendig. Doch bis Ernst Jandl als Schriftsteller völlig frei arbeiten konnte, brauchte er erst einen Brotberuf, und so wurde er Englischlehrer. Jandl war in amerikanischer Kriegsgefangenschaft gewesen und hatte dadurch eine Affinität zur englischen Sprache. Als er zum ersten Mal heiratete, erwartete er sich davon ein geordnetes Leben, doch sein Schreiben wirkte zerstörend auf die Beziehung. Einerseits war er extrem strukturiert und ordnungsliebend, andererseits in seiner Kreativität überbordend. Diese Schwierigkeiten besserten sich, als er Friederike Mayröcker kennenlernte, an deren Seite es mit dem Schreiben hervorragend klappte und er offenbar gelassener wurde. Ihr künstlerisches und persönliches Wohlergehen lag ihm von Anfang an mehr am Herzen als sein eigenes. Eine der seltenen Paarkonstellationen, in denen sie in der Kulturszene mehr Anerkennung bekam als er – oder zumindest innerhalb der Beziehung künstlerisch überlegen wirkte.

Friederike Mayröcker und Ernst Jandl gehörten in den 1950er Jahren zur sogenannten Wiener Gruppe, die sich im Café Glory in Wien traf und eine neue Literatur erfinden wollte, entgegen allen konservativen Strömungen. Neue Möglichkeiten der Sprache erproben, weg von der Alltagssprache, die durch die jüngste Vergangenheit korrumpiert war – diese gemeinsame Mission bot für die private Beziehung Kontext und Struktur.

Im Lauf der Jahre entfernten sich Jandls Texte immer weiter von der Umgangssprache, rein aus Klangmaterial gebaut, wirkten sie oftmals provokativ. Er machte sich die Sprache auf experimentelle Weise zu eigen, indem er sie in Einzelwörter, Silben und Laute zerlegte. Aus diesem Material entstand seine Lautpoesie, und zwar im wörtlichen Sinne: geräuschvoll, rhythmisch, oft tatsächlich unangenehm. Sinn und Unsinn kamen hier vor allem beim Vortragen zum Ausdruck. Und dies in einem Kontext, in dem die Schreibenden einen bedachtsamen Umgang mit der deutschen Sprache forderten, so dass gerade diese Provokation durchaus gewollt, aber dennoch bei jeder Performance wieder eklatant war.

In die Lebensgemeinschaft mit Friederike Mayröcker, seiner »Verbündeten«, hätte er gern seinen Ordnungssinn eingebracht, aber als das misslang, zogen die beiden eine praktische Konsequenz: zwei Wohnungen, nicht zu nah allerdings, dreißig Minuten Fußweg. Ernst Jandl war außerordentlich an den Arbeiten seiner Partnerin interessiert – und daran, sie den Lesern verständlich zu machen. Er schrieb eine ganze Reihe sensibler literaturwissenschaftlicher Texte über einzelne Gedichte und Prosatexte von ihr, in denen sich nicht nur sein Verständnis und seine Wertschätzung für ihr Werk zeigten, sondern auch sein Scharfsinn. Außerdem gibt es einen von ihm illustrierten Prosaband mit Texten von ihr – er »erklärte« der Welt ihr Schreiben in Vorträgen und Essays. Ansonsten verbarg der promovierte Philologe seinen Intellekt gern hinter Sprachspielen: »ottos mops trotzt / otto: fort mops fort / ottos mops hopst fort / otto: soso ...«[12] Nach seinem Tod erinnerte sich Mayröcker an diesen Text, über den gemeinsam gelacht und geweint wurde, als noch nicht die ganze Dimension der Gemeinsamkeit fassbar war. »Ich wünsche mir, es würde uns ein einziges Jahr dieser für mich kaum mehr erinnerbaren Zeit zurückgegeben: wie intensiv würde ich es leben, wie behutsam und glücklich.«[13]

Als beide noch als Lehrer tätig waren und frisch verliebt an den Wochenenden im Wienerwald wanderten, drehten sich die Gespräche immer wieder um die eine Frage: Wie könnten sie je ihre Texte veröffentlichen? Die ganze Wiener Gruppe tat sich schwer damit. Schließlich fand Jandl nach einem ersten Gedichtband in der Schweiz, der ähnlich wie Abdrucke seiner Sprechgedichte in der österreichischen Zeitschrift *neue wege* für öffentliche Entrüstung sorgte, zum Luchterhand Verlag, und Mayröcker wurde Suhrkamp-Autorin. Für seine Auftritte, auch immer gern mit Musik, erhielt er inzwischen Applaus, aber um Ruhm ging es ihm nicht. Vielmehr wollte er spielerisch und kreativ neue sprachliche Wege gehen, ähnlich wie seine Lebensgefährtin, die bei Lesungen auf ganz andere Weise faszinierte: mit ihrem assoziativen Gedankenstrom und ihrer fragilen Stimme. Die innovative Kraft beider würdigte die Welt dann doch: 1969 erhielten Jandl und Mayröcker für das gemeinsam verfasste Hörspiel *Fünf Mann Menschen* den Preis der Kriegsblinden. Die Dankrede hielten sie gemeinsam, aber jeder mit eigener Stimme. 1984 wurde ihm der Büchner-Preis verliehen, denn es sei ihm gelungen, »sowohl die unfreiwillig komischen wie auch die zutiefst verzweifelten Züge unserer gegenwärtigen Existenz zur Sprache zu bringen und zugleich daran zu erinnern, dass es in der Literatur vor allem auf den Wort-Laut ankommt«. Sie erhielt dann 2001, ein Jahr nach seinem Tod, ihrerseits den Büchner-Preis. Die Jury kam zu dem Schluss, sie habe die »deutsche Literatur auf ureigene Weise reicher gemacht«. Diese unterschiedliche Art der anerkennenden Wertung markiert auch den Unterschied zwischen den beiden Poeten: sie die scheu zurückgezogene Dichterin, die in die Tiefen der Kultur wirkte, er eher der Popstar des Literaturbetriebs.

Die gemeinsam verfassten Texte sind aus einem Guss: Wer was geschrieben hat, ist nicht erkennbar, was sich bestimmt auf die Vertrautheit des Autorenteams zurückführen lässt. Bei den seltenen gemeinsamen Lesungen wirkten sie wie ein eingespieltes Team.

Andererseits herrschte eine Rivalität, nicht zwischen den Ehepartnern, sondern in der Rezeption. So als könne das Kulturestablishment die Einheit eines Literatenpaares nicht verstehen: beide den Georg-Büchner-Preis? Oder beide in der Akademie der Künste? So ungewöhnlich es schien, es gelang. Ansonsten trifft wohl Jandls Bestandsaufnahme zu, literarisch gingen sie letztlich ganz eigene Wege. Immer aber blieb die behutsame gegenseitige Kritik, der subtile Umgang mit den Gefühlen und Eigenheiten des Partners. »Ernst Jandl war so ein offener Mensch. Er konnte mir die ärgsten Grobheiten sagen, und ich war glücklich darüber, weil ich wusste, das kommt von Innen. Er hat mich nie angelogen. Er hat alles gesagt, was in ihm vorgegangen ist. Und trotzdem war er für mich ein großes Geheimnis. Das hat mich so an ihm fasziniert. Mit ihm konnte mir nie eine Sekunde langweilig werden. (...) Wir haben alles ausgetauscht. Ernst hat mir alles sofort vorgelesen und hat mich aufgefordert zu kritisieren. Aber ich konnte nicht kritisieren, die Sachen waren alle so gut.«[14]

Ein Zusammenleben gab es nur im Urlaub und auf Reisen: Amerika, Frankreich, Italien, zwei Jahre Berlin. In ihren Texten spürte er »die unerschöpfliche Kraft ihrer Liebe«,[15] die diese Beziehung im richtigen Leben trug. Sie litt unendlich, als er im Jahr 2000 verstarb, und sie überlebte durchs Schreiben – insbesondere durch ihr *Requiem für Ernst Jandl*. Da streut sie in einen endlosen inneren Monolog ihre Abschiedsgedanken ein, wie etwa: »(...) der Verlust eines so nahen Menschen, eines HAND- und HERZGEFÄHRTEN ist etwas ganz und gar Erschütterndes, aber vielleicht ist es so, daß man weiter mit diesem HERZ- und LIEBESGEFÄHRTEN sprechen kann nämlich weiter Gespräche führen kann und vermutlich die Antworten erwarten darf. Einer einstmals so stürmischen Aura, nicht wahr. Jetzt gestammelt gehimmelt, und weltweit.«[16] Dann wandern die Gedanken zum Augenblick des Todes, zu den unbeholfenen Gesprächen nach seinem Tod, zu den Träumen über ihn, den Wünschen, ihm nachzufolgen. All dies ist an einen fiktiven Zuhörer gerichtet, da das eigentliche Gegenüber schmerzlich fehlt. »Bin oben, schreibe ich auf einen Notizzettel und lege ihn neben sein Bett. Das hat er noch erlebt / das hat er nicht mehr erlebt.«[17]

Mayröcker erhielt außer dem Büchner-Preis zahlreiche nationale und internationale Preise. So wie Jandl als Lautpoet von vielen Literaturkritikern und -wissenschaftlern verkannt wurde, nahm man auch Mayröcker zwiespältig auf. Beide verweigerten sich einem fiktiven Erzählen und einer »schönen« Sprache – und machten es den Lesern nicht gerade leicht. Entgegen äußeren Widrigkeiten eröffnete die gegenseitige Anerkennung aber jeweils einen Blick nach vorn und in neue sprachliche Denkmöglichkeiten. Diese spannungsreiche Lebensform zweier Künstler mit so unterschiedlichen Temperamenten und Perspektiven war wohl gerade in der gegenseitigen Wertschätzung des Anderen tragfähig – fast ein halbes Jahrhundert lang.

Etwa zeitgleich erschienen von Mayröcker der Prosatext *Reise durch die Nacht* und von Jandl die Sprechoper *Aus der Fremde*, zwei sehr persönliche Texte, in denen gleichermaßen die Grenzen zwischen Realität und Fiktion verschwimmen. Die Lektüre vermittelt auch einen Eindruck von Nähe und Distanz dieses Paares, das immer im Dialog gewesen zu sein scheint. Das Dreipersonenstück *Aus der Fremde* erstaunt erst einmal wegen seiner reduzierten Textstruktur: durchnummerierte Dreiergruppen von Zeilen, drei Personen, »er«, ein Schriftsteller, »sie«, eine Schriftstellerin, und »er2«, ein Intellektueller, dessen Äquivalent im richtigen Leben offenbar unwesentlich ist, die in einem Zimmer miteinander – oder auch vor sich hin – sprechen, durchweg im Konjunktiv und in der dritten Person. Aus der Ähnlichkeit zur Realität einerseits und der Verfremdung andererseits entsteht ein Paradox, so dass die vorgeführten Personen durch die radikale Regelung des Dialogs gar nicht mehr wirklich aufeinander bezogen sind, aber sich doch als Fremde sehr genau wahrnehmen. Sicher ein Experiment mit dem Dialog, das, wie immer bei Jandl, literarisches Neuland eröffnet.

Anders Friederike Mayröcker mit ihrem inneren Monolog *Reise durch die Nacht*, der Leben und Schreiben reflektiert, was wir uns beim Lesen von Prosa erwarten, etwas Narratives, eine Story, so wie das Leben ja auch eine Geschichte ist, aber diese Erwartung explizit in Frage stellt. So denkt die Ich-Erzählerin: »ich habe Angst vor dem Erzählen, ich bin gegen das Erzählen, immer schon, ich bin immer schon gegen das nackte Erzählen gewesen, vielleicht gegen seinen unangemessen großen Anspruch, sage ich, ich habe die großen Ansprüche auch von Seiten meiner Umgebung nie gemocht, treffe ich auf jemand mit großen Ansprüchen, ziehe ich mich sofort in mich selbst zurück.«[18] Schon der Wortreichtum, das Umkreisen der Gedanken in diesem inneren Monolog offenbaren den Rückzug in einen imaginären Raum, eine fiktive nächtliche Zugfahrt von Paris nach Wien. Dieses Innere öffnet sich aber dann für Julian oder Lerch oder für den Leser und teilt Erinnerungsbilder mit. Beispielsweise blickt die Erzählerin zum Fenster hinaus, neben ihr der Vater, mit dem, wie es heißt, alles zusammenhängt – obwohl sie angeblich alles vergessen hat. Oder der Besucher im Zimmer der Erzählerin, der ihr Gefangensein in ihrem Schreibkosmos ebenso wie die Aussicht in den Nachthimmel bemerkt. Diese endlose Reise durch die Nacht wird auch durch den Sog der Sprache spürbar, Bilder, Gedanken ziehen vorbei, der Wortstrom nimmt kein Ende. Mittelbar verrät die Erzählerin etwas über das Thema Subjektivität innerhalb der Beziehung. Keine Erwartung, keine Zeit und kein Ziel, sondern ein Miteinander der Gegensätze, nur so konnten sich Mayröcker und Jandl in ihrer langjährigen gemeinsamen Lebensweise begleiten. In dieser Freiheit und Gegenwärtigkeit »der Liebe und Kunst verfallen«,[19] in dieser schicksalhaften Hingabe verwandeln sich die Gegensätze in Fruchtbares. Hier wie in vielen anderen Prosatexten von Friederike Mayröcker taucht ein Gegenüber auf – Julian, Wilhelm, Samuel –, das implizit auch für Ernst Jandl steht, wenn die Monologe der Figuren sich derart verflechten, dass sie nicht mehr unterscheidbar sind und zu einer Art Polylog werden.

Als Friederike Mayröcker im Juni 2021 im Alter von 96 Jahren verstarb, würdigten die internationalen Nachrufe Rang und Namen der großen Dichterin. Ihre suggestiven inneren Monologe, ihre witzige Sprache, ihre eigenwillige Orthografie waren Ausdruck davon, dass Leben und Schreiben für sie eins waren – genau wie für Ernst Jandl.

Beider Texte sind subjektive Gebilde, die nicht etwa eine Welt spiegeln, sondern die Assoziationen nachhängende, völlig ichzentrierte, sprechende / schreibende Persönlichkeit. Natürlich verwoben beide in ihrer eigensinnigen literarischen Sprache ihre persönliche Geschichte, die Kindheit, den Vater, die Liebe und natürlich die Suche nach sich selber, so dass die eigene Wahrnehmung der Wirklichkeit unabhängig von Realität und Fiktion zur literarischen Gestalt wurde. Man könnte sagen, die Werke von Mayröcker und Jandl stellen nichts dar, sondern stellen etwas her: Textgewebe, Sinnzusammenhänge und Klanggespinste. Solche Texte kann man nur lesen, wenn man sich mit den eigenen Erfahrungen anrühren lässt. Beide versuchten, mit dem Schreiben selbstverständlich akzeptierte Regeln von Literatur und Sprache und Logik ganz radikal aufzubrechen. Sie erreichten das auf sehr verschiedene Weise: innerer Monolog in Prosa- und Gedichtform bei ihr, Spiel mit dem Klang der Sprache und mit den Regeln der Dichtkunst bei ihm. Dies impliziert ein gegensätzliches Verhältnis zum Erfahrungsschatz des Künstlers. Hier gibt es persönliche Erlebnisse, die sich übersetzen in Poesie, und diese wiederum erschließt sich über die Resonanz von Erfahrungen – mit der Sprache, mit der Literatur, mit der Liebe und dem Leben. Zu dieser Mehrdeutigkeit zählt jene »Biografielosigkeit«, die Mayröcker und Jandl bevorzugten. Sie zeigten wenig von ihrem Privatleben. Demnach bleiben im Wesentlichen ihre literarischen Texte, um den Gegensätzen und Gemeinsamkeiten dieses Paares auf die Spur zu kommen.

# LOTTE LENYA &
# KURT WEILL

Trostlose Kindheit in einem Wiener Proletarierviertel, Tochter eines Fiakerkutschers, die es den Eltern nie recht machen konnte und ständig mit Liebesentzug abgestraft wurde, entsprechend dem Leben trotzend, schon in früher Jugend erste Zirkus- und Theatererfahrung – all diese Umstände dürften Lotte Lenyas konsequenten Ehrgeiz geschürt haben, es auf die großen Bühnen zu schaffen. Kurt Weill hingegen war als introvertierter, vergeistigter Sohn aus jüdischem Kantorenhaus schon früh auf der Suche nach musikalischen Vorbildern. Unglaublich schüchtern, aber willensstark, sollte er eines Tages mit seinem einzigartigen Stil die Oper erneuern und das Musical mitprägen. Legendär kamen diese beiden so gegensätzlich veranlagten Künstler in Brechts *Dreigroschenoper* zusammen: Er als Komponist dieser von manchen verpönten Musik, sie als Sängerin mit ihrer unverkennbar rauen Stimme – sie ergänzten sich hier ebenso wie im richtigen Leben.

Kurt Weill stieg in Amerika zum gefragten Komponisten für Bühne und Film auf, Lotte Lenya trat drei Jahre lang in der *Three Penny Opera* auf, im Duett mit Louis Armstrong oder in den *Sieben Todsünden* mit dem New York City Ballett. Auf ihren vielen Reisen blieben Lenya und Weill postalisch in Kontakt: 375 Briefe, 18 Postkarten und 17 Telegramme tauschten sie zwischen 1924 und 1948 aus, schrieben aus Berlin, Paris, London, New York und Hollywood, ab 1941 in englischer Sprache. Bis heute vermittelt die umfangreiche Korrespondenz einen anrührenden Eindruck von dieser leidenschaftlichen Liebe, von Flucht und Vertreibung, auch von Durchhaltevermögen und Kreativität. In allen Lebensphasen wirkten die Gegensätze als Kapital für das Paar. 1922 sprach die angehende Sängerin und Tänzerin Karoline Blamauer alias Lotte Lenya in Berlin bei Kurt Weill für sein Kinderstück *Zaubernacht* vor und tanzte zu »An der schönen blauen Donau« – jedoch vergeblich, Weill nahm das junge Mädchen gar nicht recht wahr. Erst zwei Jahre später, als Lotte Aupair-Mädchen des Theaterautors Georg Kaiser war und Kurt Weill über den See zum Haus in Grünheide rudern sollte, war es Liebe auf den ersten Blick. Am 28. Januar 1926 heirateten sie. »Linerl, es ist wahr: Sie brauchen einen Menschen, der Ihnen gehört, denn da muss einer sein, bei dem Sie nicht lügen sollen. Auch das ist wahr: dass ich es sein muss.« Und kurz darauf: »Ich bin für Dich auf der Welt – das ist zu selbstverständlich, als dass es Dich zu irgendetwas verpflichten könnte. Du wirst es jetzt spüren. Gib mir nur ein kleines Zeichen, dass Du das Geschenk annimmst.«[20] So hatte Kurt Weill um ihre Hand angehalten, auch wenn seine Eltern wohl wenig begeistert über eine zukünftige nichtjüdische Schwiegertochter waren. Schon vom Aussehen her wirkten die beiden recht gegensätzlich, die rotblonde Lotte und der intellektuelle Kurt mit seiner dicken Nickelbrille. Jahre später, 1938, resümierte er in einem Brief an sie, sie seien das einzige Ehepaar ohne Probleme. Jedenfalls kam sie gleich nach seiner Musik, wie er zu sagen pflegte, und das war schon eine Liebeserklärung der besonderen Art, denn für ihn war die Musik sein Leben, so wie für Lotte Lenya Singen und Schauspiel.

Als die Nazis nicht nur Weill, sondern auch seine Musik vernichten wollten, kämpfte sie erstmals für ihn. Obwohl er noch 1929 gemeint hatte: »Sie kümmert sich nicht um meine Arbeit (das ist einer ihrer größten Vorzüge). Aber sie wäre sehr böse, wenn ich mich nicht für ihre Arbeit interessieren würde (...) Sie hat mich geheiratet, weil sie gerne das Gruseln lernen wollte, und sie behauptet, dieser Wunsch sei ihr in ausreichendem Maße in Erfüllung gegangen.«[21] Diese Bemerkung deutet an, wie sehr sie sich voneinander unterschieden und dies anerkannten: Er brauchte ihre Aufmerksamkeit nicht, um seine künstlerische Arbeit selber wertzuschätzen. Da sie ja ohnehin zunehmend seine Songs interpretierte, war das Bestätigung genug. Beim Komponieren bevorzugte er seine Ruhe. Wie anders hätte er sich seiner wahnsinnigen Kreativität hingeben können: Allein in der Berliner Zeit entstanden Opern, dramatische Entwürfe, Bühnenmusiken, ein Berliner Requiem, Kammermusik, Lieder. Umgekehrt suchte sie innerhalb der Beziehung Anerkennung. Zudem dienten ihre zahlreichen Affären als Ersatzbühne, auf der sie gesehen werden wollte. Je vehementer Kurt sich seiner kompositorischen Arbeit hingab, umso mehr suchte Lotte Vergnügen mit anderen Theatermenschen. Während er als Dirigent, als Manager und Programmdirektor unabkömmlich war, nahm er ihre wechselnden Liebschaften gleichmütig hin. Über dieses Arrangement muss fraglos Einverständnis geherrscht haben, zumal sie letztlich die vertraute Zweisamkeit zwischen ihren Eskapaden und seinem Arbeitspensum brauchten. Als er einmal von einem Kollegen auf ihre Seitensprünge aufmerksam gemacht wurde, meinte er lakonisch, es sei ja auch nicht einfach, mit ihm zusammenzuleben. Übereinstimmend hatten sie sich gegen eine Familie entschieden: Zu ihrem Lebensstil hätten Kinder nicht gepasst.

Kurt Weill kam 1900 in Dessau im Haus eines jüdischen Kantors zur Welt. Schon früh zeigte sich seine ausgeprägte musikalische Begabung. Mit fünf Jahren begann er Klavier zu spielen, mit zwölf komponierte er erste Stücke, und schon bald sprang er als Begleiter beim Dessauer Hoftheater ein. Vom Kapellmeister lernte er die Harmonielehre, so dass er die Aufnahmeprüfung fürs Musikstudium in Berlin mit Leichtigkeit bestand.

Ganz anders als diese geordneten Verhältnisse sah das freudlose Wien von Karoline Blamauer aus. Der Vater, dem Alkohol zugetan, nahm sich bevorzugt das Linnerl vor, um an ihr im Rausch seinen Zorn über das Leben auszulassen. Die Eltern hatten bereits die erste Tochter Karoline verloren, die musikalisch hochbegabt gewesen war, aber mit vier Jahren verstarb. Nun sollte das zweite Linnerl die elterlichen Erwartungen erfüllen. Sie fungierte als Ersatz, und schon als Teenager suchte sie dann ihrerseits nach Ersatz für die elterliche Zuneigung, insbesondere bei Männern. Unter den gegebenen Bedingungen hatte sie sich eine forsche Art angewöhnt, mit der sie das männliche Geschlecht rastlos eroberte. Sie war süchtig nach neuen Liebeleien, die jedoch die frühe Sehnsucht nach Zuwendung und bedingungsloser Liebe nicht stillen konnten. Eine Tante rettete Linnerl aus diesem katastrophalen Umfeld, und unter deren Obhut übernahm sie erste kleine Rollen am Schauspielhaus in Zürich, wo sie nach drei Jahren Mitglied des Ballettensembles wurde. Nebenbei ließ sie sich von wohlhabenden Männern aushalten. Als sie endgültig Abschied von Wien nahm, legte sie sich den Künstlernamen Lotte Lenya zu. Für sie klang er weltstädtisch und modern – das »Linnerl« war fortan nur noch engen Freunden vorbehalten.

Den ersten Auftritt in einer Produktion ihres Ehemanns hatte Lotte Lenya 1927 in *Mahagonny*, das bei einem Festival in Baden-Baden uraufgeführt wurde. Ihren Namen hatte man im Premierenprogramm vergessen, worüber Weill wütend war, sie hingegen nahm es gelassen, weil sie an ihre Zukunft glaubte. Tatsächlich kam ihr Name ins Gespräch. Bertolt Brecht hatte ein paar Monate zuvor mit Weill Kontakt aufgenommen, um mit ihm über dieses Singspiel zu reden, und als es zum ersten Treffen der beiden kam, sorgte Lenyas Anwesenheit für eine entspannte Atmosphäre. Das sollte den Weg ebnen für die zukünftige, intensive Zusammenarbeit. Ein Jahr später übernahm Lenya in der *Dreigroschenoper* die Rolle der Jenny. Mit wem sie da wohl emotional abgerechnet hat, wenn sie wieder und wieder als Seeräuber-Jenny die Köpfe der Seeleute rollen sah und auf dem Schiff mit den acht Segeln entschwand? Sie spielte die Rolle mit unglaublichem Elan und kam groß heraus. Mit ihren Lebenserfahrungen konnte sie sich perfekt in diese derbe Brecht-Weill'sche Bühnenwelt hineinversetzen.

Am 9. März 1930 brachte das Team Brecht-Weill nach endlosen Komplikationen *Aufstieg und Fall der Stadt Mahagonny* in Leipzig zur Uraufführung. Weill und Lenya saßen im Publikum und spürten schon während der Aufführung die aufgeladene Stimmung. Die Störtrupps der Nationalsozialisten provozierten Protest und Tumult: Was kontrovers von Intellektuellen und Ästheten aufgenommen wurde, war empörend für die Politiker und sollte verhindert werden. Der Höhepunkt der Zusammenarbeit zwischen Brecht und Weill geriet zum Skandal.

Was auf der Bühne an Sorgen und materieller Not verhandelt wurde, entsprach den kargen Umständen im richtigen Leben, mit denen Weill und Lenya sich abgefunden hatten. Anfangs logierten sie in Berlin in einer einfachen Pension und trafen ihre Kollegen und Kolleginnen des Musik- und Theaterlebens in den Cafés der Stadt. Erst nach dem Erfolg der *Dreigroschenoper* konnten sie sich eine Wohnung leisten. Später erwarb Weill ein Haus in Kleinmachnow bei Berlin. Doch die verbesserten Lebensumstände konnten nicht darüber hinwegtäuschen, dass die Untaten der Nazis ihr Leben gefährdeten und gleichzeitig die Beziehung aus dem Ruder lief. Die erotische Faszination wich inmitten der turbulenten Zeiten einer Beziehungskrise: Lotte, elegant mit Hut und Pelzkragen unterwegs, hielt zwar weiterhin engen Kontakt per Post, doch die ursprüngliche Leidenschaft war verflogen. Sie widmete sich anderen Männern, und Kurt begann eine Liebschaft. Mit der Bücherverbrennung spitzte sich die politische Situation weiter zu, Weills Partituren waren in Gefahr. Die Dreifach-Premiere seines neuen Stücks *Silbersee* begeisterte zwar die liberalen Musikjournalisten, trotzdem wurden kurz darauf weitere Aufführungen abgesagt. Eine Flucht wurde unumgänglich, und Anfang März 1933 verließ das Ehepaar Berlin, um erst einmal in München den Ausgang der Reichstagswahl abzuwarten. Von dort reiste sie weiter nach Wien, um sich von ihren Eltern zu verabschieden. Kurt Weill kehrte nach Berlin zurück und begab sich von dort in Begleitung seines Kollegen und Freundes Caspar Neher nach Paris – vorerst ohne Lotte. Kurz darauf folgte die Scheidung. Trotz aller Widrigkeiten brachte Weill bereits im Juni 1933 in Paris *Die Sieben Todsünden* auf die Bühne, und Lenya übernahm die Partie der pragmatischen Anna I, deren idealistische andere Seite als Tänzerin Anna II abgespalten ist. In dieser Verdrängung des Emotionalen klingt so manche reale Erfahrung an. Allerdings war dies vorerst die letzte Rolle, die Weill für Lenya schrieb, und zudem sein letzter Erfolg auf der Zwischenstation Paris. In dieser Zeit klingt die Korrespondenz zwischen Lenya und Weill sachlich, aber mitfühlend und vertraut. Er ist deutlich emotionaler und sehnsüchtig gestimmt, sie eher vernunftgesteuert. Gegenseitig berichten sie sich in allen Einzelheiten über berufliche Entwicklungen, gesundheitliches Befinden, die politische Situation. Trotz der Scheidung scheint die bedingungslose gegenseitige Liebe ganz selbstverständlich fortzubestehen. Als sie nach einigem Hin und Her am 4. September 1935 gemeinsam die alte Heimat verließen und von Bord der S. S. Majestic auf Europa zurückblickten, waren sie ernüchtert, vom Leben und von der Liebe. Während der langen Atlantiküberquerung fanden sie die notwendige Ruhe, um die stürmischen Jahre Revue passieren zu lassen und sich auf einen Neuanfang einzustellen.

Tatsächlich heirateten Lenya und Weill ein zweites Mal, am 19. Januar 1937. Lenya hatte ihn einmal gefragt, ob er je bezweifelt habe, dass sie wieder zusammenfinden würden, und er hatte dies entschieden abgelehnt, niemals habe er daran gezweifelt. Aus ihrer Sicht war es »nicht immer eine leichte Ehe, aber sie war so zutiefst richtig«.[22] Nun eroberten sie erst einmal New York mit seinen Wolkenkratzern und Theatern, den Kinos und Kaufhäusern, mit einer weltoffenen Kultur. Hier lebten Komponistenkollegen wie Elliott Carter und Aaron Copland und andere jüdische Intellektuelle wie Hannah Arendt oder Herbert Marcuse. Weill war geradezu euphorisch: Die Musik zu einem

Tanzprojekt, die Zusammenarbeit mit dem *Group Theatre* und eine erste Show am Broadway bestätigten, dass sich grandiose Möglichkeiten eröffneten, auch beim Film. Lenya war gleichfalls voller Elan, selbst wenn für sie die Bühne schwerer zu erobern war; als Sprungbrett versuchte sie es zunächst in den Nachtclubs von New York, beispielsweise am 7. April 1938 im *Le Ruban Bleu* mit Songs von Kurt Weill. Allerdings trat sie dann ab Mai 1938 drei Jahre lang nicht mehr auf, die Neue Welt erkannte ihr Talent einfach nicht. Doch beide waren wild entschlossen, in Amerika Fuß zu fassen: Sie lernten die englische Sprache, unterhielten sich und schrieben sich konsequent auf Englisch – inklusive einer nun noch größeren Anzahl von Kosenamen.

Kurz nach der zweiten Vermählung zog es Kurt Weill für längere Aufenthalte nach Hollywood. Doch er blieb realistisch, da half ihm die einfache Weisheit, dass nicht alles, was glänzt, Gold ist. Zwar nahm er an Partys, Empfängen und Filmbällen teil, wo er Film- und Musikstars kennenlernte und als einer von ihnen gefeiert wurde, aber noch hatte er sich in der Filmindustrie nicht durchgesetzt. Doch von Enttäuschungen und Rückschlägen ließ er sich nicht einschüchtern: Mehrfach machte man ihm Hoffnungen, auf einen Anti-Nazi-Film zum Beispiel, für den er ein halbes Jahr arbeitete, bevor er abgelehnt wurde, auf Fritz Langs Film *You and Me (Du und ich)*, bei dessen Filmmusik am Ende lediglich zwei Songs von ihm übrig blieben. Er ließ sich nie korrumpieren, weder beruflich noch privat. Unterdessen sortierte Lenya, allein in New York zurückgeblieben, ihre Gedanken und Gefühle. Trotz aller Flirts, ohne »Weillili« wollte sie nicht sein. Wenn sie sich wiedersahen, bestätigten sie sich ihre Liebe: »Darling, jetzt sieht das Leben ganz anders aus, seit Du hier warst. Und der Kuchen ist auch alle. Endlich (...) Hoffentlich fühlst Du Dich nicht zu einsam und verlassen.«[23] Und immer wieder die Vorfreude auf einen nächsten Brief, auf ein Telefongespräch oder ein Wiedersehen.

Dann gelang Weill der Durchbruch: Die wahnwitzigen Produktionskosten am Broadway für *Lady in the Dark* wurden in 777 Aufführungen wieder eingespielt und das Vaudeville *Love Life* kam nach endlosen Entwürfen und Umarbeitungen 1948 in New York zur Uraufführung. Das Stück in sieben Szenen und mit eingestreuten Varieté-Nummern, das später als Vorbild für das Musical *Cabaret* diente, stellt das Auf und Ab eines durchschnittlichen Paares dar – eine musikalische Studie über die Ehe in den letzten 100 Jahren. Erzählt wird die Geschichte des Ehepaars Sam und Susan, die erleben, wie sie sich zunehmend voneinander entfremden, weil sie sich den gesellschaftlichen und historischen Bedingungen nicht entziehen können. Gleichzeitig wird auch ein Stück Kulturgeschichte der USA erzählt, vom Siegeszug des Kapitalismus, von den daraus entstandenen beruflichen und privaten Herausforderungen und von den Anfängen der Frauenbewegung. Die *Boston Post* kommentierte, es sei eine Traum-Show, die den *American dream* vom häuslichen Glück mit all seinen Illusionen geistreich, hoffnungsvoll und satirisch auf die Bühne bringe. Erst im Dezember 2017 kam *Love Life* am Theater Freiburg zur deutschen Erstaufführung.

Schon der Titel gibt zu denken: Ging es um das Liebesleben oder den Imperativ »Liebe das Leben!«? Beides war sicher in diesem unterhaltsamen Stück enthalten. Verhandelt werden die Widersprüche zwischen Liebe und Leben, zwischen dem Privaten und dem Politischen. Das nie alternde Ehepaar erinnert sich zurück, als sie mit den beiden Kindern in eine Kleinstadt zogen, überzeugt und optimistisch, denn ein Ort, an dem sie miteinander leben können, ist alles, was sie sich wünschen. Doch dann kommt ein melancholischer Gedanke dazwischen:

Man erzählt von 'nem Land,
wo man Gold in Fülle fand,
doch ich bleib hier bei dir.

...
Jenes Land ist nur Sand in den Augen,
jener Traum ist bloß Schaum, glaube mir.

Doch noch, in diesen Anfängen jedenfalls, siegt die Hoffnung:

Deine Liebe enthält
alles Glück dieser Welt,
darum bleib ich hier.[24]

Vorschnelle Rückschlüsse auf den Lebenshintergrund des Komponisten sollte man vermeiden, zumal die Texte von dem damals noch kaum bekannten Alan Jay Lerner verfasst wurden, aber zumindest das Leitmotiv geht einem nicht aus dem Sinn: »Doch ich bleib hier bei dir«, musikalisch wunderbar ausgeführt und inhaltlich wie das Lebensmotto von Lenya und Weill. Auch wenn zwischen deren Ankunft in New York und *Love Life* etwa ein Jahrzehnt lag, ist der Enthusiasmus, mit dem Weill mit dem Librettisten aufs Engste an diesem Werk zusammenarbeitete, aus seiner unmittelbaren Erfahrung zu erklären. Auch Lotte und Kurt lebten in herausfordernden Zeiten.

Doch was ist schiefgelaufen bei diesem Musical-Paar? Auch die Entwicklung der beiden Protagonisten in diesem Vaudeville korrespondiert mit einer zentralen Lebenserfahrung der beiden so gegensätzlich veranlagten Künstler Lenya und Weill: Susan und Sam dürfen nicht »bleiben«. Die Liebe zu erhalten bedeutet demnach, sie immer wieder neu zu finden, zu beleben, zu erkunden und sich selber weiterzuentwickeln. Dass dieses Unterhaltungsstück letztlich nichts glättet, sondern eher die Widersprüche zeigt und zum Klingen bringt, beunruhigte und begeisterte Publikum und Medien.[25] Jedenfalls entscheiden sich die beiden schließlich füreinander und für diesen Seiltanz, als den sie die Ehe jetzt sehen.

Das Libretto zeigt Parallelen zur Geschichte von Lenya und Weill: Die Coopers landen am Ende auf einem Ozeandampfer, flirten mit neuen Bekannten, und dann ist für Sam wieder nichts wichtiger als sein Beruf. Im richtigen Leben bedeutete für Weill Amerika wesentlich seine Musical-Karriere. Er wurde mit Theaterproduktionen und Filmmusiken beauftragt und geehrt, während es um Lenya stiller wurde. Ihre Stimme war nicht mehr jung genug, aufs Flirten verstand sich nun Kurt in Hollywood, wo Lotte alsbald auftauchte, um ein Machtwort zu sprechen. Inzwischen hatten sie sich außerhalb von New York am Hudson River angesiedelt; im Mai 1941 erwarben sie mit dem Erlös aus den Filmrechten an *Lady in the Dark* Brook House. Dort bewirteten sie an den Wochenenden Freunde und Kollegen. Allmählich kehrte sich die Dynamik um. Sie führte in der ländlichen Idylle Regie über Haus und Hof, während er zwischen Manhattan und Hollywood gelegentlich vorbeikam.

Trotz all seiner Erfolge war Weill ein nüchterner Mann und hinter seiner Schüchternheit schwer zu erkennen. Lenya hingegen war impulsiv und verzauberte ihre Umwelt. Sie brauchte die ständige Veränderung. Vierundzwanzig Jahre waren die beiden insgesamt verheiratet, dazu kamen zwei unverheiratete gemeinsame Jahre zwischen den Ehen. Auch wenn beide gelegentlich Affären hatten, gehörten sie doch zueinander. Diese Nähe zwischen dem introvertierten Innovator der Musik und der extrovertierten kühnen Interpretin seiner Werke bestand und stabilisierte sich im Lauf der wechselhaften Zeiten.

Diese Verbindung währte über seinen Tod hinaus. Die Erschütterung über den Verlust ihres Lebensgefährten verarbeitete Lenya, indem sie sich unermüdlich für sein Werk einsetzte: Sie trat bei prominenten Kurt-Weill-Konzerten auf sowie in der New Yorker Produktion der *Dreigroschenoper*, die im Theater de Lys bis 1961 insgesamt 2611 Aufführungen zählte, bis 1956 mit Lenya in der Rolle der Jenny. Sie wirkte mit bei Schallplattenaufnahmen von *Die sieben Todsünden, Aufstieg und Fall der Stadt Mahagonny, Johnny Johnson,* bei der *Dreigroschenoper* und *Happy End.* Die Schallplatte *Lotte Lenya singt Kurt Weill* wurde ein Klassiker. Weiterhin fand sie einen Nachlassverwalter und einen Biografen für Weill, und auch ihre spätere Ehe mit dem gemeinsamen Freund, dem Schriftsteller George Davis, war nicht zuletzt dadurch motiviert, dass sie auf dessen Unterstützung bei diesen Weill-Projekten zählte. Als Hüterin von Kurt Weills Nachlass, auch als zeitweilige Vorsitzende der Kurt Weill Foundation, kümmerte sie sich um seine Copyrights, sicherte durch die Emigration verloren gegangene Partituren und hielt ihm weiter als Interpretin seiner Musik die Treue.

WIR

# MARINA ABRAMOVIĆ &
# ULAY

Zwölf Jahre lebten Marina Abramović und Ulay als Performance-Künstler zusammen. Nähe und Distanz, Verletzlichkeit und Liebe erprobten sie dabei immer wieder. Vor allem waren sie an der Darstellung von Beziehung interessiert, und zwar nicht durch Kunstobjekte, sondern indem sie selber unmittelbar die ganze Dimension von Liebe verkörperten. In ihrem gemeinsamen Leben ebenso wie in ihren Performances. Dort testeten sie vor allem die Grenzen aus, machten Ängste, Verletzungen und Konflikte erfahrbar, nonverbal, körpersprachlich, meist unheimlich intensiv, ja extrem. Dem konnte man sich als Betrachter nur schwer entziehen: welche Kraft, welche mentale und emotionale Anstrengung, welche Disziplin! Aber auch welcher Schmerz! Grundvoraussetzung dafür war, dass die beiden sich über die Maßen liebten. Die Bilder und Videos der gemeinsamen Performances zeigen das ganze Ausmaß an Verletzlichkeit, die dieses tiefe gegenseitige Vertrauen ermöglichte.

Wie kann man sich das Leben eines kreativen Paares vorstellen, das in Performances eine visuell-ästhetische Beziehungswirklichkeit gestaltet? Das im Binnenverhältnis ständig neue künstlerische Gemeinschaftsarbeit nicht nur leistet, sondern diese auch lebt?

Marina Abramović und Ulay spielten traditionelle Rollen, aber ergänzten sich auch und lernten voneinander. Sie machte die Wäsche und kochte, er kümmerte sich um die Finanzen und fuhr den Wagen. Dieses Arrangement des Alltäglichen erlaubte beiden, sich in ihrer Kunst vollkommen hinzugeben, zu einem »Wir« zu verschmelzen, ohne jede Rollenvorgabe. Hier führten sie nun das Gegenteil der Liebe vor, die sie außerhalb der Kunst miteinander erlebten. Vor allem wollten sie die Symmetrie zwischen einander ausloten und damit etwas Neues schaffen.

Für die Performance *Relation in Space* 1976 im Rahmen der Biennale in Venedig sammelten sie zunächst allerlei Ideen, bevor die Inspiration kam: Kugelstoßpendel, die beim Aufeinandertreffen Energie übertragen. Sie wollten miteinander kollidieren, nackt vor einer weißen Wand in einem Lagerhaus auf der Insel Giudecca, gegenüber von Venedig, vor Hunderten von Zuschauern. Zuerst gingen sie langsam aufeinander zu, streiften sich, liefen dann in immer schnellerem Tempo und prallten schließlich aufeinander. Da, wo sie aufeinandertrafen, verstärkten Mikrofone das Geräusch: Fleisch gegen Fleisch, in beständigem Rhythmus. Dass die beiden verliebt waren, wusste niemand: Noch war das Paar unbekannt. Nach der Performance waren sie völlig euphorisch – und alles tat ihnen weh.

Marina Abramović und Ulay hatten sich in Amsterdam kennengelernt, in den 1970er Jahren die Hauptstadt der Aktions- und Performance-Kunst. Dieses Format der experimentellen Selbstgestaltung überschritt die Grenze zwischen ästhetischer und sozialer Erfahrung und öffnete die traditionelle Geschlossenheit der Kunstsphäre.[1] Die Sichtbarkeit und die Rolle der Kunstschaffenden änderten sich: Künstlerpersönlichkeit, kreatives Tun und Werk waren nun eins, und dieses komplexe Gebilde war per definitionem vergänglich, dem Lauf der Zeit ausgeliefert. Somit wurde auch das Produkt der gemeinsamen Kreativität neu erlebt und anders erkennbar. Kein Doppelportrait mehr, sondern ein Performance-Duo. Doch wie sah es da mit der individuellen Erfahrung aus? Die essentielle Frage eines jeden Kunstschaffenden nach der eigenen Identität blieb bestehen. Und wurde in der Wir-Beziehung beantwortet.

Frank Uwe Laysiepen, alias Ulay, 1943 in Solingen geboren und aufgewachsen, revolutionierte mit Marina Abramović die Performance-Kunst. Er war ein Kriegskind, sein Vater war in Stalingrad gewesen und verstarb, als Ulay sechzehn Jahre alt war. Die Mutter war von den Kriegserlebnissen so traumatisiert, dass er ohne emotionale Wärme und familiären Halt aufwuchs. Auf der Suche nach einer eigenen inneren Mitte versuchte er es zuerst mit Dokumentarfotografie, aber die brachte ihn nicht weiter. Videos und Performances entsprachen eher seinem experimentellen Stil, zumal es Ulay gefiel, nicht zu einer etablierten Kunstszene zu gehören. Er war offen für jegliche innovative Kunst, am besten ohne vorgegebene Struktur oder Vorbild. Amsterdam versprach Anregungen.

Marina Abramović wurde 1946 in Belgrad geboren. Ihre Eltern stritten ständig, weshalb sich die kleine Tochter vor körperlicher und verbaler Gewalt in ihre eigene Fantasiewelt flüchtete. Ungeachtet der intellektuellen Förderung, auf die ihre Eltern großen Wert legten, prägten Zurückweisung und Schmerz ihre Kindheit. So kam sie nach dem Abschluss des Studiums der Malerei dazu, diese Gefühle mit autoaggressiven Performances zu verarbeiten.

Die künstlerische Suche nach sich selber, nach Sinn und nach Ausdrucksformen für Gefühle bedeutete von Anfang an eine Geistesverwandschaft zwischen Ulay und ihr. Als sie sich bei einer Performance einen Judenstern in den Unterleib geritzt hatte, versorgte er ihre Wunden – und Amors Pfeil traf ihn. Man mag diese Künstlergemeinschaft als sado-masochistisch und wenig vorbildlich abtun, aber außerhalb ihrer schmerzlichen Performances gingen die beiden friedlich, sehr harmonisch und fürsorglich miteinander um. Sie gönnten sich herrliche Auszeiten – das war die Basis für ihre Kreativität. Mit einem alten Citroën-Polizeibus fuhren sie vier Jahre lang durch Südeuropa, ausgestattet mit einer Matratze, einer Kleiderkiste, einem Gaskocher und einem Aktenordner. Sie lebten in der freien Natur, fanden ihre Nahrungsmittel dort, kochten draußen und hielten mit der Kunstwelt telefonisch Kontakt. Sie besaßen fast nichts und waren glücklich.

Vor dieser Reise in die Unabhängigkeit schrieben sie ein Manifest für ihr gemeinsames Leben: »ART VITAL. Kein fester Wohnsitz / Bewegliche Energie / Permanent in Bewegung sein / Keine Proben / Direkter Kontakt / Keine Wiederholung / Selbstbestimmung / Noch größere Verletzlichkeit (...) Risikobereitschaft / Unmittelbare Reaktionen«.[2] Flexibilität, Bedingungslosigkeit, Leben in der Gegenwart, kommunikativer Austausch bildeten ihre Prinzipien.

Doch schauen wir einmal genauer hin, welche Wirkung ihre performative Körperarbeit hatte und welche Ethik dahinterstand. Als Abramović und Ulay sich 1975 begegneten, waren beide auf dem Höhepunkt ihrer riskanten künstlerischen Experimente und schreckten dabei auch vor Selbstverletzung nicht zurück. Wie viele in der Kunstszene nutzten sie die Performance als wirksames Format zur Verarbeitung von Schuldgefühlen, die vom Krieg und von den Nazi-Verbrechen herrührten. Im Folgejahr begannen sie ihr erstes Gemeinschaftsprojekt der Werkgruppe *Relation Works*, Prozesse, in denen Beziehungen nachgespürt werden sollte. Das Paar wollte die Grenzen körperlicher und seelischer Kräfte ausloten und der Frage nach dem Selbst in der Polarität einer Partnerschaft nachgehen. Ihr enormes »Forschungsinteresse« war offenkundig: Ihre Körper dienten stets als Instrumente, beispielsweise bei *Light / Dark* 1977 bei der Internationalen Kunstmesse in Köln. Dort knieten sich die Künstler gegenüber, beide trugen ein weißes T-Shirt und hatten die Haare am Hinterkopf zu einem Knoten zusammengedreht. Sie begannen, sich zu ohrfeigen, dann schlugen sie sich abwechselnd aufs Knie, ein Rhythmus entstand. Nach zwanzig Minuten waren sie sich, ohne ein Wort zu wechseln, einig: Es ist genug. Gegenseitig trieben sie sich im Versuch, keinen Schmerz zu empfinden, an die Grenzen der Belastbarkeit. Und dies in bedingungslosem Vertrauen zueinander.

Nach einem Jahr des Zusammenlebens fühlten sie sich einander geradezu unheimlich nah, wie ein und dieselbe Person, emotional, sexuell, spirituell und intellektuell. Bei jeder Performance und mit jeder thematischen Vorgabe ging es Abramović und Ulay um ihre Beziehung, der sie mit allen Sinnen nachspürten. Aber auch die Beziehung zum Publikum kam ins Spiel: Bei manchen Performances wirkten die Zuschauer aktiv mit oder sollten ihre Meinung sagen. Selbst bei Fotos oder Videoaufzeichnungen kann man sich der Unmittelbarkeit und Radikalität dieser Beziehungsarbeit nicht entziehen. Doch ihre Kunst eckte auch an: 1977 unterbrach die Polizei in Bologna die Performance *Relation in Time* und erklärte diese Art von Kunst für obszön, damit war die Veranstaltung beendet. Zum Glück hatte Ulay – mit einem splitternackten Auftritt im Museumsbüro kurz vor Beginn der Performance – dafür gesorgt, dass das zugegeben sparsame Honorar wie vereinbart vorab ausgezahlt wurde. Doch es war nicht nur ein künstlerisches Programm. Eine Art Mythos spann sich um Abramović und Ulay, da sie sich körperlich ähnlich sahen, wie Zwillinge. Oft kleideten sie sich identisch, frisierten die Haare gleich und hatten dieselben Gedanken. Dies trug zu ihrer Frage nach der erotischen Spannung in der Beziehung bei, die damit keineswegs aufgelöst, sondern eher verstärkt wurde.

Bei einem Aufenthalt in der australischen Wüste entstand die Idee, meditativer an die Grundfragen des Lebens heranzugehen. Marina Abramović und Ulay ließen sich von den traditionellen Mythen und Riten der Aborigines, deren heiligen Stätten und der großartigen Natur anregen. Um Zugang zum Unbewussten zu bekommen und neue innere Horizonte zu erkunden, experimentierten sie mit Hypnosetechniken. Daraus entstand 1980 die Performance *Rest Energy*, die Beziehungsängste erforscht: Ulay steht Abramović mit angespanntem Bogen gegenüber. Beide lehnen sich zurück: eine vollkommene Balance, aber auch vollkommene Abhängigkeit voneinander. Über ihren Herzen brachten sie ein Mikrofon an, das beider Herzschlag übertrug. Ein Spiel mit Geschlechterrollen, in dem Macht und Ohnmacht, Vertrauen und Verletzlichkeit ausgetestet wurden. Er richtete die Waffe gegen sie – Aggression gegen Passion. Oder war es der Pfeil des Gottes Amor? Über dieses völlige Ausgeliefertsein sagte Abramović später, sie habe die Kontrolle behalten können, weil sie ihrem Partner bedingungslos vertraute. Die Frau hatte in dieser Sichtweise die Regie. Die intensive Auseinandersetzung mit grundsätzlichen Lebensfragen, auch nach dem Kern einer Beziehung, führte zunächst zu einem Rückzug vom Publikum. Und schließlich zum Beziehungsende. Abramović und Ulay entschieden, dass die Zeit des »Wir« vorbei war. Sie waren erschöpft von dem totalen Einsatz. Die Trennung war für sie die logische Konsequenz der Idee von einer freien und im wörtlichen Sinne aufs Ganze gehenden Liebe.

In *The Lovers – The Great Wall Walk* 1988 in China ritualisierten sie ihre Trennung. Acht Jahre lang hatten sie das Projekt vorbereitet, ehe die Genehmigung erteilt wurde. Sie trat ihre Reise von Osten in der Bohai-Bucht am Gelben Meer an, er begann im Westen am Jiayu-Pass in der Wüste Gobi. Drei Monate lang wanderten sie aufeinander zu, jeweils 2500 Kilometer. Als sie sich auf halber Strecke begegneten, verabschiedeten sie sich endgültig voneinander. Dass sie sich bewusst für die Trennung entschieden hatten, ersparte ihnen nicht die tiefe Trauer über den Verlust. Sie litt noch mehr als er. Beide ahnten nicht, dass sie sich Jahre später wiederfinden würden, und gingen in Respekt und Liebe auseinander.

Ulay ließ sich auf eine neue Beziehung ein, heiratete und verabschiedete sich vorübergehend von der Performance-Kunst. Im Jahr 2010 kreuzten sich nach über zwanzig Jahren in New York die Wege des ehemaligen Paares. Bei der Performance *The Artist Is Present* im Museum of Modern Art saß Marina Abramović fünfundsiebzig Tage auf einem Stuhl, als ihr eigenes Kunstwerk. Ein weißer Raum, zwei Stühle und ein Holztisch, sie im langen, roten Kleid. Man durfte ihr eine Minute gegenübersitzen und in die Augen schauen. Kein Wort, kein Dem-Blick-Ausweichen. Kein Konzept war das Konzept. Ulay kam am ersten Tag, Marina Abramović hatte das MoMa gebeten, ihn als Ehrengast einzufliegen. Was dann geschah, musste schmerzlich sein, auch für die Zuschauer. Die ehemaligen Liebenden schauten sich sechzig Sekunden in die Augen, beiden kamen die Tränen. Man sah und spürte die fast unerträgliche Nähe zwischen beiden. Den Schmerz, den sie einander zugefügt hatten. Abramović legte ihre Hände auf seine, entgegen den Regeln für die Performance. Nach der vorgeschriebenen Minute war die Begegnung vorüber, Ulay stand auf und ging. Marina Abramović blieb zurück. 2017 kam es in Schweden nochmals zu einem Wiedersehen. Im Museum für Moderne Kunst in Stockholm wurde eine Retrospektive für Abramović gezeigt. Wie in alten Zeiten gab sie dreimal täglich eine Performance. Bei dem Festakt erzählte Ulay ihre gemeinsame Geschichte, die zum damaligen Zeitpunkt zur Ruhe gekommen war – eine Wiedervereinigung zweier schmerzlich Liebender. Bei jedem Abschied und bei jedem Wiedersehen wurde die Gratwanderung von Kommunikation und Auseinandersetzung deutlich. Nach seinem Tod im März 2020 erinnerte Marina Abramović daran, wie außergewöhnlich Ulay als Künstler und als Mensch war, was auch implizierte, wie einmalig dieses Wir in Kunst und Leben war.

# YOKO ONO &
# JOHN LENNON

Auch Yoko Ono und John Lennon lebten ihre Liebe als Kunstprojekt. Beide wollten aus der Beziehung heraus Werte erneuern, es ging ihnen, da waren sie Kinder der Flower-Power-Bewegung, um ein friedliches Utopia – dafür sprengten sie die Grenzen der Künste und schockierten ihr Publikum. Bewusstseinserweiternde Drogen gehörten zum Lebens- und Kunststil, aber auch zum Zeitgeist, dem entsprechend die Grenzen zwischen Privat und Öffentlich nicht mehr galten. Die Paargeschichte handelt zugleich von ihren gemeinsamen künstlerischen Projekten. Angefangen mit dem Amsterdamer »Bed-in«, bei dem der Rückzug ins Private eines fabelhaften Hotels als Protest gegen alles Etablierte gefeiert wurde. Mit ihrer Friedenskampagne »Give Peace a Chance«, mit der sie 1969 ein zugegebenermaßen merkwürdiges Zeichen gegen den Vietnam-Krieg setzten, erregten sie öffentliche Aufmerksamkeit und stifteten Unruhe. An Filmen, Performances, Büchern wirkten sie zusammen, sie mit ihrem feministischen Engagement und Impulsen aus der Fluxus-Bewegung und als Pionierin der Konzeptkunst, er mit seiner dichterischen und musikalischen Begabung und endlosen Einfällen, die sich stets aus dem gegenwärtigen Erleben ergaben. Auch oder gerade ohne die Beatles waren die beiden ein Team, aus der Liebe machten sie einen Kult, der die Welt zum Besseren verändern sollte.

Yoko Ono wuchs in einer vornehmen japanischen Familie auf: Die Mutter stammte aus einer angesehenen und wohlhabenden Bankiersfamilie, der Vater war Konzertpianist, entschied sich aber für eine Karriere als Banker, die ihn von Tokyo nach New York und San Francisco führte. Yoko wuchs zweisprachig auf. Sie besuchte eine progressive Mädchenschule, wo sowohl traditionelles japanisches Denken als auch modernes westliches Wissen vermittelt wurden. Schon früh bekam sie Klavierunterricht und eine umfassende musikalische Ausbildung, überhaupt hielt der Vater große Stücke auf das älteste seiner drei

Kinder. In den Kriegswirren wurden Yoko und ihre Geschwister mit der Mutter evakuiert, während sich der Vater in Hanoi aufhielt. Nach dem Schulabschluss 1952 nahm Yoko als erste Frau in Japan das Philosophiestudium auf. Ein Jahr später zog sie mit der Familie nach New York, mit ihren pazifistischen Ideen und philosophischen Gedanken im Gepäck. Sie begann am Sarah Lawrence College zu studieren, vorrangig Komposition und zeitgenössische Lyrik. Dort lernte sie Avantgarde-Musiker kennen, unter ihnen John Cage und der japanische Komponist Yoshi Ichiyanagi. Bei ihren ersten öffentlichen Auftritten führte sie noch traditionelle japanische Künste vor, doch bald trug sie ihre eigenen Gedichte und Kompositionen vor. Zusammen mit Ichiyanagi, mit dem sie inzwischen verheiratet war, mietete sie ein Loft, wo sie Konzerte und Veranstaltungen organisierte. Hier stellte sie ihre ersten *Instruction Paintings* aus, im Village Gate Theatre und in der Carnegie Recital Hall kamen erste Kompositionen von ihr zur Aufführung. Sie war entschlossen, berühmt zu werden: als Musikerin, als Performance-Künstlerin oder in der bildenden Kunst. Und dabei alle Konventionen über Bord zu werfen, auch in ihrem Privatleben. Sie legte sich ein existentialistisches Künstlerimage zu: schwarze schmale Hose, schwarzer enger Pullover, so dass ihr volles schwarzes Haar zur Geltung kam.

Bei einem Intermezzo in Japan hatte sie ein Solokonzert und eine parallel stattfindende Ausstellung und performte mit John Cage. Bei diesem Klangereignis am 9. Oktober 1962 legte sie sich auf den Flügel und trieb somit Cages Idee des präparierten Flügels performativ-konzeptuell weiter. Auch wenn sie mit den unterschiedlichsten Performances Aufsehen erregen konnte, sehnte sich Yoko nach der New Yorker Künstlerszene, wo sie sich tatsächlich mit ihren Performances einen Namen machen sollte: zum Beispiel Postkartenevents, bei denen die Teilnehmer einen Kreis auf eine Postkarte malen und diese an eine fiktive

Adresse der Künstlerin schicken sollten. Oder drei leere Stühle auf der Bühne oder Darsteller, die aufeinanderliegen und dem Herzschlag der anderen lauschen. Trotz all der Extravaganzen gelang ihr der eigentliche Durchbruch nicht, weshalb sie 1966 gern die Einladung annahm, in der berühmt-berüchtigten Galerie *Indica* in London eine Ausstellung zu machen – um dann in London zu bleiben.

Wesentlich bescheidener die Herkunft des sieben Jahre jüngeren John Lennon, eines Kriegskinds, 1940 in Liverpool geboren, dessen Vater zur See fuhr, so dass der Junge wesentlich bei seiner Tante aufwuchs, nachdem der Mutter vorgeworfen worden war, sie könne nicht für ihren Sohn sorgen. Zwar war er kein guter Schüler, aber sein musikalisches Talent zeigte sich früh: Mundharmonika, Banjo und eine Identifikation mit dem Rock 'n' Roll brachten den Teenager auf die Idee, selber Rockmusiker zu werden. Vielleicht waren es auch die Gedichte und Kurzgeschichten, die seiner Kreativität Auftrieb verliehen. Als er bei einem kirchlichen Gartenfest im Sommer 1957 Paul McCartney kennenlernte, war dies der Beginn einer langen Freundschaft. Während John die Kunsthochschule besuchte, komponierte er mit Paul die ersten Songs, die dann im Wohnzimmer von Pauls Familie geprobt wurden. Bald stießen der Gitarrist George Harrison und der Schlagzeuger Pete Best dazu, der nach kurzer Zeit von Ringo Starr ersetzt wurde. Jetzt waren die Beatles komplett. John hatte hier, mit gerade mal sechzehn Jahren, die Führung und inspirierte seine Bandmitglieder. Nun konnte der typische Beatles-Stil entstehen, nicht nur musikalisch, sondern auch mit einem eigenen Look: Pilzfrisuren, schwarzer Rolli oder weißes Hemd mit dunkler Krawatte und Beatle-Boots. Über die vier Beatles ist hinreichend geschrieben und John Lennons Trennung von ihnen vielfach beklagt worden. Sicher war es nicht Yoko, die diese Trennung herbeiführte.

Yoko war zweiunddreißig, John sechsundzwanzig, als sie sich

im November 1966 in der legendären Galerie *Indica* in London trafen, deren Name nach der beliebten Haschisch-Sorte schon ein Stück Zeitgeist war – sie mit dichtem, schwarzem Haar, feinen Gesichtszügen, eine scheinbar stille, scheue, charmante Konzeptkünstlerin, die von der Künstlergruppe *Destruction in Art Symposium* eingeladen worden war. John, ebenfalls schüchtern, trotz Ruhm und Reichtum, aber immer auf Abenteuer gleich welcher Art aus, hatte eine Einladung erhalten zu einem Happening, das dieses »japanische Mädchen aus New York«³ veranstalten würde. Er beschloss, einen Tag vor der Eröffnung vorbeizuschauen. Sie steckte nicht in dem Sack, der bei dem Happening wesentlich sein sollte, sondern war gerade im Keller. Also führte ihn der Galerist herum, und als Yoko dann auftauchte, fragte John, wo denn das Happening bleibe. Schließlich bedeutete sie ihm, er könne bei dem Kunstwerk *Hammer und Nagel* – an einer Kette hing ein Hammer, darunter lag ein Haufen Nägel – einen Nagel einschlagen, für fünf Shilling. Worauf er anbot, ihr fünf imaginäre Shilling zu geben und dafür einen imaginären Nagel einzuschlagen. Damit waren sie auf derselben Wellenlänge, keineswegs imaginär, selbst wenn es noch achtzehn Monate dauern sollte, ehe die beiden offiziell ein Paar wurden. Die Geschichte mit dem Sack kam dann noch ins Spiel, aber davon später. Beide standen an einer Wegscheide in ihrem Leben: Sie war nach ihren wilden Jahren in Tokyo und New York entschlossen, in London bekannt zu werden, bei ihm lag das letzte Konzert der Beatles im Candlestick Park in San Francisco über ein Jahr zurück und er fragte sich, wie ein Leben ohne die Beatles für ihn aussehen könnte. Sie war mittlerweile in zweiter Ehe mit dem amerikanischen Filmproduzenten Anthony Cox verheiratet und Mutter einer Tochter, er war mit Cynthia verheiratet und hatte einen Sohn. Beide waren rebellische Geister, immer gegen die Konvention – und immer für die Liebe.

Schon bald tauchte Yoko bei den Sessions der Beatles in der

Abbey Road auf, wovon die anderen Bandmitglieder nicht gerade begeistert waren, zumal John sich offensichtlich kaum noch für die Gruppe interessierte. Er kam zwar zu den Aufnahmen ins Studio, aber ansonsten trug Yokos Gegenwart zu der Abnabelung des Gründungs-Beatles bei. Lennons *Nowhere Man* entsprach der Stimmung:

Er ist ein echter Nirgendsmann,
sitzt in seinem Nirgendsland,
macht so manchen Nirgendsplan für niemanden.

Irgendwie war es nach allem Protest für ihn an der Zeit, einen eigenen Standpunkt einzunehmen. Da kam Yoko Ono zur rechten Zeit. Die beiden waren von Anfang an unzertrennlich, unternahmen alles gemeinsam, angefangen bei *Unfinished Music No. 1: Two Virgins*, einer LP, die vor allem wegen des Covers ins Gespräch kam: Das frisch verliebte Paar hatte sich mit Selbstauslöser fotografiert und zeigte sich nackt frontal auf dem Cover, nackt von hinten auf der Rückseite. Aufgenommen hatten sie Pfeif- und Quietschtöne, verzerrte Geräusche und Gesprächsfetzen, etwa fünfzehn Minuten davon auf jeder Seite, sonst nichts. Auch wenn die Nacktfotos nicht wirklich so eklatant waren, nachdem die sexuelle Revolution der 60er Jahre schon andere Tabus gebrochen hatte, war der Skandal der eigentliche Erfolg: Zuerst wollte niemand das Cover drucken, dann wurde die LP mit Packpapier verhüllt, der Vertrieb gestaltete sich schwierig, manche Schallplattenhändler wollten diese Ware nicht ins Sortiment nehmen, die Veröffentlichung verzögerte sich um Monate, und im Januar 1969 wurden in den USA 30 000 Kopien der Platte konfisziert. Für Yoko setzte sich damit auch ihre musikalische Karriere fort, selbst wenn die Öffentlichkeit dies nicht so wahrnahm. Denn es war zugleich die erste Solo-LP von John Lennon. Man hörte eine neue Yoko Ono, nach früheren Auftritten mit ihrem eigenen Gesangsstil, in dem sie traditionelle japanische Kabuki-Musik und die Opernmusik von Alban Berg verbunden hatte. Beide hatten herausgefunden, wie viel Spaß sie an Non-Pop-Musik hatten, und sich weitere gemeinsame Projekte vorgenommen, egal, was die Rezensenten meinten. Schon hier zeigte sich, wie sie sich in schwierigen Zeiten immer gegenseitig Mut machten und die Dinge auch mit Humor nahmen. Wie Yoko Ono in einem Interview sagt: »Wir haben halt in jenen Tagen alles gemeinsam gemacht und uns dabei gegenseitig begeistert, so war das, und es war schwer, nicht angesteckt zu werden.«[4]

Allerdings hatte dieses gemeinsame Debütalbum doch einen bitteren Beigeschmack, denn es war entstanden, als John Yoko zu sich nach Kenwood eingeladen hatte, nachdem er seine Frau Cynthia im Mai 1968 mit Freunden in einen Griechenlandurlaub geschickt und den Sohn Julian bei der Haushälterin abgeliefert hatte. Dass John und Yoko – unter LSD – nur diese verrückten Aufnahmen gemacht hatten, wäre eine törichte Annahme. Natürlich wusste Cynthia, als sie die beiden bei ihrer Rückkehr überraschte, dass auch Sex im Spiel war. John war offenbar radikal entschieden, mit Yoko ein neues Leben zu beginnen – neues Haus, neue Musik, neues Lebensgefühl. Paul McCartney, der sich immer gern um Julian gekümmert hatte, schrieb *Hey Jude* zum Trost für ihn; diese Single gelangte an die Spitze der Charts in aller Welt. Dass Cynthia Jahre nach der Scheidung in ihren Memoiren *A Twist of Lennon* (1978), aus finanzieller Not geschrieben, allerlei Skandalgeschichten erfand, empörte John verständlicherweise, aber eine faire Auseinandersetzung und Abfindung bei der Trennung hätten das wohl verhindert.

Von Beginn an setzte sich das frisch verliebte Paar öffentlich in Szene. Anlässlich einer Ausstellung in Coventry wollten sie neben der Kathedrale als Zeichen des Friedens zwei Eichen pflanzen, wurden jedoch daran gehindert, da dies als Zeichen hätte gedeutet werden können, dass die Kirche die wilde Ehe anerkennt. Also gruben sie ihre Eicheln in der Nähe der Ausstellungsräume in den Boden. Eine ähnliche Geschichte ereignete sich im Juli, als John in der renommierten Londoner Galerie Robert Frazer eine Ausstellung mit dem Titel *You Are Here* hatte, bei der die beiden ganz in Weiß gekleidet auftauchten. Die eigentliche Ausstellung der wenig an Kunstwerke erinnernden Dinge – Spar- und Sammeldosen aller Art, ein Kreidekreis auf dem Fußboden – stieß auf Empörung, aber das war wohl gerade das Ziel. Da es um Aktionskunst ging, ließen Yoko und John 365 weiße mit Helium gefüllte Ballons steigen, an denen jeweils ein Zettel hing: »*You are here.* Bitte schreiben Sie an John Lennon, c/o Robert Frazer Gallery«. Die meisten Reaktionen darauf waren Schmähbriefe an Yoko.

Yoko, die auch von der Fluxus-Bewegung inspirierte Filmemacherin war, realisierte im August 1968 zusammen mit John *Film Nr. 5 (Smile)*. Man sieht John Lennon im Garten, leise lächelnd, von Vogelgezwitscher begleitet. 51 Minuten lang lächelt er, in Zeitlupe. Die einzige Veränderung ereignet sich nach etwa zwei Dritteln des Films, wenn er zweimal ein einnehmendes Lächeln zeigt. Gleich welches politische Statement ursprünglich gemeint war, wirkt der Film im Rückblick auf Johns Ermordung im Dezember 1980 wie Onos Porträt des geliebten Menschen und künstlerischen Partners. Als Gemeinschaftswerk dokumentiert er auch beider Engagement gegen den Vietnam- und gegen den Kalten Krieg und für den Frieden.

Den nächsten Teil der gemeinsamen Geschichte erzählt der Song *The Ballad of John and Yoko*. Nach Yokos Scheidung von ihrem zweiten Ehemann heiratete sie den Beatle am 20. März 1969 in Gibraltar. Doch warum diese plötzliche Entscheidung füreinander? John war ein schüchterner Kerl, und seine Kindheit hatte ihm wenig Rüstzeug gegeben, daran konnte all der öffentliche Ruhm nichts ändern. Infolgedessen fühlte er sich leicht unterlegen und unzulänglich; er verhielt sich häufig ungeschickt, abfällig oder arrogant. Yoko hingegen war ein Alpha-Mensch, sie war gebildet und daran gewöhnt, sich unter Künstlern, Intellektuellen und Wohlhabenden zu bewegen. John schaute zu ihr auf und ließ sich von ihr leiten, und so sexuell aufregend die Beziehung auch sein mochte, spielte gewiss seine Sehnsucht nach einer bewundernswerten Mutter mit, die er so nie gehabt hatte. Dass er Yoko »Mother« nannte, war zweifellos mehr als nur ein neckender Kosename. Dennoch müssen sie sich, wenn man beiden glaubt, gleichberechtigt gefühlt haben. Yoko meinte: »Man kann niemanden lieben, wenn man sich nicht in einer gleichberechtigten Position befindet.«[5]

Nun also die Hochzeitsballade. Ganz in Weiß. Sie wollten eigentlich auf einem Schiff heiraten, am liebsten bei einer Atlantiküberquerung. Als das Schiff in Southampton ausgebucht war und auch die Kanalüberquerung nicht klappte, weil sie keine Pässe dabeihatten, flogen sie nach Paris – »Finally made the plane into Paris«. Als sie erfuhren, dass man in Gibraltar unkompliziert heiraten konnte, flogen sie kurzerhand im Privatjet nach Gibraltar und gaben sich dort das Ja-Wort, beide ganz in Weiß, Yoko mit Schlapphut und großer Sonnenbrille, er mit Vollbart und langen Haaren, ansonsten kein Aufhebens. Und doch nannten sie es rückblickend ein Happening.

Der Krieg in Vietnam entsetzte auch in Europa die Menschen, und damit war erst einmal ein Auftrag vorgegeben: für den Frieden der Welt eintreten. Sie verkündeten, dass sie im Amsterdamer Hotel *Hilton* ihre Flitterwoche im Bett verbringen würden. Sie hatten das Hotelzimmer im siebten Stock bis auf das Bett ausräumen lassen, über dem Bett hingen zwei Plakate mit der Aufschrift »Bed Peace« und »Hair Peace«, und John begann, *The Ballad of John and Yoko* zu schreiben. Im Schlafanzug empfingen sie die vielen Journalisten und begrüßten sie mit den Worten »Frieden, Bruder«. Das erste *Bed-in*. Die Journalisten meinten eher, die beiden hätten den Verstand verloren: Wie sollte dieser Unfug Frieden für die Welt bringen. Doch Johns Berühmtheit sorgte dafür, dass sich die Botschaft verbreitete. Ganz so friedlich ging es allerdings mit *The Ballad of John and Yoko* nicht weiter, denn der Refrain »Christ, you know it ain't easy, you know how hard it can be. / The way things are going, they're gonna crucify me« (»Christus, Du weißt, es ist nicht leicht, du weißt, wie schwer es sein kann. / So wie die Dinge stehen, werden sie mich kreuzigen.«) verstieß gegen die guten Sitten, in England und in den USA wurde der Song von den Radiosendern boykottiert, in Australien wegen Blasphemie verboten. Aber ein solches Aufsehen versprach auch, dass die Leute sich damit auseinandersetzten.

Eine Fortsetzung fand die Aktion unter dem Titel *Give Peace a Chance*, wiederum Aktionskunst, die zu einem Song für das *Wedding Album* wurde, das im Oktober 1969 herauskam und die Welt am Leben der Frischvermählten teilnehmen ließ. Ziemlich selbstbezogen, könnte man sagen. Aber es war eben der sehr unmittelbare und persönliche Einsatz für eine bessere Welt. Um tatsächlich die Welt zu erreichen, planten sie Friedens-Aktionen in New York. Doch in Southampton gab es erneut ein Problem: John bekam aufgrund einer Vorstrafe wegen Drogenbesitzes kein US-Visum. Also ging es zunächst auf die zu Großbritannien gehörenden Bahamas, wo es ihnen viel zu heiß war. Nächste Station Toronto. Dort kamen beim Zoll am Flughafen zu dem Problem mit dem Drogendelikt noch die sechsundzwanzig Koffer, aber schließlich wurden provisorische Visa ausgestellt. Von all dem Stress erholten sie sich dann im Hotel Queen Elizabeth in Montreal beziehungsweise sie veranstalteten wiederum ein Bed-in, diesmal zehn Tage lang in einer Suite im neunzehnten Stock. Das Medieninteresse war beträchtlich. Am Ende stattete ihnen sogar der kanadische Premierminister Pierre Trudeau einen Besuch ab. Mit Hunderten von Interviews war es doch nicht so erholsam, woraus manche Entgleisung zu erklären ist. Aber letztlich ging es ihnen auch hier um die Sache: *Give Peace a Chance*. Damit in die Schlagzeilen zu kommen, war schon ein Erfolg. Das Album wurde nun mit der Plastic Ono Band eingespielt, die erstmals im September 1969 im Varsity Stadium in Toronto auftrat. Die jeweilige Konstellation der Band wechselte, es gab keine feste Besetzung, wer in der Nähe war, spielte mit. Allein daran war Yokos Einfluss erkennbar, sie hatte weniger mit Pop-Musik als mit experimenteller Avantgarde-Musik Erfahrung, und diese Konzepte brachte sie nun ein, selbst wenn die Songs getextet und strukturiert waren.

*Give Peace a Chance* und der gemeinsame Friedensaktivismus waren sicher nicht nur der Welt geschuldet. Als Kind fühlte sich John von den Eltern zurückgewiesen, von seiner Tante Mimi über die Maßen geliebt, aber eine emotionale Stetigkeit gab es nicht. Daher nicht nur das Bedürfnis nach Ruhm und Anerkennung, sondern nach Seelenfrieden. Auf der Basis eines Interviews mit John und Yoko 1969 resümiert der Anthropologe und Soziologe Desmond Morris: »... in Wahrheit war seine berühmte Hymne *Give Peace a Chance* nicht nur ein Appell an eine sich bekriegende Welt, sondern tatsächlich auch ein persönlicher Schrei gegen die turbulenten Dämonen in sich selbst.«[6] Yoko als Frau der Tat, die Ideen resolut umsetzte, ergänzte John ideal, indem sie solche Sehnsüchte und Träume nachvollziehen konnte und mit ihm zusammen selbst die verrücktesten Events oder Projekte, die daraus entstanden, konsequent durchzog.

Schon vor der gemeinsamen Zeit hatte Yoko gern provoziert, das war Sinn ihrer Events. Zu ihrem Repertoire gehörte *Bagism*: Sie trat in einem Sack verhüllt auf – und dies setzten beide auch gemeinsam ein, beispielsweise in Wien im Hotel Sacher. Dort hatten sie für eine Pressekonferenz die Wände mit Plakaten behängt, auf denen »Peace«, »Bed«, »Grow Your Hair« stand. Und unter einem großen weißen Tuch waren zwei menschliche Umrisse zu erkennen. So würde man sie nicht nach ihrer äußeren Erscheinung beurteilen: »totale Kommunikation ohne Vorurteile«, war Johns Definition. Die Journalisten wollten natürlich keinen Sack sehen, sondern John Lennon und Yoko Ono. Dass die beiden bei dieser Aktion einen Riesenspaß hatten, steht außer Frage, aber einer der Journalisten meinte, die talentierten Künstler seien völlig ausgerastet. Dieses Versteckspiel war wohl auch eine selbstironische Reaktion darauf, dass man Yoko in England eher feindselig behandelte. Ungerechterweise warf man ihr vor, sie habe die Beatles auseinandergetrieben. Zugleich musste sie immer wieder Rassismus erleben. Und John wurde zur Pop-Ikone stilisiert. Vor all diesen Zuschreibungen waren sie auf der Flucht.

Dabei legten sie durchaus Wert auf einen luxuriösen Lebensstandard und kauften ein traumhaftes Anwesen in Berkshire, Tittenhurst Park, das wir in dem Album *Imagine* und in dem gleichnamigen Dokumentarfilm bewundern können: die tröstliche, verrückte, vergnügliche Flucht in eine utopische Welt mit Liebe und Sex, Glamour und Selbstironie. Aber auch anrührende Geständnisse, wie in dem Song *How?*, der alle Unsicherheit und Sehnsucht einfängt: Wie kann man lieben, wenn man nicht weiß, was Liebe ist? Wie kann man lieben, wenn man selbst nie geliebt wurde?

Trotz solcher Zweifel fanden John und Yoko aneinander ebendies: Liebe und eine gemeinsame Richtung. Allerdings war Tittenhurst Park als geradezu irrealer Rückzugsort leider auch verbunden mit dem Rückzug in die Drogen, nun Heroin. Von dem Bemühen, von der Sucht loszukommen, erzählt Johns Song *Cold Turkey*, aufgenommen mit der Plastic Ono Band. Zwei Seelenverwandte nutzten alles Erleben und Erleiden zur Selbsterkundung, die dann künstlerisch mit der Welt geteilt wurde. Dabei waren die Drogen nicht nur Stimulanzien, sondern auch Flucht vor den inneren Qualen, aber eben destruktiv.

Yoko vermisste Amerika, und so bot sich New York für die Flucht nach vorn an. Hinzu kam, dass sie das Sorgerecht für ihre Tochter bekommen konnte, wenn Kyoko in den USA aufwuchs. Für John versprach Amerika, von den Beatles loszukommen. Auch wenn diese Entscheidung aus freien Stücken gefällt wurde, wollten sich John und Yoko als »Flüchtlinge« neu erfinden. Sie bezogen im September 1971 zuerst Logis im St. Regis Hotel, dann mieteten sie eine bescheidene Zwei-Zimmer-Wohnung in der Bank Street im künstlerisch und politisch pulsierenden Greenwich Village, bis sie sich Mitte 1973 in einer Neun-Zimmer-Wohnung im exklusiven Dakota Building am Central Park niederließen. Hier konnten sie Ruhe von der ganzen Beatle-Mania finden. Aber natürlich wurden sie erkannt, wenn sie im Park spazieren gingen, und dann gaben sie gern Autogramme.

Yoko war mit New York vertraut, und so hatte sie bereits fünf Wochen nach der Ankunft eine Ausstellung im Emerson Museum of Fine Arts in Syracuse, etwa 300 Kilometer von New York City entfernt, und dies für 8000 Fans. Die wollten paradoxerweise weniger Yokos Retrospektive *This is Not Here* sehen, sondern John, den Beatle. Yoko hatte über hundert namhafte Künstler eingeladen, an ihrem *Water Event* mitzuwirken, so dass dieses zu einem Freundestreffen wurde: mit John Cage, Bob Dylan, George Harrison, Andy Warhol und vielen anderen Prominenten, natürlich auch John Lennon. Die Hälfte eines Wasserbehälters war zu liefern, den Yoko dann zu einer Skulptur ergänzen würde. Eigene Projekte von Yoko waren Tonbandaufnahmen, ein Hindernisparcours, winzige Bilder, deren heterogene Ansammlung von Titeln dem aufwändigen Katalog zu entnehmen war. Yoko war in ihrem Element, sie fühlte sich in der New Yorker Szene zu Hause. Für beide bedeutete New York, die belastenden Erwartungen abzuwerfen – »trying to shake our image« – und sich in einer freien Welt neu zu definieren – »we decided to make it our home«. Die übersprudelnde Freude darüber bringt der Song *New York City* zum Ausdruck, auch die Entschlossenheit, sich nicht ausweisen zu lassen, zumal sie sich vorstellten, die Freiheitsstatue habe sie gerufen. So bot New York beiden tatsächlich Freiheit – die Freiheit, sich für eine bessere Welt einzusetzen und eine Vielfalt künstlerischer Stile auszuprobieren.

In Greenwich Village lernten sie politische Aktivisten kennen, die mit Demonstrationen und Benefizkonzerten für die Amtsenthebung von Richard Nixon kämpften. Diese Friedensaktionen machten Yoko und John nun zu ihrer Sache, wofür sie allerdings einen hohen Preis zahlten: Das FBI wurde auf sie aufmerksam. John wurde seine Vorstrafe aus dem Jahr 1968 zum Vorwurf gemacht, auch wenn es primär nicht darum ging. In den kommenden vier Jahren drohte ständig die Abschiebung mit einer jeweiligen Frist von vier Wochen, bis John endlich seine Green Card erhielt.

Der Krieg in Vietnam war auf seinem Höhepunkt, und Richard Nixon trat zur Wiederwahl an. Die Rockmusik, die Menschenrechtsbewegung, die Jugendkultur und John Lennon und Yoko Ono nahmen hier einen entscheidenden Einfluss. John und Yoko organisierten eine Konzerttournee durch die Staaten, die gleichzeitig mit der Wahlkampagne stattfinden sollte. Jetzt waren nicht mehr Liebe und Frieden, sondern vielmehr Wut und Protest die wesentlichen Themen der Auftritte. Sie animierten Millionen Fans dazu, zur Wahl zu gehen. FBI-Agenten beobachteten diese Events, um Stoff für den Rechtsstreit gegen John Lennon zu sammeln. Nicht nur nach der Anhörung am 18. April 1972 erhielt John einen Ausweisungsbefehl, er wurde abgehört und überwacht, ebenso Yoko. Das hielt die beiden nicht davon ab, ihr nächstes Album vorzubereiten, und sie wussten um die Solidarität prominenter Musiker wie Joan Baez, Leonard Bernstein, Bob Dylan, Stevie Wonder. Am 12. Juni kam die Doppel-LP *Some Time in New York City* heraus, aufgemacht wie die Titelseite der *New York Times*. Ihr Anliegen war eine Berichterstattung zur Lage der Nation, die Songtexte waren politische Stellungnahmen, ihr Engagement war expliziter als je zuvor. Die meisten Songtexte hatten sie gemeinsam geschrieben, drei Songs hatte Yoko getextet. Daraus erklärt sich auch der feministische Ton, zum Beispiel der erste Song *Woman is the Nigger of the World*, zu dem John auch stand. Da das Wort »Nigger« in den USA nicht benutzt werden durfte, wurde der Song von den amerikanischen Radiosendern nicht gespielt. Wie Yoko sich in einem Gespräch 1978 erinnerte, stammte die Idee dazu aus dem häuslichen Alltag. »Was sollte das heißen, dass ich die Zeitung nicht als erste lesen durfte, ich konnte es nicht fassen ... all diese Dinge summieren sich und das hat mich bewogen zu sagen, dass die Frau der Nigger der Welt ist, sozusagen unmittelbar inspiriert vom Leben.«[7] Der Song war damals sicher nicht so umstritten wegen des Wortes »Nigger«, sondern weil man die Anklage gegen eine weltweite Frauenfeindlichkeit nicht hören wollte, und noch weniger den Appell, etwas dagegen zu tun.

Nach der Watergate-Affäre wurde bekannt, dass laut FBI-Akten John Lennon revolutionäre Aktivitäten vorgeworfen wurden und man gefürchtet hatte, er könne aufgrund seiner enormen Popularität die Wiederwahl Richard Nixons gefährden. Doch am Ende wurde Nixon eben nicht Lennons Musik, sondern Watergate zum Verhängnis beziehungsweise die damit verbundene Aufdeckung des Amtsmissbrauchs und das Amtsenthebungsverfahren, das zum Rücktritt des Präsidenten am 9. August 1974 führte. Doch vorher war er wiedergewählt worden, was John und Yoko deprimierte. Dazu kamen noch andere belastende Faktoren für die Eheleute: Johns Ringen um eine Aufenthaltsgenehmigung und die Green Card, Rechtsstreitigkeiten unter den Beatles, Yokos Kampf um das Sorgerecht für ihre Tochter, eine dritte Fehlgeburt. Als Künstler rivalisierten sie miteinander und spornten sich gegenseitig an, zugleich waren sie als Mann und Frau zusammen. Nach fünf unzertrennlichen Jahren gab es bei all den vielen Spannungen nur eine Lösung: sich für eine Weile zu trennen – genau genommen warf Yoko ihren Mann im September 1973 aus dem Haus und schickte ihn nach Los Angeles, erst im Januar 1975 kehrte er zurück. In der Zwischenzeit lieferte er eine Reihe von Skandalen und Eskapaden, in Begleitung seiner Produktionskoordinatorin und Assistentin May Pang, die nun auch seine Geliebte war. Die Tochter chinesischer Einwanderer befreite sich ein Jahrzehnt später in ihrem Buch *Loving John* (1983) von jener achtzehnmonatigen Affäre. Die Wiederversöhnung feierten die Eheleute John und Yoko in ihrer luxuriösen Dakota-Wohnung; bald danach erwarteten sie das erste gemeinsame Kind. Das Lotterleben an der Westküste hatte ihn geläutert, er wollte nun fürsorglich für Yoko und den kleinen Sean da sein, während Yoko sich um das Geschäftliche kümmerte, denn der Reichtum, die Immobilien und Ländereien mussten verwaltet werden. Nach außen sah alles nach einem ruhigeren Fahrwasser aus, zumal zeitgleich mit Seans Geburt auch die Aufenthaltsgenehmigung kam. Nach einem Jahr Pause machten sie wieder Musik, *Double Fantasy* war das nächste – und letzte – Album der beiden, Songs von John und von Yoko, die ab August 1980 entstanden und noch im November desselben Jahres herauskamen, es war John Lennons Comeback. Die rebellischen Töne waren vorbei, es war eine neue Lebensphase, entsprechend wurde es ein sehr persönliches Album – und vielleicht eine der letzten Liebeserklärungen an Yoko, wenn John in dem Song *Woman* Bilanz zieht:

Frau, ich weiß, du verstehst
Das kleine Kind im Inneren des Mannes
Bitte, denk dran, mein Leben ist in deinen Händen

Yoko war seine große Liebe und die Beziehung der Mittelpunkt seines Lebens.

John und Yoko hatten immer ihre eigene Sache gemacht, am liebsten gegen den Strom schwimmend; sie waren beide offen für innere Widersprüche und Ambiguität, damit konnten sie konstruktiv umgehen, zumal sie beide die Fähigkeit hatten, zu verzeihen. Und jetzt hatte das private Leben Priorität. Auch deshalb waren die verbleibenden Jahre noch eine gute Zeit. Auch deshalb konnte es im Titelsong heißen: »Our life together is so precious together«. So sentimental der Song erscheinen mag, das gemeinsame Leben war für John und Yoko stets kostbar.

Vierzehn Jahre waren die beiden ein Paar, im Leben und in der Kunst, eine Beziehung »zwischen einem Popmusiker und einer Künstlerin, eine Beziehung, die mit keiner anderen ihrer Zeit vergleichbar ist«.[8] Im Mai 1979 veröffentlichen sie einen offenen Brief an ihre Fans in Form einer Anzeige in der *Sunday Times*: *A Love Letter From John And Yoko To People Who Ask Us What, When, and Why*. Dass alles so perfekt war zwischen der pragmatischen und ehrgeizigen Yoko und dem emotionalen, rebellischen, manchmal jähzornigen John, wie sie es hier stilisierten, braucht man nicht zu glauben. Aber sicher waren sie die meiste Zeit wahnsinnig verliebt und wahnsinnig innovativ. Und gewiss glaubten sie an die Magie der Liebe und handelten danach.

Die Ermordung John Lennons am 8. Dezember 1980 setzte dem gemeinsamen Leben ein abruptes Ende. Doch ihre Musik und die Nachwirkungen der politisch engagierten Auftritte haben nichts von ihrer Lebendigkeit verloren. Seither kümmert sich Yoko um den Nachlass von John Lennon, und sie ist dem gemeinsamen Sohn Sean verbunden, der genau wie Johns Sohn aus erster Ehe Musiker und Künstler geworden ist. Aber vor allem ist Yoko Ono unverändert künstlerisch produktiv. Ihre Retrospektive *Half-a-Wind Show* in der Schirn Kunsthalle Frankfurt 2013 wird mit ihrem Auftritt und einer unfassbaren Vielseitigkeit unvergesslich bleiben.

MASCHA KALÉKO &
CHEMJO VINAVER

Sie lernten sich kennen, als beide schon mitten im Leben standen, sie als viel gelesene Autorin, er als außergewöhnlicher Dirigent, Komponist und Wissenschaftler. Beide mit jüdischen Wurzeln, wahnsinnig kreativ und diszipliniert in ihrer Arbeit, gewappnet mit einem gewissen Fatalismus. Mascha Kaléko dokumentierte dies so:

> Als er zum ersten Mal in meinem Leben
> Die Hand mir drückte (halb verführerisch,
> Halb sorgenvoll) – auf einmal wußte ich,
> Als wär es lang versiegelt und verbucht: ...
> Dies war er, den ich unbewußt gesucht.[9]

Das tragische Gedichtende weist auf die späten Jahre von Mascha Kaléko und Chemjo Vinaver voraus, aber erst einmal waren sie lebenshungrig und mutig und optimistisch.

Im Januar 1938 heirateten die beiden ambitionierten Künstler und emigrierten noch im selben Jahr mit dem kleinen Sohn nach New York. Der dortige Alltag verlangte beiden enorm viel ab. Wie gelang es ihnen dennoch, ihre Liebe zu leben? Die neue Heimat stellte eine Herausforderung dar, erst einmal mussten sie Fuß fassen: er mit seiner jüdischen Chormusik, sie mit deutscher Dichtung. Ein schwieriges Unterfangen in einer fremden Kultur und einer von Krieg und Verunsicherung geprägten Zeit. Ökonomisch und emotional ging es primär ums Überleben. Ein Versuch, in Los Angeles heimisch zu werden, brachte ähnliche Enttäuschungen wie 1959 die Emigration nach Israel. Mascha Kaléko blieb immer realistisch und organisierte mit großem Einsatz den Alltag und sorgte dafür, dass seine Karriere vorankam. Doch damit allein lässt sich das subtile Einvernehmen nicht erklären, das die beiden bedingungslos verband – die Liebe in jedem Augenblick.

Golda Malka Aufen kam 1907 in Schidlow, dem heutigen polnischen Chrzanów, als Tochter eines russisch-jüdischen Geschäftsmanns und einer österreichischen Mutter zur Welt. Während ihr Vater viel auf Reisen war, schenkte die Mutter ihre Zuneigung vor allem der zwei Jahre jüngeren Schwester. Mascha, wie sie inzwischen genannt wurde, zog sich in ihre eigene melancholische Welt zurück. Um den Pogromen zu entfliehen, emigrierte die Familie 1914 nach Deutschland, zunächst nach Frankfurt am Main, wo ihr Vater bei Ausbruch des Ersten Weltkriegs als »feindlicher Ausländer« interniert wurde. 1916 zog die Mutter mit den Töchtern nach Marburg, der Vater folgte nach seiner Entlassung. Nach dem Krieg entschied sich die Familie für einen Neufang in Berlin. Mascha besuchte die Mädchenschule der Jüdischen Gemeinde und begann danach eine Büroausbildung, da ein Studium für Frauen damals nicht üblich war, nebenher belegte sie Abendkurse in Philosophie und Psychologie an der Friedrich-Wilhelms-Universität und an der Lessing-Hochschule.

Ende der 1920er Jahre gehörte die kesse junge Dichterin zur künstlerischen Avantgarde Berlins und erlebte hautnah die Aufbruchstimmung jener Jahre. Else Lasker-Schüler und Joachim Ringelnatz, deren lyrische Stimmen in Kalékos Gedichten anklingen, muss sie im legendären Romanischen Café getroffen oder zumindest beobachtet haben. Erste Gedichte von ihr erschienen in der Zeitung. In heiter-melancholischem Ton spiegeln sie die Lebenswelt der kleinen Leute und die Atmosphäre im Berlin jener Zeit wider. In ihrer Sekretärinnentätigkeit hatte sie Gelegenheit genug, die Kümmernisse und Sehnsüchte der Menschen zu erleben. Mit ihren regelmäßigen Publikationen, vor allem für die renommierte *Vossische Zeitung*, erhielt sie Anerkennung – und verdiente gutes Geld. Offenbar traf sie mit ihrem ironisch-zärtlichen Ton genau die Gefühlswelt ihrer Leserschaft, der Witz und die Präzision ihrer Texte machten sie zu einer enorm beliebten Autorin. Als Dichterin der Neuen Sachlichkeit wurde sie häufig an ihren männlichen Kollegen gemessen: Man nannte sie den »weiblichen Ringelnatz« oder einen »weiblichen Kästner«, und immer wieder verglich man sie mit Kurt Tucholsky. Die melancholische Suche nach dem kleinen Glück in den Befindlichkeiten des Alltags und die Liebe mit all ihren Unwägbarkeiten waren ihre Themen.

Den humorvollen, aber auch skeptischen Blick auf die Welt und das Leben bewahrte Kaléko sich selbst in schwierigsten Zeiten. Er half ihr dabei, für sich selber geradezustehen und später für Chemjo Vinaver und den kleinen Sohn die Verantwortung zu tragen. 1933 publizierte der Rowohlt Verlag das *Lyrische Stenogrammheft*, das bei den Lesern äußerst gut ankam. Als der Rowohlt Verlag seine Autoren aufforderte, der Reichsschrifttumskammer beizutreten, fügte sich Kaléko, auch wenn ihre jüdische Herkunft bislang noch nicht thematisiert worden war. Trotzdem war sie sich bewusst, dass künftig Gedichte jüdischer Autoren keine guten Chancen mehr haben würden, und so belegte sie Kurse für Werbung – was sich später als hilfreich herausstellen sollte. Viele ihrer Gedichte wurden vertont und von bekannten Interpretinnen und Schauspielerinnen gelesen. Für Lesungen war sie selbst – trotz ihrer beherzten Art – zu schüchtern.

Als sie Chemjo Vinaver kennenlernte, war ihre erste, verfrühte Ehe mit Saul Kaléko bereits in die Brüche gegangen. Wenige Tage nach der Scheidung heirateten Mascha und Chemjo. Den Namen Kaléko behielt sie als Künstlernamen bei. Maschas erste Tagebucheinträge nach der Heirat dokumentieren, wie der Alltag die Liebe auf die Probe stellte. »Es könnte alles herrlich sein und ideal, wirtschaftliche Not würde mich im Tiefsten nicht unglücklich machen, vielleicht unzufrieden im Moment, aber unglücklich – nie! Dieser Zustand aber macht mich tief unglücklich, und ich spüre, wie mir das Herz abstirbt.« Einen Tag später notiert sie: »Er ist durch Arbeit und Gesundheitszustand nervös und überreizt (...) Ich liebe ihn so sehr! Er liebt mich auch nicht weniger.«[10] Auch wenn von Chemjo Vinaver keine Briefe oder Tagebuchaufzeichnungen erhalten sind, darf man annehmen, dass Mascha ihn da richtig verstand. So schrieb er auf einem Notenblatt eine kleine Melodie zu den Worten »Ich liebe dich!« und kritzelte auf die Rückseite eine Liebesbotschaft. Da hatte es vorher wohl schon die eine oder andere kleine Auseinandersetzung gegeben.

Chemjo Vinaver stammte aus einer angesehenen Rabbinerfamilie in Warschau. Eigentlich hieß er Nehemia Winawer, aber sein Name wurde 1938 bei der Einreise in die USA dem Amerikanischen angepasst. Er wuchs mit chassidischer Musikkultur auf, was seiner künstlerischen Begabung eine klare Richtung gab. Als er im Alter von 20 Jahren zum Musikstudium nach Berlin ging, interessierte ihn vor allem die traditionelle Musik der osteuropäischen Juden. Bereits 1926 dirigierte er erstmals ein Konzert an der Musikhochschule, bald leitete er den Chor der Jüdischen Gemeinde, der Konzerte in ganz Deutschland und Europa gab und hochgelobte Schallplatten mit traditionellen Chorwerken und auch mit Kompositionen von Vinaver einspielte. Im April 1933 gründete Vinaver einen jüdischen Männerchor, für den er die besten jüdischen Sänger der Berliner Opernhäuser gewinnen konnte – als Juden hatten sie ihre Anstellung an öffentlichen Häusern verloren. Sie konzertierten nun a cappella, nicht nur mit synagogaler Musik, sondern auch mit jiddischen Volksliedern und später ebenfalls mit Neuer Musik. Diese Konzerte entsprachen höchsten künstlerischen Ansprüchen. Die Auftritte in Deutschland leisteten einen enormen Beitrag zum geradezu paradoxen Aufschwung des jüdischen Kulturlebens in Nazi-Deutschland. Nebenher schrieb Vinaver für die *Jüdische Rundschau* Artikel über jüdische Musik. Als Mascha von einem Besuch bei ihren Eltern in Palästina zurückkehrte, überraschte Chemjo sie mit einer schönen neuen Wohnung in Berlin – er war kein Mann vieler Worte, sondern zeigte seine Gefühle durch

Taten. Offenbar waren die beiden zwar sehr unterschiedlich veranlagt – der verträumte, schüchterne Musiker und die burschikose Dichterin –, aber letztlich siegte für das Künstlerpaar doch die Liebe über die Alltagssorgen. In dieser Dynamik übernahm sie die Verantwortung, und dies mit uneingeschränktem Verständnis:

Er hatte nichts als seine wilden Träume,
Auch war der Kindheit ferner Widerschein
In seiner Art – wie Tiere oder Bäume –
So ganz und unverhüllt er selbst zu sein.[11]

Die Uraufführung von Jakob Weinbergs Oper *Die Chaluzim* – in der Übersetzung von Mascha Kaléko – im September 1938 war der vorläufige Höhepunkt seiner erfolgreichen Zeit in Berlin. Die politischen Verhältnisse in Nazi-Deutschland versprachen beiden keine Perspektive mehr, so beschlossen sie, mit ihrem knapp zweijährigen Sohn Avitar im September 1938 über Paris nach New York zu emigrieren. Gerade noch rechtzeitig, denn im November begannen die Ausschreitungen gegen die Juden, Synagogen gingen in Flammen auf, jüdische Wohnungen und Läden wurden zerstört und geplündert. Bei ihrem Neuanfang in den Vereinigten Staaten hielt die pragmatische Mascha Kaléko die Familie erst einmal mit dem Verfassen von Werbetexten über Wasser und schrieb Kindergedichte, während sich der berufliche Erfolg für Vinaver nur mühsam einstellte. Bald erschienen Texte von ihr in der deutschsprachigen jüdischen Exilzeitung *Aufbau*. 1945 wurden Kalékos Exilgedichte in dem Band *Verse für Zeitgenossen* in den USA veröffentlicht. Unermüdlich suchte sie nach Möglichkeiten, Geld für die kleine Familie zu verdienen. So heiter und schnörkellos ihre Gedichte wirken, so tragisch verlief das nomadische Leben des Ehepaars. Dennoch konnten die Widrigkeiten der Zeit Mascha weder ihre Kreativität nehmen noch den ganz speziellen Ton, der ihre Gedichte ausmacht. Eigene Erfahrungen brachte sie unmittelbar mit ein, nicht nur in Briefen und Tagebüchern.

Während ihrer Anfangszeit in Amerika notierte Mascha Kaléko in ihrer ersten Wohnung am Central Park im Tagebuch: »Es ist wie ein Wunder, dass wir noch den schrecklichen Hitler-Pogromen vom 11. November entronnen sind. Die Nachrichten aus Deutschland sind entsetzlich.«[12] Der Verlust der Heimat schmerzte, doch tröstlich wirkte das Schreiben in deutscher Sprache, die eine Verbindung zu ihrer Vergangenheit aufrechterhielt. Aber sie hatte ihre sprachlich-literarische Umgebung und die Publikationsmöglichkeiten verloren. Sie lernte Englisch, aber die meisten ihrer Gedichte verfasste sie in der Muttersprache. Während in Berlin die erfolgreiche Mascha mit ihrem in der Kulturszene wenig bekannten Musiker-Ehemann die führende Rolle in dieser kreativen Beziehung spielte, war die Dynamik in den USA umgekehrt: Sie war für Chemjo und Steven – wie der Sohn Avitar nun hieß – sowie für den Haushalt zuständig und wirkte im Hintergrund, er war prominent auf Plakaten für seine Konzerte zu sehen.

Zunehmend stellte sich für Mascha die Frage, wie Künstlertum mit Ehe und Haushalt vereinbar waren. Chemjo war ein genialer Musiker, aber wenig praktisch veranlagt, sie aber sehnte sich nach Unterstützung im Alltag. Entsprechend veränderte sich auch der Ton ihrer Gedichte. Anstelle von Witz und Heiterkeit prägte nun eher Melancholie ihr Schreiben. Sofern ihr dazu überhaupt Zeit und Kraft blieben, wie es ihr Gedicht »Die Frau in der Kultur« darlegt:

Gern schrieb ich noch weiter in dieser Manier,
doch muß ich, wie stets, unterbrechen.
– Mich ruft mein Gemahl. Er wünscht, mit mir
sein nächstes Konzert zu besprechen.[13]

Chemjo hatte bereits kurz nach der Ankunft in New York wieder einen Männerchor gegründet, bestehend aus 30 Sängern, hauptsächlich deutschen und österreichischen Immigranten. Mascha betätigte sich als Managerin, kümmerte sich um Fundraising, Werbung und Konzertorganisation. Bereits im März 1939 gab der *Vinaver Chorus* ein Konzert in der Carnegie Hall und wurde von der Presse für seine hinreißende Interpretation jüdischer Musik gelobt. Sie traten mehrfach in New York und in den USA auf, doch obwohl Vinaver nicht-jüdische Vokalmusik in die Konzertprogramme aufnahm und den Chor durchaus interkulturell zusammenstellte, und Orchestermusik als Chor aufführte, z. B. Tschaikowskis 5. Sinfonie, brachten all diese Innovationen und Erfolge weder materielle Sicherheit noch nachhaltige Anerkennung. Hollywood und Filmmusik waren da eine Idee, auch Thomas Mann und Arnold Schönberg hatten sich in Kalifornien niedergelassen, und so brach das Ehepaar auf der Suche nach Glück im Juli 1940 nach Los Angeles auf. In den Medien wurde ihre Ankunft bejubelt und mit Fotos des gut aussehenden Künstlerpaars dokumentiert, aber wie sie selber schrieb: »Hollywood, das ist keine Stadt. Schon eher eine Erfindung.«[14] Mehr kam für die Dichterin und den Chormeister nicht zustande, so dass sie ein paar Monate später desillusioniert nach New York zurückkehrten, wo erneut Wohnungswechsel und berufliche Unsicherheiten auf sie warteten. Heimweh und ein Gefühl von Verlorenheit als Immigranten nagten an beiden und beeinträchtigten zunehmend ihre Gesundheit. Nach zwei Jahren in Greenwich Village notierte Mascha Kaléko in ihrem Tagebuch: »Wir sind ohne Geld. Ohne Freunde. Ohne Verbindungen. Ohne Hoffnung (...) Chemjo ist ein Genie. Er ist weltfremd. Er kann nur Musik machen. Kein Business. (...) Ich entfliehe. Bücher. *Nietzsche, Heine, Wolfe, Steinbeck, Whitman.* Ich glaube nicht, dass wir hier je zur Ruhe kommen. Und *Chemjo* hätte so viel zu geben!«[15] Wie sehr Mascha sich von ihrem Musiker-Ehemann inspirieren ließ, wird in so manchem ihrer Gedichte in Rhythmus, Aufbau und Thematik deutlich. Sie hatte ohnehin schon viel in der Liedform geschrieben, aber nun erschienen zahlreiche Gedichte, deren Titel bereits Programm waren: das »Lied zur Nacht«, »Schlafliedchen«, »Lied im Schnee«, »Letztes Lied«, die zweisprachige »New Yorker Sonntagskantate«, der Zyklus »Lieder für Liebende« und so weiter und so fort. Chemjo widmete sich intensiv einer Anthologie chassidischer Musik, in die er nicht nur eigene Chorsätze aufnahm, sondern auch eine Vertonung des Psalms 130 von Arnold Schönberg sowie eine Covergestaltung von Marc Chagall. Seine Vorstellung war, dass große Meister wie Mahler oder Schönberg sich von dieser Musik inspirieren lassen würden. Vor allem war es ihm wichtig, das jüdische kulturelle Musikerbe zu sichern; er hatte im Lauf der Jahre in Europa, in den USA und in Israel mündlich überlieferte Melodien gesammelt und aufgezeichnet. Doch diese musikwissenschaftlichen Leistungen wurden nur von einem engeren Kreis kulturinteressierter Juden gewürdigt. Denn die anfängliche Begeisterung für jüdische Kultur in amerikanisch-jüdischen Kreisen nach der Gründung des Staates Israel im Jahr 1948 ließ in den 1950er Jahren drastisch nach. Die jüngere Generation der amerikanischen Juden hatte keinen Bezug mehr zur jüdischen Tradition. Dieses Desinteresse betraf auch Mascha.

Hinzu kam, dass Mascha sich mit dem Schreiben in englischer Sprache schwertat, zumal ihre Gedichte häufig mit deutschen Redewendungen, Sprichwörtern und Zitaten spielten. Entsprechend ging es mit ihrer Dichtung und mit dem Publizieren nicht gut voran. Immerhin veröffentlichte sie in der *Jüdischen Rundschau* Gedichte, die ihre Exilerfahrung reflektieren, wie beispielsweise das »Frühlingslied für Zugereiste«, in dem es heißt: »Liebes fremdes Land. Heimat du, wievielte«.[16]

Während Mascha mit Albert Einstein und Thomas Mann korrespondierte, arbeitete Chemjo mit Arnold Schönberg zusammen. Doch diese Kontakte konnten die fehlende Heimat nicht ersetzen. Die Sehnsucht trieb Mascha nach Deutschland; allerdings musste sie sich eingestehen, dass sie dort auch nicht mehr hingehörte. Fast täglich ließ sie Chemjo an ihren Erlebnissen teilhaben und berichtete ausführlich von ihren Gesprächen und Beobachtungen in der alten Heimat, die ihr so fremd geworden war. Nicht zuletzt bat sie Chemjo, ihr seine Anthologie jüdischer Musik zu schicken, um sich für ihn und sein Werk einzusetzen. Infolge ihrer Vermittlung feierte ein Jahr später eine Inszenierung von ihm im Berliner Schiller Theater Premiere.

Wie schon in Berlin beteiligte sich Kaléko auch in den New Yorker Jahren kritisch an der Debatte um die jüdische Identität. Schließlich betraf es sie und Chemjo: Wo zwischen Assimilation und Zionismus gehörten sie hin? In ihrem englischsprachigen Langgedicht »The Mammoth Memorial at Madison Square Garden« beispielsweise beschrieb sie im Kontext einer Großdemonstration gegen den Holocaust, wie die jüdischen Organisatoren die Judenvernichtung der Nazis vermarkteten, oder rechnete in »Hear, Germany!«, das im *New York Times Magazine* veröffentlicht wurde, mit den Deutschen ab. Trotz ihrer künstlerischen Auseinandersetzung mit dem Judentum fanden Mascha und Chemjo auf diese komplexen Fragen keine zukunftsweisende Antwort.

Die Sehnsucht nach Berlin blieb. In ihrer Wohnung in der Minetta Street in Greenwich Village, wo sie immerhin siebzehn Jahre lebten, fühlten sich Mascha und Chemjo zwar wohl, aber Amerika wurde nicht zur Heimat. Miteinander sprachen sie meist Deutsch, Englisch mit Steven. Umso erleichterter war Kaléko, in den 1950er Jahren wieder ein deutsches Lesepublikum zu gewinnen: Rowohlt brachte 1956 eine Neuauflage des *Lyrischen Stenogrammhefts* sowie ihr *Kleines Lesebuch für Große* heraus, was ihr zu Lesungen und Interviewanfragen verhalf. 1959 wollte man ihr in West-Berlin den renommierten Fontane-Preis der Akademie der Künste verleihen. Doch sie lehnte ihn ab, aus Protest, weil Hans Egon Holthusen, ein ehemaliges SS-Mitglied, der Jury angehörte.

Einen zweiten Neubeginn versuchten Mascha und Chemjo im Oktober 1959, als sie in Israel einreisten. Steven hielt sich zum Studium in Europa auf, kehrte dann in die USA zurück. Die Wohnung in der Minetta Street blieb für die Familie zunächst erhalten. Von Jerusalem erhofften sie sich wegen des gebirgigen Klimas bessere Gesundheit – ein Wunsch, der sich nicht erfüllte – und vor allem einen Aufschwung für Chemjos Konzertaktivitäten. Sie ließen sich in der deutschen Kolonie Rechavia nieder, wo sie nach zwei Umzügen schließlich im 7. Stock eines Hochhauses mit Blick nach Jordanien wohnten. Sie freundeten sich mit einigen aus Berlin zugezogenen Ehepaaren an, aber letztlich blieb ihnen die Stadt fremd.

Paul Dessau vertraute Chemjo die einzige Partitur seines großen Oratoriums an, in der Hoffnung, dass es ihm gelingen würde, dieses Werk über die Befreiung der Israeliten einzustudieren. Tatsächlich konnte Chemjo die Uraufführung an Pessach 1962 mit drei Chören und dem Rundfunkorchester in Jerusalem realisieren. Zudem gelang es Chemjo, den *Jerusalem Choir* zu gründen und mit diesem israelischen Staatschor erfolgreich aufzutreten, bis 1966 die staatliche Unterstützung ausblieb. Chemjo empfand dies als eine tiefe Kränkung, die großen Hoffnungen auf einen musikalischen und kulturellen Resonanzraum waren verflogen. Mehr und mehr zog er sich aus dem Musikleben zurück und widmete sich nur noch dem Folgeband seiner Anthologie jüdischer Musik. Auch Mascha ging es nicht gut in Jerusalem, sie litt unter dem Gefühl, sprachlich und kulturell isoliert zu sein, sie war enttäuscht vom Leben. 1968 erlag Steven einer schweren Pankreatitis – der vielseitig begabte New Yorker Künstler und Regisseur hatte sich zu früh verausgabt. Fünf Jahre später verstarb auch Chemjo nach langer Krankheit. Nach diesem zweiten Schicksalsschlag bekam für Mascha ihr Gedicht »Memento« (1945) neue Bedeutung:

Vor meinem eignen Tod ist mir nicht bang,
Nur vor dem Tode derer, die mir nah sind.
Wie soll ich leben, wenn sie nicht mehr da sind?[17]

Trotz allem fand sie im letzten Lebensjahr noch einmal Kraft – zu schreiben, Berlin zu besuchen und dort in der Amerika-Gedenkbibliothek zu lesen. Es gefiel ihr so gut, dass sie in Erwägung zog, neben ihrem Domizil in Jerusalem eine kleine Wohnung in Berlin zu mieten, um am Ort ihrer glücklichen Jugenderinnerungen zu leben. Ihre Rückreise nach Jerusalem unterbrach sie in Zürich, wo sie nur vierzehn Monate nach ihrem Chemjo verstarb. Wenige Tage vor ihrem Tod sprach sie nur noch von ihrem Mann und davon, wie sein Nachlass geregelt werden sollte. Darüber hinaus sah sie wohl in ihrem Leben keinen Sinn mehr, sie war erschöpft vom Leben. Das Gedicht »Die frühen Jahre« hatte ihren gemeinsamen Weg bereits vorgezeichnet: »Zur Heimat erkor ich mir die Liebe.«[18]

Chemjos Künstlertum war mit der Suche nach dem Transzendentalen verbunden und zutiefst in einer Welt voller Geheimnisse verwurzelt. Die eher bodenständige, ironisch-witzige Mascha begleitete und unterstützte ihn zeitlebens darin. Sie lebte ihrerseits wohl die Sensibilität seiner Wesensart mit, auch wenn diese unter ihrer lakonischen Überlebenskunst verborgen war. Diese gegenseitige Ergänzung trug zu dem einvernehmlichen Wir-Gefühl bei.

# DIALOG

# SUSAN SONTAG &
# ANNIE LEIBOVITZ

Bei einem Fotoshooting lernten sie sich kennen: Vor dem Erscheinen von Susan Sontags *Aids und seine Metaphern* fehlten noch Autorenfotos, und Annie Leibovitz wurde angefragt, ob sie diese Aufnahmen machen könne. Ja, die Starfotografin der Stars war bereit dazu.

Susan Sontag und Annie Leibovitz scheuten niemals beunruhigende Themen oder verstörende Bilder; Verlusten und Katastrophen stellten sie sich, indem sie darüber Zeugnis ablegten in Wort und Bild. 1993 reisten sie zusammen nach Sarajevo, Annie machte eine Bildreportage über die belagerte Stadt, während Susan *Warten auf Godot* auf die Bühne brachte. Sie besuchten gemeinsam Paris, Italien, Jordanien, Ägypten, kurz nach 9/11 standen sie am Ground Zero. Sie ergänzten sich, die Intellektuelle und die Emotionale. Über ihren Perfektionismus und Ehrgeiz waren sie im Gespräch, aber auch über den Willen zu provozieren. Sie bewunderten sich gegenseitig: Nach außen wirkten beide erfolgreich und stark, doch der Ehrgeiz wurzelte in großer Verletzlichkeit. Beide waren Chronistinnen unserer Zeit, zweifellos erforschten sie diese Themen auch im Gespräch miteinander.

1999 brachten sie gemeinsam den Fotoband *Women* mit einem Essay von Susan Sontag heraus. Es war Susans Idee gewesen, Frauen aus allen Lebensbereichen in Bildern zu dokumentieren und darüber nachzudenken, wie Frauen nicht gesehen, sondern vielmehr beobachtet werden. Aber diese beiden nahmen sich gegenseitig wahr. Annie ließ sich motivieren und antreiben und lernte von Susan, ihre Fotografie konzeptionell zu beschreiben. Die wiederum fühlte sich von Annie gesehen und umsorgt. Doch diese Liebe hatte durchaus quälerische Aspekte. Aus ihrer gleichgeschlechtlichen Beziehung machten sie ein Geheimnis, sie fühlten sich angreifbar, und mindestens Susan war bemüht, ihr Privatleben von der Öffentlichkeit fernzuhalten. Die Differenz zwischen dem Selbst und dessen Repräsentation, zwischen Mensch und Metapher, zwischen Kunst und Wirklichkeit beschäftigte beide, letztlich war das Bild oder der Bildausschnitt die weniger bedrohliche Variante, zumal wenn es um das Privateste ging. Allerdings machen Annies letzte Fotos von ihrer Gefährtin Susan deutlich, wie zart und emotional diese Beziehung gewesen sein muss.

Als Susan 1933 in New York zur Welt kam, sah es für die Familie noch nach luxuriösem Lebensstil aus. Doch dann lief der Pelzhandel des Vaters nicht mehr gut; und als Susan fünf Jahre alt war, erlag der Vater einem Tuberkuloseleiden. Mit alldem kam die Mutter nicht zurecht. Entsprechend bemühte sich Susan, perfekt zu sein, um die Liebe der Mutter zu »verdienen«, die für die Töchter emotional nicht verfügbar war. Susan zog sich in Bücher und in ihre Fantasie zurück. Im Alter von sieben Jahren las sie eine Biografie über Marie Curie und entdeckte damit die Heldin ihrer Kindheit. Wegen Susans Asthma zog die Mutter mit den Töchtern nach Florida, nach Arizona, schließlich nach Kalifornien. Hier sah die Zwölfjährige in einer Buchhandlung von Santa Monica Fotografien der befreiten, zum Skelett ausgehungerten Häftlinge von Dachau und Bergen-Belsen. Erst jetzt wurde ihr wirklich bewusst, dass sie selber Jüdin war. Eine tiefsitzende Angst verfolgte sie in Träumen und im realen Leben und ließ sie überwach gegenüber allem und jedem sein.

Sie trat die Flucht nach vorn an mit Lesen und mit ehrgeizigem Lernen; deutsche Bücher und deutsche Musik prägten seither ihre Maßstäbe. Vor allem erwies sich Schreiben als kreatives Mittel, sich in der Welt zurechtzufinden. Mit sechzehn begann sie, an der University of Chicago Philosophie zu studieren; mit siebzehn heiratete sie den elf Jahre älteren Soziologieprofessor Philip Rieff. Die enorme geistige Anregung und Bildung konnte nicht ausgleichen, was Susan an Freiheit in dieser traditionellen Bindung vermisste. Der gemeinsame Sohn, David Rieff, sollte ihr jedoch langfristig ein enger Vertrauter und Mitdenker werden. Weitere Stationen waren Harvard, Oxford, Paris, Dachau – Europa ohne Mann, ohne Kind, mit der Folge, dass die Ehe nach sechs Jahren geschieden wurde. Ab 1959 lebte sie mit David in New York, wo sie bei der jüdischen Zeitschrift *Commentary* mitarbeitete. Jüdisch sein bedeutete für sie vor allem, Wert auf Ernsthaftigkeit zu legen; das Judentum als Religion hatte für sie keine Bedeutung. Unter den New Yorker Intellektuellen fühlte sie sich mit ihrem hohen Anspruch zwar unter ihresgleichen, aber doch auch anders, weil sie lesbisch war. Der eigentliche Neuanfang war Susans Beziehung zu der kubanischen Theaterautorin María Irene Fornés, mit der sie die New Yorker Künstlerwelt, eine freiere Intellektualität und vor allem eine stimulierende, wenngleich verheimlichte Liebesbeziehung zu einer Frau erlebte. Dieses New York des geistigen Umbruchs und der modernen Kunst war der ideale Nährboden für die unglaublich belesene und blitzgescheite Susan. Mit »Anmerkungen zu ›Camp‹«, 1964, und zwei Jahre später mit »Kunst und Anti-Kunst« plädierte sie für eine Pluralität von Kultur, für eine Berechtigung von Pop, Extravaganz und Kitsch – und implizierte hier, dass verfeinerte Sensibilität und sinnlicher Geschmack einerseits und Homosexualität andererseits verwandt seien. Auch in ihrer folgenden Beziehung mit Carlotta del Pezzo lebte sie einen noblen Lesbianismus, der sie von einengenden Einstellungen befreien sollte. Auch mit dieser Beziehung ging sie diskret um, aus guten Gründen, wie Sontag-Biograf Benjamin Moser zusammenfasst: »Susans wachsender kultureller Einfluss, die Bewunderung, die ihr entgegengebracht wurde, beruhten darauf, dass ihr Urteil allgemein und unangefochten anerkannt wurde. Hätte man sie als Feministin oder gar Lesbe gekannt, wäre es mit Macht und Einfluss vorbei gewesen.«[1] An dieser Vorsicht änderte selbst *Stonewall* 1969 nicht viel. Auch nach jener Revolte in der New Yorker Homosexuellenbar *Stonewall Inn* gegen die Unterdrückung und Verfolgung gleichgeschlechtlicher Paare blieben

Lesben und Schwule in ihrem »Closet«, um berufliche und private Verunglimpfungen zu vermeiden, nur in den eigenen Kreisen herrschte Offenheit. Auch wenn das schüchterne Mädchen aus der Provinz zur anerkannten jüdischen Intellektuellen geworden war – gefürchtet, bewundert, beneidet –, hatte sie weiterhin ein tiefes Bedürfnis, beliebt zu sein. Ein Coming-out hätte dazu in jenen Jahren nicht gepasst. Hingegen hatte sie in der Literatur das gefunden, was ihr eine freie Lebensform gestattete.

Ganz anders die Welt von Annie Leibovitz. Sie wuchs, 1949 in Waterbury, Connecticut, geboren, in einer kinderreichen Familie auf. Die Eltern waren jüdischer Herkunft, wobei für Annie das Judentum später ebenfalls keine religiöse, sondern eine geistige Bedeutung haben sollte. Der Vater wurde als Berufsoffizier bei der Air Force immer wieder versetzt. Dann zwängte sich die ganze Familie – die Eltern mit den sechs Kindern – in den Kombi, das wesentliche Hab und Gut als Dachgepäck, und fuhr ohne Übernachtung vom einen Ende der USA zum anderen. Annie meinte, dass es für sie leicht gewesen sei, Künstlerin zu werden, sie habe die Welt immer in einem gerahmten Ausschnitt gesehen, in den frühen Jahren eben durch das Autofenster. Die Mutter dokumentierte das unruhige Familienleben leidenschaftlich mit der Kamera, da gab es demnach schon ein Vorbild, wie man die Welt für sich selber ordnen kann. Als der Vater während des Vietnam-Kriegs auf den Philippinen stationiert war, geriet Annie in einen moralischen Konflikt, denn ihre Generation protestierte gegen diesen Krieg. Dennoch experimentierte sie erstmals mit der Kamera mit Aufnahmen um den Militärstützpunkt herum. 1967 schrieb sie sich zum Studium der Malerei am San Francisco Art Institute ein, um ein Jahr später den Studienschwerpunkt auf die Fotografie zu verlegen. Beim Fotografieren fühlte sie sich beteiligt am Leben, draußen in der Welt mit anderen statt allein im Atelier. Morgens gingen die Kunststudenten auf Fotopirsch und entwickelten nachmittags die Bilder, die abends gemeinsam diskutiert wurden. Annie war Unmittelbarkeit wichtiger als der perfekte Bildausschnitt, ihr ideales Format war die personalisierte Reportage.

1969 nahm sie ihre Kamera mit nach Israel, lernte Hebräisch, arbeitete in einem Kibbuz – und fotografierte. Die Studentenproteste an der amerikanischen Westküste gegen den Vietnam-Krieg eskalierten, und nach ihrer Rückkehr aus Israel nahm Annie als Berichterstatterin daran teil. Die junge Fotojournalistin packte einen Stapel dieser neueren Fotos ein und tauchte im Büro des damals berühmt-berüchtigten Magazins *Rolling Stone* auf. Und schon erschien eines ihrer Fotos von den Demonstrationen auf dem Cover. Wie sie selber schrieb: »Das war der Anfang meiner Karriere. Den Moment, als ich das Bild am Zeitungskiosk sah, werde ich mein Leben lang nicht vergessen.«[2] *Rolling Stone* war ein junges Medium, da konnte man unendlich viel Neues ausprobieren. Nun arbeitete sie mit Autoren, Redakteuren und dem Art Director zusammen – und mit den Menschen, die sie porträtierte. Sie wollte als Fotografin vor allem die Seele der Menschen spürbar machen, und so teilte sie deren Leben ein paar Stunden oder ein paar Tage – ob das nun die Rolling Stones waren oder Yoko Ono und John Lennon. Immer deutlicher wurde, dass ein Bildkonzept sich aus dem Wesen der Menschen ergeben musste, die sie porträtierte.

Sie ging mit den Rolling Stones auf Tournee und versuchte sich mit Tanzfotografie. 1978 eröffnete *Rolling Stone* eine große Redaktion in New York, und für Annie war klar, dass sie da mitgehen würde. Seit 1983 fotografierte sie auch für *Vanity Fair* Schauspieler, Schriftsteller, Politiker und andere Berühmtheiten, dabei wurden ihre Anforderungen an die Produktion immer verwegener, Feuer, Sand, Autos, Flugzeuge, nichts war extravagant genug. Dann kam ein Auftrag für *Life Magazine* hinzu, ein Portfolio über amerikanische Dichter; mit diesen Fotos wollte sie die Gedichte ins Bild holen.

Susan war bei der ersten Begegnung fünfundfünfzig, Annie neununddreißig, fünfzehn Jahre sollten sie ein Paar sein. Susan Sontag bewegte sich in Intellektuellenkreisen, und Annie Leibovitz, die mit den Celebrities der Pop-Kultur zu tun hatte, baute für Susan eine Brücke zwischen diesen Welten. Beide nahmen ihre Arbeit sehr ernst, hatten einen hohen Anspruch an sich selbst sowie großes Durchsetzungsvermögen. Insofern lag es nah, dass sie sich gegenseitig unterstützten. Wie Susan Sontag 1978 in ihrem *Rolling Stone*-Interview sagte: »Frauen sollten stolz auf sich sein und sich mit Frauen identifizieren, die Exzellentes leisten, und Frauen nicht dafür kritisieren, dass sie zu wenig weibliche Sensibilität oder weibliche Sinnlichkeit zum Ausdruck bringen.«[3] Beide hatten zu diesem Zeitpunkt im Leben schon viel erreicht und erlebt, beruflich wie privat. Trotzdem waren sie gnadenlose Selbstoptimiererinnen. »Du bist gut, aber du könntest besser sein«,[4] so Susan zu Annie zu Beginn der Beziehung. Annie nahm sich vor, wirklich bedeutsame Fotos zu machen – und so zu werden wie Susan. Daher ließ Annie sich bereitwillig zu mehr Ernsthaftigkeit anhalten.

»Ich habe versucht, eine bessere Fotografin zu sein. Ohne Susan wäre ich nicht nach Sarajevo gegangen. Ich wollte ein besserer Mensch sein mit ihr. Ich wollte, dass sie stolz auf mich ist. Aber das war sehr schwer. Man konnte ihr nie ganz gefallen. Sie glaubte an meine Arbeit, aber sie war immer sehr kritisch, wie eine dominante Mutter. Sie hatte die höchsten Erwartungen an mich.«[5]

Susan sah in dieser erfolgreichen Frau eine potenzielle Gefährtin, eine Partnerin, die sie sich auf Augenhöhe wünschte. Hinter der Kritik, die sie an Annie – auch in Anwesenheit von anderen – übte, stand der Wunsch, sie zu ihren besten Möglichkeiten anzustacheln, auch emotional. Und Annie war eine geradezu untertänige Partnerin. Dieses Muster etablierte sich zu einer fatalen gegenseitigen Abhängigkeit, die Benjamin Moser in ihrer ganzen Komplexität darlegt.[6] Annie war als Fotografin von Prominenten sehr wohlhabend geworden und sorgte fortan großzügig für Susan. Sie kaufte ihr eine Wohnung in London Terrace im New Yorker Stadtteil Chelsea, kurz danach wurde in ebendiesem Komplex auch für sie selber eine Wohnung frei.

Doch Erfolg und Exklusivität konnten nicht verhindern, dass die Beziehung häufig schwierig war, vielleicht spielte hier die Verleugnung der gleichgeschlechtlichen Liebe hinein. Dass sie damit so wenig offen umgingen, könnte man ein hohes Maß an Verdrängung nennen. Ein Jahrzehnt nach der Entdeckung von Aids war Homosexualität durch die in den USA neuerlich propagierten Familienwerte unter Druck geraten. In einer Gegenbewegung zu der relativen Offenheit der 1970er Jahre wurden Schwule und Lesben in den Medien als Gefahr für die Gesellschaft dargestellt. Andererseits mobilisierte, ein Jahr bevor sich Susan und Annie kennenlernten, die neu gegründete AIDS Coalition to Unleash Power die Homosexuellen, ihr Schweigen zu brechen. Inmitten dieser Kontroverse erschien 1988 Sontags *Aids und seine Metaphern*. Analytisch und gesellschaftskritisch entmystifiziert sie darin ein nach wie vor tabuisiertes Thema. Ähnlich wie schon 1978 in ihrem Essay *Krankheit als Metapher* beleuchtete sie in diesem Buch die sprachlichen Metaphern, das militärische Vokabular, mit dem Betroffene ausgegrenzt und durch eine konservative Moral verurteilt werden. Bereits im November 1986 hatte sie im *New Yorker* eine Geschichte über einen Aids-Kranken veröffentlicht, die Zeitschrift war am selben Tag ausverkauft, und in Manhattan wurden Fotokopien von dem Text weitergegeben. *So leben wir jetzt* erschien 1991 auf Deutsch, eigentlich weniger eine Geschichte als vielmehr ein Stimmengewirr, Stimmen, die im Krankenhaus über den Patienten flüstern oder murmeln, die miteinander telefonieren und sich erzählen, was er getan, was er gesagt hat. Susan Sontag brachte hier ihre eigenen Erfahrungen mit langen Krankenhausaufenthalten ein. Mit zweiundvierzig Jahren war bei ihr Brustkrebs im fortgeschrittenen Stadium diagnostiziert worden und hatte ihren Blick auf das Leben und eben auch auf ihre an Aids erkrankten Freunde verändert. Am Ende hört man noch die Stimme des Kranken, aus der zweifellos Susan Sontags Erfahrung spricht: »Das Unglück ist auch ein erstaunliches Hochgefühl. Manchmal fühle ich mich so gut, so kräftig, als könne ich aus meiner Haut heraus. Werde ich verrückt, oder was? Ist es, weil ich von allen so verwöhnt und verzärtelt werde wie in einem Kindertraum von Liebe? Ich weiß, es klingt verrückt, aber manchmal denke ich, dies ist eine *phantastische* Erfahrung.«[7] Wie Susan Sontag mir in einem Gespräch 1992 sagte, sei es »eine Geschichte über diese Gefühle, denn das ist es wohl, worüber ich schreiben möchte, Gefühle, weil ich meine, dass man so oft Denken und Fühlen trennt, das ist ein altes romantisches Klischee, das Herz und der Kopf, der Verstand. Ich habe die Erfahrung gemacht, dass Fühlen eigentlich eine Art von Denken und Denken eine Art von Fühlen ist.« Tatsächlich ist dieser Text ein unmittelbar anrührendes Stück Literatur, das das Leiden anderer erfahrbar macht. Dieses Format der Stimmen, die dokumentieren, statt zu erzählen, nutzte Sontag erneut bald in anderem Zusammenhang, wo abermals das Leiden anderer thematisiert wurde.

Im August 1993 reisten Sontag und Leibovitz in das damals von Serben belagerte Sarajevo. Susan war davon überzeugt, sie würden einem Jahrhundertereignis beiwohnen, denn so wie das 20. Jahrhundert in Sarajevo begonnen habe, werde auch das 21. dort beginnen, wenn es mit dem Fall der Mauer nicht schon begonnen habe.[8] Die Kampfhandlungen hatten bereits unzählige Opfer in der Zivilbevölkerung gefordert, und Susan Sontag wollte den Menschen in der belagerten Stadt Hoffnung und Kultur geben. So hatte sie mit einigen Theaterleuten vor Ort über ein mögliches Projekt nachgedacht: Mit einer Inszenierung von Samuel Becketts *Warten auf Godot* würde sie den Menschen etwas Sinnvolles bieten. Fünfzehn Jahre später bestätigte die Stadt Sarajevo, dass ihr dies gelungen war: Ein Platz wurde umbenannt zu *Theaterplatz – Susan Sontag*. Annie hatte bereits früher an Kriegsschauplätzen fotografiert und fühlte sich durch Susans Pläne inspiriert, dort eine Fotoreportage zu machen. Unter Granateneinschlägen und Geschützfeuer, wo es nur noch um Leben und Tod ging, wo es weder Wasser noch Strom gab und Nahrungsmittel und Medikamente knapp waren, wollten beide Zeugnis ablegen – Susan, indem sie Solidarität mit den Menschen zeigte, Annie, indem sie das Leid mit der Kamera dokumentierte.

Während Susan mit den Schauspielern das Stück inszenierte, in dem keine eigentliche Handlung stattfindet, in dem Stimmen wie besessen sprechen und das quälende Warten vorführen, begab sich Annie zuerst ins Leichenschauhaus, um zu erfassen, was da eigentlich passierte. Danach überließ sie es dem Zufall, welche Menschen sie traf, deren Schicksal oder auch Tod sie fotografisch festhielt. Nicht mehr die Frage nach Bildkonzepten war relevant, sondern nur das schnelle Reagieren auf den Augenblick. Sie zeigte Susan im Gespräch mit zwei bosnischen Intellektuellen, aber vor allem das ganze Leid, den Mut und den Alltag des Krieges: Männer, Frauen, Kinder, die alle ausharren – und warten. Diese Kriegsreportage veränderte Annies künstlerische Arbeit radikal, die Prominenz war ihr fortan nicht mehr wichtig – womit sie Susans Wunsch nach mehr Ernsthaftigkeit erfüllte.

Allerdings räumte Sontag ein, dass jede außergewöhnliche Frau einen Konflikt hat, solange in einer Gesellschaft der Erfolg einer Frau als etwas Besonderes gilt. »Wenn man davon abweichend den Ehrgeiz hat, etwas anderes zu tun, dann weiß man, dass man eine Ausnahme sein wird und dass man mit den Gefühlen der anderen umgehen muss, die möglicherweise feindselig sind, möglicherweise aggressiv, also: warum bist du *anders*? Und man muss den Schmerz hinnehmen, den das mit sich bringt, weil es einen Konflikt schafft, es schafft einen Konflikt für jede Frau.«[9] Diesem Konflikt müssen Susan und Annie ständig ausgesetzt gewesen sein, und er erklärt so manche Härte, die beiden wiederholt vorgeworfen wurde, auch so manche Zumutung innerhalb ihrer Beziehung.

Dieses Dilemmas waren sie sich bei dem gemeinsamen Frauenprojekt durchaus bewusst, das auf Sontags Anregung 1999 zustande kam. In ihrem einleitenden Essay erklärt Sontag, was die Fotos von über 150 amerikanischen Frauen Ende des 20. Jahrhunderts zeigen sollen: »So also sind Frauen heute – so verschieden vielfältig, heldenhaft, hilflos, konventionell, unkonventionell.« Dabei, so Sontag, wollten sie mit dieser Vielfalt den Ehrgeiz der Frauen feiern, der sie, allen Klischees zum Trotz, eben gerade attraktiv mache. Beim Betrachten dieser unfassbar unterschiedlichen und schönen Bilder springt diese eigenwillige und einzigartige Attraktivität ganz unmittelbar ins Auge. Elegant, frech, verletzt, verträumt, berühmt, unbekannt, herausgeputzt, entblößt. Leibovitz hat alle Frauen in einem ganz persönlichen Augenblick fotografiert, so dass die Begegnung mit jeder einzelnen anrührt.

Sontag benennt in ihrem Essay ein weiteres Dilemma, das die Fotos offenbaren und über das sie zweifellos aus ihrer beider Erfahrung spricht: »Doch im wirklichen Leben ist es immer noch verbreitet, einer Frau zu missgönnen, dass sie über beides, Schönheit und intellektuelle Brillanz verfügt«, was man über einen Mann niemals behaupte. Und sie stellt in Frage, warum eigentlich »die Schönheit als Urgrund weiblichen Charmes andere hervorragende Eigenschaften von Rechts wegen ausschließen« müsse.[10] Ebendieses Klischee einer ostentativen Weiblichkeit unterläuft das Fotobuch und lehrt damit eine neue Art zu sehen. Hatte Susan Sontag doch schon 1964 in ihrem Essay

»Kunst und Antikunst« gefordert, dass wir sensibler werden müssten, um nicht nur die Kunst, sondern auch unsere eigene Erfahrung unmittelbarer zu erleben. Und 1973 zettelte sie im *New York Review of Books* unter dem Titel »Photography« eine kontroverse Auseinandersetzung darüber an, wie wir eigentlich sehen, wie Bilder die Wirklichkeit verstellen, vorzeigen oder erschaffen.

Zu ebendieser Debatte über unsere Sicht auf die Welt, insbesondere die Wahrnehmung von Weiblichkeit, hat Leibovitz mit ihren Fotos beigetragen, vor allem mit dem Fotoband *Women*: Hillary Clinton auf einer Terrasse im Weißen Haus konzentriert ein Manuskript lesend; Toni Morrison, mit der wir in die Ferne eines wolkenverhangenen Himmels blicken; eine Farmerin auf dem Feld; eine chinesische Näherin und eine schwarze Wäscherin; Showgirls und Trapezkünstlerinnen, die angeschaut werden wollen; Frauen mit Kindern auf dem Arm oder an der Brust, Sportlerinnen, Akademikerinnen, Richterinnen, Einzelportraits, Gruppenportraits – eine Bilderreise durch die USA, die jene Freiheiten von Frauen vor Augen führt, die Susan Sontag und Annie Leibovitz mit erstritten haben. Der Bildband von zwei Chronistinnen unserer Zeit visualisiert nicht zuletzt, wie vielfältig Gender ist und wie die Dichotomie männlich–weiblich der amerikanischen Wirklichkeit von Frauen nicht mehr gerecht wird. Wollte man spekulieren, dass die beiden Künstlerinnen da eine weibliche Ästhetik einbrachten, hätte Sontag dies wohl vehement bestritten. Sie meinte, kein einzelner Mensch könne eine Gruppe repräsentieren, weder als Frau noch als Homosexueller noch als Schwarzer.

Zufällig erlebte Susan den Fall der Berliner Mauer 1989 vor Ort, da ein DAAD-Stipendium sie in die Stadt geführt hatte. Während sie sich am Abend des 9. November im Kino Arsenal einen Film ansah, öffneten die Ost-Berliner Grenzbeamten die Grenzübergänge. 2001 kehrte sie als Fellow der American Academy nach

Berlin zurück und kuratierte das Filmprogramm des Arsenal. Eigentlich war sie ja eher frankophil, die Hälfte des Jahres lebte sie in der gemeinsamen Wohnung in Paris, ansonsten in New York. Als ihr 2003 der Friedenspreis des Deutschen Buchhandels verliehen wurde, betonte Sontag in ihrer Dankesrede, aus Erfahrung sprechend: »Zugang zur Literatur, zur Weltliteratur bedeutete: dem Gefängnis der nationalen Eitelkeit, der Spießbürgerlichkeit, dem zwanghaften Provinzialismus, dem stupiden Schulunterricht, der Unvollkommenheit des Schicksals, dem Unglück entkommen. Literatur war der Pass, der Zutritt in ein reicheres Leben, in die Sphäre der Freiheit gewährte. Literatur war Freiheit. Und vor allem in einer Zeit, in der die Werte des Lebens und des Innenlebens so massiv in Frage gestellt werden wie heute, gilt: Literatur *ist* Freiheit.«[11] Das war wohl ein lebenslanges Credo – Freiheit in der Kunst und im Leben.

Auch Annie führte der Weg nach Berlin, aber erst nach Susans Tod. 2009 wurde die unvergleichlich großzügig gehängte Retrospektive im damaligen C/O eine Sensation. Einige der etwa 200 Fotos zeigten Susan Sontag gegen Ende ihres Lebens. Als Susan unheilbar an Leukämie erkrankt war, begleitete Annie sie in den letzten Monaten mit der Kamera, und Susan war fast erleichtert darüber. Sie hatte immer darüber nachgedacht und geschrieben, wie wir das Leiden anderer betrachten, und wünschte sich, dass andere diese Fotos später sehen sollten. Das Fotografieren war wohl eine Art der Kommunikation in Augenblicken der größten Verletzlichkeit und Angst. Annie Leibovitz ließ die Erinnerung daran nicht los: »Sie wollte nicht über den Tod reden. Ich wünschte, wir hätten es getan. Aber sie wollte nicht darüber reden, weil sie nicht sterben wollte. Würde ich das heute noch einmal machen? Würde ich Susan noch einmal so dem Blick der Öffentlichkeit aussetzen? Ich glaube nicht. Es war die Entscheidung eines Moments.«[12] Verlust und Schmerz sind beide mit bewundernswerter Empathie und in einem künstlerischen Dialog begegnet. Susan Sontag verstarb 2004. Ein Jahr später wurden Annies Zwillinge geboren – eines der Mädchen erhielt den Namen Susan.

ELIZABETH HARDWICK &
ROBERT LOWELL

Er war ein charismatischer Mann, der jeden im Gespräch verzauberte: Freunde, Dichterkollegen, Liebschaften. Bei jeder seiner zahlreichen Liebesbeziehungen wünschte er sich, dass sie diesmal von Dauer wäre. Seine drei Ehefrauen inspirierten ihn zum Schreiben, er faszinierte und dominierte seine Gefährtinnen. Robert Lowell und Elizabeth Hardwick lernten sich zunächst in Greenwich Village kennen; zwei Jahre später trafen sie sich als Stipendiaten in der prominenten Künstlerkolonie Yaddo wieder. Ihr geistiger Austausch war wie ein Feuerwerk, das inspirierend, beglückend und heilend auf beide wirkte.

Viel von diesem Dialog entfaltete sich nicht nur im literarischen Schaffen der beiden, sondern in Briefen, die während seiner zahlreichen Klinikaufenthalte gewechselt wurden. Bereits die Botschaften, die Elizabeth Hardwick ihm nach seinem ersten Nervenzusammenbruch schrieb, zeugen davon, dass sie sich vollkommen klar war über seine instabile Persönlichkeit, seine früheren Seitensprünge – und vor allem über seine geniale Begabung. Seine Zeilen an sie klingen ebenso rückhaltlos offen: Auch er wusste um seine Veranlagung und um die schicksalhafte Notwendigkeit, immer wieder Zuversicht und Disziplin aufzubringen, um seiner dichterischen Berufung folgen zu können. Die poetischen Bekenntnisse beider – in Form von literarischen Texten und Korrespondenz – rühren noch heute an, weil eine außergewöhnliche emotionale Dünnhäutigkeit die gegenseitige Bewunderung, Liebe und Abhängigkeit ganz unmittelbar spürbar macht. Nicht von ungefähr meinte man in Literatenkreisen, in der Ausstrahlung der beiden einen »Scott-und-Zelda-Zauber« zu erkennen. Zu diesem Eindruck trug wohl auch das Wissen um seine psychische Krankheit bei, die ihn selber und seine Nächsten in Angst und Schrecken versetzte. Elizabeth Hardwick nahm es hingegen erstaunlich gefasst. Ihr gelang es, vor allem die guten gemeinsamen Zeiten wertzuschätzen.

»Ich bin allein hier in New York, nicht länger ein *Wir.* Jahre, sogar Jahrzehnte sind vergangen. Dann ist man heraus aus dem gewöhnlichsten aller Plurale, heraus aus der seltsamen Partnerschaft, die als flache, leere Ebene beginnt und sich bald in eine Stadt von Zimmern und Garagen verwandelt, von kleinen Lebensmittelläden in der Speisekammer, Textilgeschäften in den Schränken und einer Bank, auf deren Papier unsere Namen nebeneinander gedruckt sind für das Geschäftliche.«[13] Dieser ironische Passus über eine New Yorkerin, die über den Sinn eines ehelosen Lebens reflektiert, nimmt dann eine durchaus kritische kulturhistorische Wendung: »Beethoven war nicht verheiratet, auch Flaubert nicht. Voltaire überlebte seine Geliebte um dreißig Jahre, so lange wie Dr. Johnson seine Elizabeth. Beide führten ihr Leben gesellig, aber ehelos zu Ende. Geruhsamer als der unersättliche Goethe mit Ulrike, Marianne, Christiane, Charlotte, Gretchen, Kätchen, Friederike, Lotte, Lili, Maximiliane, Bettina und Minchen.«[14] Die Protagonistin und Ich-Erzählerin des autobiografischen Romans *Schlaflose Nächte* (1979) macht die Ruhe des Junggesellenlebens offenbar nicht zur Bedingung großer künstlerischer Schaffenskraft, und sicher möchte sie nicht mit den wechselnden Musen eines Genies tauschen. Der innere Monolog bringt im Folgenden ein zeitgenössisches Ehedrama in Erinnerung, noch übertroffen von Erinnerungen an eigene faszinierende, aber letztlich banale sexuelle Begegnungen. Alles in allem eine ernüchterte Sicht von Beziehung.

Tatsächlich gehörte Robert Lowell in die Goethe-Kategorie: Manche seiner Musen waren namhafte Autorinnen wie Mary McCarthy, Elizabeth Bishop und Adrienne Rich oder wurden unter seiner Anleitung dazu, wie Sylvia Plath und Anne Sexton. Elizabeth Hardwick war eine seiner drei Ehefrauen und kam nicht wie er aus der gehobenen Gesellschaftsschicht. Sozial gesehen stand sie von vornherein in seinem Schatten. Aber sie blieb konsequent bei ihm, auch oder gerade während seiner wechselnden manischen und depressiven Phasen. Seine psychischen Probleme machten ihr zwar Angst, was ihre Liebe durchaus auf die Probe, aber nicht in Frage stellte. Nach ihrem ersten Besuch in der psychiatrischen Klinik betonte er, wie heilend er ihre Gegenwart empfinde. Er muss wohl gleich die Karten auf den Tisch gelegt haben, sodann begann er, mit ihr Zukunftspläne zu schmieden.

»Liebste, liebste, liebste Lizzie, ich denke ständig an Dich; und ich mache mir Sorgen, dass ich Dir so viel zugemutet habe. Wir werden das alles hinbekommen, meine Liebe (...)«[15] Einig waren sie sich also nicht nur in ihrer Begeisterung für Literatur, sondern auch darin, die tiefsten Abgründe des eigenen Erlebens im mündlichen und schriftlichen Gespräch zu verarbeiten. In seinen Briefen betonte er seine Hoffnung auf ein Wiedersehen und ein gemeinsames Leben mit ihr.

Die Erfahrungen in der Klinik und die therapeutische Auseinandersetzung mit seiner eigenen Geschichte boten Robert Lowell Stoff für Gedichte, die eine Strömung der amerikanischen Lyrik, die *Confessional Poetry*, prägen sollten. In seinen *Life Studies* erzählt er schonungslos von seiner Familiengeschichte, vom Klinikaufenthalt, von Krankheit und Leiden. Seinen ersten Pulitzer-Preis hatte Robert Lowell 1947 im Alter von dreißig Jahren erhalten. Sein Leben lang litt er unter einer bipolaren Störung und faszinierte und verstörte mit der Offenheit seines Schreibens über dieses Leiden. Manische Episoden brachten enorme Kreativität hervor, denen unweigerlich quälende Leere und Tatenlosigkeit folgten. In den fünfzehn Jahren seiner größten Produktivität musste er sich zwölfmal in stationäre Behandlung begeben. Trotzdem oder gerade deswegen ist die amerikanische Lyrik des 20. Jahrhunderts ohne sein Werk nicht denkbar. Seine stilistische Vielfalt reichte von einer barocken Schwere bis zu den freien Versen seiner Bekenntnislyrik. Elizabeth Hardwick blieb einundzwanzig Jahre treu an seiner Seite;

trotz endloser Spannungen und häufigem Streit blieben sie einander liebevoll zugetan. Wie konnte das funktionieren?

Wie Lowell selber ließ Elizabeth Hardwick sich durch seine psychotischen Einbrüche nicht vom Schreiben abhalten. Sie führte Gespräche mit Anwälten und schlichtete Streit mit der Polizei, sie besuchte ihn in der Psychiatrie, gelegentlich sorgte sie auch dafür, dass er dort eingewiesen wurde, damit er sich nicht in der Öffentlichkeit lächerlich machte und zur Ruhe kam. Dabei begleitete sie ihr Schreiben. In den 1970er Jahren wurde sie zu einer wichtigen Stimme der feministischen Literaturwissenschaft. Innerhalb der Beziehung waren der Dialog und das Schreiben nicht nur eine Art der Auseinandersetzung mit seiner Krankheit, sondern in erster Linie ein Ringen um den Erhalt ihrer Ehe und ihrer beider Kreativität.[16]

Robert Lowells Eltern führten eine distanzierte Ehe. Seine Mutter Charlotte Lowell projizierte die Enttäuschung über ihren Ehemann auf Robert und fand in ihrem einzigen Kind emotionalen Ersatz, während sie ihn zugleich überwachte und kontrollierte. Die Laufbahn des Vaters bei der Marine verlief wenig erfolgreich, weshalb Charlotte ihn dazu veranlasste, den Dienst zu quittieren. Nach dem Tod des Vaters drängte die dominante Mutter den Sohn in die Rolle des Familienoberhaupts, was den Jungen enorm unter Druck setzte. Als Erwachsener zogen Robert Lowell starke Frauen an – Elizabeth war wohl die stärkste unter ihnen. Hardwick und Lowell einte der Widerstand gegen die unerträgliche Kritik von Charlotte Lowell, die sie besonders gegenüber ihrer Schwiegertochter äußerte. Dass eine junge Frau aus den Südstaaten sich wirklich um ihren Bobby kümmern könnte, schien ihr unvorstellbar.

Elizabeth Hardwick stammte aus einer kinderreichen protestantischen Familie in Lexington, Kentucky. Ihr Vater verdiente als Installateur den Lebensunterhalt für seine elf Kinder. Sie wuchs mit ihren älteren Geschwistern behütet und unbeschwert auf. Dass die Eltern der Tochter ein Studium an der Columbia University ermöglichten, war ein Glücksfall für Elizabeth. Ihr späterer beruflicher Erfolg wirkte für die Familie wie ein amerikanischer Traum: drei Romane, drei Bände Kurzgeschichten, vier Essaybände und eine Lehrtätigkeit am Barnard College. Elizabeth Hardwick meinte einmal selbstironisch mit Blick auf ihre Herkunft, sie wäre gern eine jüdische Intellektuelle. Mit dem genialen Robert Lowell und dessen nobler Herkunft kam sie ihrem Wunsch schon ziemlich nah.

Beide, Hardwick und Lowell, besaßen einen scharfsinnigen Intellekt und eine große Affinität zur Literatur, womit sie sich gegenseitig immer wieder anspornten. Gemeinsam mit anderen Autoren gründeten sie 1963 die *New York Review of Books* und schufen damit ein lebendiges Forum des literarischen Diskurses. Sie profilierte sich als Literaturkritikerin und -wissenschaftlerin, schrieb aber auch vielfach autobiografische Prosa und brillante Essays. Er schlug mit seinen Gedichten auf einzigartige Weise Brücken vom persönlichsten, emotionalen Erleben zu historischen Zusammenhängen und den großen Gestalten der Weltgeschichte. Mit ihnen identifizierte er sich – in seinen psychotischen Phasen fühlte er sich ihnen sogar gleich. Sein Spitzname Cal wuchs ihm in Anspielung auf die Macht von Caligula, alias Julius Caesar, zu, einer seiner Heroen, über den er dann auch ein Gedicht verfasste.

Robert Lowell konnte seine Überzeugungen kompromisslos und tatkräftig vertreten. Im Alter von zwanzig Jahren überwarf er sich mit seinem Vater, unterbrach sein Studium in Harvard und reiste nach Nashville, Tennessee, wo er den von ihm bewunderten Dichter Allen Tate besuchen wollte. Dessen Familie hatte Hausgäste und eigentlich keinen Platz für ihn – es sei denn, er wolle im Garten zelten, hieß es. Er nahm dieses Angebot wörtlich, kaufte sich ein Zelt und verbrachte zwei Monate im Garten der Familie, um dazuzugehören und die Gespräche der Familie zu genießen. Er folgte Allen Tate ans Kenyan College nach Ohio, wo er sein Studium der Klassischen Literatur fortsetzte, weit weg von Boston und seiner Familie. Am Ende verkündete er den überraschten Eltern sein summa cum laude. Als konvertierter Katholik entschieden pazifistisch eingestellt, verweigerte er 1943 nach der Bombardierung von Hamburg jegliche Unterstützung der amerikanischen Kriegsbeteiligung und begründete dies in einem Schreiben an Präsident Roosevelt. Das brachte ihm fünf Monate Haft ein, die er wiederum dichterisch dokumentierte. Als bereits etablierter Literat lehnte er die Einladung zu einem Künstlerfest im Weißen Haus ab, um damit gegen die Bombardierungen in Vietnam und gegen die amerikanische Außenpolitik zu protestieren. Der entsprechende Brief an Präsident Johnson wurde in der *New York Times* abgedruckt. Wie ein roter Faden zieht sich das Aufbegehren gegen Autorität, Gesetz und unaufrichtiges Verhalten durch sein Leben. Elizabeth Hardwick war dabei die kraftvolle Partnerin an seiner Seite, die ihn darin bestärkte und bedingungslos akzeptierte – und trotzdem ihre Unabhängigkeit bewahrte.

In dem Gedicht »Man and Wife« aus dem Elizabeth gewidmeten Band *Life Studies* blickt Robert auf die schüchternen Verliebten des Sommers 1948 zurück und stellt sie melancholisch dem älter gewordenen Paar gegenüber.[17] Einst hielten sie sich die ganze Nacht zärtlich die Hände, sie holte ihn beherzt wie ein Engel aus der Psychiatrie, unbeeindruckt von seinen grausigen Fantasien. Zwölf Jahre später sucht die Schlaflose Trost, den ihr nur ein Kissen spenden kann. Damals bewunderte er ihre spitze Zunge, jetzt empfindet er es als Gezeter, das über ihn hereinbricht wie das tosende Meer. Der Vorwurf, den er sich macht, und das Reuegefühl, seiner damaligen Petite zu viel zugemutet und wertvolle Jahre verschwendet zu haben, sind nicht zu überhören. Unverzichtbar scheint aber der Dialog mit ihr, ungeachtet solch deprimierter Gefühle. Das Gedicht bringt die

Partner mit der gemeinsamen Entwicklung als Eheleute noch einmal zusammen: Es ist ein Bekenntnis zur Ehe, mit all ihren Ecken und Kanten. Die Verwirrung, die beide überkommt und zutiefst verstört, mag auch ein Stück Zeitgeist sein, nicht nur ein Problem dieses Paares, jeder musste in jener gewaltbereiten Zeit lernen, mit dieser Bürde zu leben.

Bald nach der Hochzeit im Juli 1949 reiste das Paar nach Europa. In Florenz bezauberte die Kunst und die Geschichte der alten Welt wirkte nachdrücklich. Lowell verarbeitete Zeitungsausschnitte oder -überschriften, und dieses Alltägliche fügte er in seinen Gedichten zu einem Kaleidoskop emotionaler Erfahrungen zusammen, in denen er sich selbst wiederfand. Auf der Zugfahrt über die Alpen von Rom nach Paris – »Beyond the Alps« – klingen die italienischen Reiseeindrücke nach: Während die Landschaft am Fenster vorbeigleitet, sieht Lowell vor seinem inneren Auge, wie die alte Welt ebenso zerfällt wie sein eigenes religiöses Weltbild. Die Landschaft wird zu einer Metapher für das menschliche Leben. Zeitgleich mit den französischen Existenzialisten blickte Lowell in aller Klarheit auf das Menschsein und fand für seine Empfindungen ein befreiendes, poetisches Ausdrucksformat ohne überhöhten ästhetischen Anspruch. In Amsterdam hatte Elizabeth dann als Vorbotin eine gemeinsame Wohnung zu suchen, während er sich nach dem Gespräch mit ihr sehnte. Wie sich ihre niederländischen Freunde später erinnerten, waren Lizzie und Cal oft so lebhaft im Austausch, dass sie gleichzeitig redeten – und offenbar gewohnt waren, sich doch zuzuhören. Nur tat das Klima der Niederlande der Gesprächskultur nicht gut, die Auseinandersetzungen behinderten zunehmend die kreative Arbeit und die Harmonie der Beziehung.[18] Die düstere Wolke verzog sich zunächst, als das Ehepaar 1953 in die USA zurückkehrte.

Mit Beginn des Wintersemesters unterrichtete Robert Lowell den legendären *Writers' Workshop* sowie Seminare in Latein und

Griechisch an der University of Iowa, in denen Elizabeth, zu seiner Freude, gelegentlich als Gasthörerin auftauchte. Nach seinen Europaerfahrungen empfand das kulturinteressierte Ehepaar Iowa als ermüdend, so dass es im Folgejahr erleichtert nach Boston zurückkehrte. Dort erwarb es ein schönes Haus, wo das Glück, seit 1957 mit der kleinen Tochter Harriet, immerhin sechs Jahre währte: Er lehrte an der Boston University und fing in seinem Creative-Writing-Seminar jene Dichter auf, denen die Psychotherapie keine Hilfe bot. Um diszipliniert zu schreiben, fügte sich Lowell einem strengen Tagesrhythmus. Elizabeth zeigte Verständnis dafür, wenn er sich ganze Tage in sein Arbeitszimmer zum Lesen und Schreiben zurückzog, wenn sich volle Aschenbecher von zwei Zigarettenpäckchen pro Tag und leere Milchflaschen auf dem Fensters ims aufreihten, Zettel auf dem Boden und Bücher auf dem Bett herumlagen. Sie wusste, dass Lowell nur mit dieser mönchischen Selbstbeherrschung erreichen konnte, was er sich für das Leben vorgenommen hatte.

Mit dem Schreiben hatte er ein Mittel gefunden, unerträgliche Gefühle, Erfahrungen und Erkenntnisse zu betäuben. Für seine kreativen Reisen tauchte Lowell in seine Innenwelten und brachte so quälende Unruhe und Ängste mit dem rationalen Bewusstsein in Einklang. Seine Texte fungierten dabei wie Gefäße für Bilder, Erinnerungen, Irrungen und Wirrungen, in deren Zusammenspiel sich Lebenserfahrung herauskristallisierte. Das Schreiben stellte die Kommunikation zwischen den Teilen seiner Persönlichkeit her, die in den wechselnden Episoden auseinanderzufallen schienen, und half ihm, trotz seiner zyklotymen Störung im Kontakt mit der Welt zu bleiben. Mit seiner authentischen Sprache stiftete er eine neue Form der Literatur, die den Erfahrungen seiner Generation entsprach: sinnlose Kriege, Verlust von Werten und Zugehörigkeit, Suche nach passender Sprache für Gespräch und Schreiben.

Der Gedichtzyklus *Life Studies* zeigt Lowells Streben nach

einer Sprache, die sein intensives Erleben zum Ausdruck bringen konnte. Innerhalb von Monaten entstanden jene Gedichte, die 1959 als Lyrikereignis des Jahres kontrovers diskutiert wurden und ihn zum Vorbild vieler Dichter machen sollten. Konkrete Erlebnisse stehen hier wie fotografische Erinnerungen im Mittelpunkt. Bislang tabuisierte Themen waren seine literarischen Stoffe – und sein Wahnsinn nur eine Version von Inspiration. Wenn man sich anhört, wie Lowell »Skunk Hour«, das bekannte, letzte Gedicht des Zyklus, las, wird man genauso mitgerissen wie seinerzeit seine Zeitgenossen. In diesem Gedicht, kurz nach dem Tod seiner Mutter entstanden, geht es um Verlust, Tod und Verfall. In einer unheimlichen Nacht tritt ein verwirrtes Ich auf, das sich seiner Verwirrung merkwürdig bewusst ist: verwundert über Stinktiere, die im Mondlicht im Müll kramen und der aufgewühlten Seele des Beobachters zu entsprechen scheinen, ihn aber auch wieder inspirieren, vor allem mit ihrem Überlebensinstinkt.

Der künstlerische Prozess und die fiktive Kommunikation unterstützten Lowells eigene Selbstfindung, und dies verortet er in einem konkreten historischen Augenblick. Seine psychotischen Einbrüche spiegelten für ihn die gesellschaftlichen und ökonomischen Umbrüche in Amerika, die er sich aus der Vergangenheit zu erklären versuchte. Für ihn stand der Einzelne in einem nicht endenden Dialog mit der Zeit, mit seinen Vorgängern ebenso wie mit den Zeitgenossen.

Inzwischen kam Boston dem Literatenpaar geradezu provinziell vor, sie brauchten mehr pralles Leben. 1961 übersiedelte die Familie nach New York und bezog dort eine großzügige Wohnung am Central Park. Lowell pendelte als Dozent für seine Harvard-Seminare nach Cambridge, während Hardwick sich auf die Literaturwissenschaft und Literaturkritik verlegte. Er zeigte sich von ihrem scharfen Verstand immer wieder beeindruckt und schätzte den Austausch mit ihr, doch allmählich befürchtete er, ihre Rezensionen und Essays könnten seine literarischen Freundschaften beeinträchtigen.

Gesundheitlich ging es Robert Lowell zu dieser Zeit durch die Medikation mit Lithium wesentlich besser. Drei Jahre lang war sein Zustand stabil, er fühlte sich befreit, kreativ und offenbar unternehmungslustig. Er schrieb nun auch fürs Theater und war in der New Yorker Öffentlichkeit eine prominente Figur. Wenn er aus gesundheitlichen Gründen verhindert war, ging Elizabeth zu den Premieren seiner Stücke, um ihm über die Aufführung und die Publikumsreaktionen Bericht zu erstatten.[19] Das *Time Magazine* stellte Robert Lowell im Juni 1967 als Repräsentanten einer Dichtung vor, die für die modernen Ängste und Schrecken Worte fand – und damit den Menschen direkt aus dem Herzen sprach. »Poetry in an Age of Prose«, wurde getitelt, Gedichte in prosaischen Zeiten. Man hatte verstanden, dass Lowell mit seinem Schreiben über das Literarische hinausging und eine emotionale Wirklichkeit herstellte. Dabei war er in Gesprächen und Briefen aufs Engste im Austausch mit namhaften amerikanischen Schriftstellerkollegen; mit ihnen prüfte er seine eigenen Ideen und bezog deren Anregungen ein. Unverzichtbar aber war der – zu Zeiten überreizte – Dialog zwischen Cal und Lizzie, weil er Leben und Schreiben beider immer wieder in die Balance brachte.

Das Frühjahr 1970 verbrachte die Familie in Italien, danach kehrte Elizabeth mit der inzwischen dreizehnjährigen Tochter Harriet zurück in die USA, während Robert zu einem Gastaufenthalt in Oxford eingeladen war. Beide ahnten nicht, dass dies das gemeinsame Leben grundlegend verändern würde. Denn in Oxford traf Lowell die junge Schriftstellerin Caroline Blackwood wieder, die er vor Jahren flüchtig kennengelernt hatte, und nun belebten und beglückten sie sich gegenseitig mit ihrem sprühenden Geist. In dieser Euphorie sagte er den Rückflug ab, entschied überstürzt, bei Lady Blackwood einzuziehen und sich von Elizabeth scheiden zu lassen, um Caroline zu heiraten. Sie, ebenfalls psychisch belastet, konnte nicht voraussehen, was mit Lowells Krankheit auf sie zukam – und für ihn war eben gerade attraktiv, dass sie diese ganzen Beeinträchtigungen nicht kannte.

Auf der anderen Seite des Atlantiks entbehrte Elizabeth den gewohnten Austausch mit Robert, und sie machte sich berechtigte Sorgen wegen der gemeinsamen Tochter. Sie schrieb in der gewohnten Offenheit: »Wenn es zerbricht, wie es sein wird, wirst Du alles zerstört haben, was Du aufgebaut hast (...) Ich habe nicht nur Dein Leben gerettet, ich habe Dir Freiheit und Liebe und Humor gegeben. Ich will, dass Du nach Hause kommst (...)«[20] Sie kam aus New York, um sich um ihn zu kümmern, als er wieder einmal in die Klinik eingewiesen werden musste und Caroline damit überfordert war. Ungeachtet solcher Turbulenzen wurde der Dialog fortgesetzt, in Form von Briefen und Gedichten und deren Verflochtenheit. Allerdings mit fragwürdigen Folgen und Erfolgen.

In Lowells Gedichtbänden, die auf der Korrespondenz *The Dolphin Letters* basieren, geht es um Liebe und Verwirrung, um Trauer und Selbstvorwürfe. Er zitierte, änderte, paraphrasierte in *For Lizzie and Harriet* (1973) ebenso wie in *The Dolphin* (1973) aus Briefen von Elizabeth Hardwick, in denen ihr Schmerz über die Trennung wesentlich den Ton angab. Er verwertete für *The Dolphin* die transatlantische Kommunikation mit Elizabeth, seine Träume genauso wie ihre Appelle an seine Integrität. Auch wenn er zunächst zögerte, diese intimen Gedichte zu veröffentlichen, ignorierte er letztendlich die vehementen Einwürfe seiner Kollegen und schuf aus den gemeinsamen Dialogen ein Kunstwerk – und aus Elizabeth eine literarische Figur. Delphine scheinen ihn fasziniert zu haben: Er fand großes Vergnügen daran, die Tiere im Londoner Dolphinarium zu beobachten; und er sammelte Delphine aus Stein, diese zierten Haus und Garten.

Das bekenntnishafte Schreiben war sein Stil. Von *Life Studies* wusste er, dass sich seine Leser mit den Bekenntnissen über die Herausforderungen des Lebens, über Gefühle von Angst und Versagen identifizierten. Dies mag ihn veranlasst haben, ebenso gnadenlos Briefe von Caroline Blackwood, Elizabeth Bishop und Mary McCarthy einzuarbeiten. Dass *The Dolphin* insbesondere Elizabeths Vertrauen verletzte, nahm er offenbar in Kauf. Ungeachtet aller moralischen Bedenken brachte ihm dieser Gedichtband einen zweiten Pulitzer-Preis ein. Im letzten Gedicht von *The Dolphin* zieht Lowell eine herbe Bilanz: Vielleicht ist er mit seiner Lebenszeit zu unbeschwert umgegangen und konnte deshalb nicht vermeiden, andere – und sich selber – zu verletzen.[21] Trotz aller Kontroversen über seine Indiskretion zugunsten seiner dichterischen Ziele schrieb Elizabeth, sie habe die Kontrolle über ihre Gefühle, und er und seine Gedichte hätten dahingehend keinerlei Macht über sie.[22] Um diese souveräne Haltung war es allerdings geschehen, als sie die gedruckten Gedichte in Händen hielt. Sie war wütend, weniger auf Lowell, sondern auf den Verleger, der die Texte ihrer Meinung nach völlig unausgewogen zusammengestellt und die ohnehin enorm belastete Beziehung damit einseitig dargestellt hatte. Erst später, im Juli 1976, bekundete Lowell ihr gegenüber seine aufrichtige Reue über die Zitate in seinen Gedichten, er habe sie nicht verletzen wollen.[23] Dennoch sind diese schriftlichen Dialoge eher Dokumente eines Scheiterns der Zweisamkeit. Und dass Lowell sie dann noch als sein Material gebrauchte, zeigt die Grenzen dessen, was das Gespräch für eine Beziehung zu leisten vermag.

Hardwicks Stabilität und enorme Fairness waren es wohl, die zur späten Wiederannäherung führten: Lowell hatte ab Herbst 1976 erneut eine Lehrtätigkeit in Harvard und ließ Caroline Blackwood in Irland zurück, wo sie inzwischen mit ihrem gemeinsamen Sohn wohnten, nach seinem Gefühl zerstörten sie sich gegenseitig mit ihrer Labilität. Er sehnte sich nach Elizabeth, nach einem sicheren Zuhause, nach Freundschaft und Klarheit. Die beiden verbrachten 1977 einen einvernehmlichen Sommer in Maine und fanden im vertrauten Zusammensein und Gespräch zur Ruhe und zu sich selber – was Lowell wiederum in einem seiner letzten Gedichte festhielt.[24] Er flog nach Irland, um Caroline zu sehen, doch der Besuch bewies ihm, dass er ohne Lizzie nicht mehr leben konnte. Er teilte ihr telefonisch mit, er werde früher als beabsichtigt nach New York zurückkehren. Sie erwartete ihn am Nachmittag des 12. September 1977. Auf dem Weg vom Flughafen zu ihr nach Manhattan verstarb er an Herzversagen.

Zwei Jahre nach seinem Tod erschien Elizabeth Hardwicks bereits erwähnter Roman *Schlaflose Nächte*, sicher auch als Verarbeitung des gemeinsamen Lebens entstanden. Hier entfaltet sie keine eigentliche Geschichte, vielmehr lässt sie innere Erlebnisse und Erinnerungen – auch unverhohlen und desillusioniert an die Jahre mit Cal – vorbeiziehen wie Musik. Persönliches Erleben prägt den Stil, und sie lässt ähnlich wie Lowell ihren Gedanken und Gefühlen freien Lauf. Für beide war es ein künstlerisches Credo, die literarische Sprache zur Vertiefung von Lebenserfahrung zu nutzen. Dies entsprach einer Zeit, in der es zunehmend in Ordnung war, Gefühlen und inneren Wirklichkeiten Bedeutung zuzumessen. In ihrem emotionalen Kosmos verarbeiteten sie auch die vielschichtigen Eindrücke, die eine kulturell pulsierende Metropole und ein gesellschaftlich und weltpolitisch bewegtes Land ihnen und ihrer Beziehung zumuteten.

Ohne seine bipolare Störung wäre Robert Lowell vielleicht nie zu solch dichterischen Größe gelangt. Vor allem war er dabei auf seine kluge, geistreiche und liebende Gesprächspartnerin angewiesen. Umgekehrt hätte Elizabeth Hardwick ohne diesen brillanten Schriftsteller an ihrer Seite ihr eigenes kreatives Potential nicht ausgeschöpft. Und ohne den literarischen

Dialog hätten Cal und Lizzie die gemeinsame Lebensaufgabe wohl nicht gemeistert, und dazu gehörten alle holprigen Wegstrecken, die sie durch und mit Literatur zurücklegten.

# INGEBORG BACHMANN &
# PAUL CELAN

Auf diesem kuriosen Foto, entstanden im Frühsommer 1948 im Wiener Prater, sehen wir, wie Ingeborg Bachmann und Paul Celan offensichtlich Spaß miteinander hatten, die ernsten Ambitionen und literarischen Höhenflüge stehen noch bevor. Sie sitzt am Steuer dieses Pappmaché-Fliegers, er scheint ihr die Führung zu überlassen. Auf einem anderen, allbekannten Foto der beiden Zentralgestirne der Nachkriegsliteratur blickt die perfekt gestylte Ingeborg Bachmann ihren Gesprächspartner Paul Celan aufmerksam an, skeptisch, aber auch bewundernd. Mit der Zigarette in der Hand, gekleidet in Anzug mit Krawatte, scheint er sie belehren zu wollen – der Meister und seine Schülerin. Dabei war es Ingeborg Bachmann gewesen, die auf geschickte Art und Weise dafür gesorgt hatte, dass Paul Celan 1952 eine Einladung zur Tagung der Gruppe 47 in Niendorf erhielt. Leider gerieten sie dort dann schmerzlich aneinander, nicht zuletzt, weil Bachmann als die Poetessa im Mittelpunkt stand und Celan von den Literatenkollegen aufs Unfairste missverstanden wurde. Zugleich war schon bei diesem Anlass klar, dass hier zwei große Dichterstimmen zu hören waren.

Das Blatt wendete sich fünf Jahre später, als sich die beiden unerwartet in Köln anlässlich einer Tagung über Literaturkritik wiedertrafen. Paul Celan war erneut fasziniert von Ingeborg Bachmann: Plötzlich konnte er sie als ebenbürtig in der Dichtkunst erkennen. Anfangs hatte sie seine Gedichte als Anstoß für ihre eigenen aufgenommen, nun hatte sie eine eigene Stimme gefunden, sie hatte Selbstvertrauen gewonnen und brachte eine weibliche Sicht ein. All dies muss ihn überwältigt haben: Sie zog ihn sinnlich und geistig an und brachte sein Pariser Alltagsleben durcheinander. In seinen euphorischen Briefen, die sie nur zögerlich beantwortete, und in Gedichten wurden aus den geträumten reale Liebende, auch wenn sich diese Realität im Wesentlichen literarisch manifestierte.

Die Entwicklung dieser einmaligen kreativen Liebesbeziehung gleicht einer Reise, die mit zärtlicher Sehnsucht beginnt und über verschlungene Wege zu einer Wiederbegegnung mit offenem Ausgang führt. Orientierung bot dabei der »Meridian«, das von Celan so genannte Prinzip eines über alle Differenzen hinweg geübten poetischen Dialogs.

Nach Auschwitz ein Gedicht zu schreiben, sei barbarisch, postulierte Theodor Adorno 1951.[25] Damit sollten nicht etwa die Dichter zum Schweigen gebracht werden, vielmehr war das Unsägliche der jüngsten deutschen Geschichte gemeint und auch seine Skepsis gegenüber Celan. Dennoch erschienen dann mit Paul Celans *Mohn und Gedächtnis* (1952) und Ingeborg Bachmanns *Die gestundete Zeit* (1953) zwei Gedichtbände, die Literatur und Sprache auf ganz unerwartete Weise erneuerten. Gleichwohl kostete ihre poetische Sensibilität einen Preis, aber zwischen ebenden beiden Polen der literarischen Kraft und einer großen Empfindsamkeit begegneten sie sich. In ihrer Kreativität waren sie sich menschlich und künstlerisch nah und steigerten sich in ihrem Willen zu einer literarischen Sprache, die welt- und zeitverändernd sein sollte.

Bezeichnend für den literarischen Dialog ist Ingeborg Bachmanns Gedicht »Dunkles zu sagen«, das auf die Zeile »Wir sagen uns Dunkles« aus dem frühen Celan-Gedicht »Corona« antwortet, aber auch ihr Roman *Malina*, in dem sie eine Vielzahl von Verweisen auf Paul Celans Werk einarbeitete. Nicht nur in literarischen Bezügen, auch in ihrer Korrespondenz wird deutlich, wie groß die romantische Bereitschaft war, sich aufeinander einzulassen.

Dabei gelang die Kommunikation nicht selbstverständlich. Paul Celan meinte einmal: »Vielleicht täusche ich mich, vielleicht ist es so, daß wir einander gerade da ausweichen, wo wir einander so gerne begegnen möchten, vielleicht liegt die Schuld an uns beiden. Nur sage ich mir manchmal, daß mein Schweigen vielleicht verständlicher ist als das Deine, weil das Dunkel, das es mir auferlegt, älter ist.«[26] Das dunkle Erbe der Shoah belastete den Dichter enorm: der Verlust der Eltern, die eigene Erniedrigung, die bleibende Todesangst. Wie konnte sich unter solchen Voraussetzungen dennoch diese extrem vertraute und doch so spannungsgeladene gemeinsame Geschichte entfalten? Wie entwickelte sich diese ganz einmalige Dichterliebe hin zu einem gleichberechtigten Austausch auf künstlerischer und persönlicher Ebene?

Paul Celan wuchs als Paul Antschel in Czernowitz auf, der kulturreichen Hauptstadt der Bukowina, in der sieben Sprachen gesprochen wurden und mehr Bibliotheken als Bäckereien existierten. Seine Eltern waren orthodoxe Juden, zugleich spielten für sie die deutschen Klassiker eine wichtige Rolle, selbst wenn der Vater zionistische Überzeugungen vertrat. Die Mutter legte Wert auf einen gepflegten Umgang mit der Sprache und blieb für Celan eine wichtige innere weibliche Instanz und ein Vorbild an literarischer Bildung. Bereits in frühen Gedichten und Briefen deutet sich an, dass Celan gern Eskapaden mit klugen Frauen hatte, das war ein Lebenselixier für ihn.

1938 nahm Paul Celan ein Medizinstudium in Tours auf, kehrte jedoch ein Jahr später nach Rumänien zurück, um Romanistik zu studieren. Während unter der russischen Besetzung von Czernowitz 1940 Juden im täglichen Leben zunehmend eingeschränkt wurden, hielt sich Celan mit Schreiben und literarischen Übersetzungen finanziell über Wasser und fand in der Beschäftigung mit der Literatur einen Weg, um durchzuhalten. Als ukrainische Juden in Arbeitslager deportiert wurden, meldete sich Paul Celan zum jüdischen Militärarbeitsdienst, um dem Schlimmsten zu entgehen. Die Eltern kamen im Konzentrationslager in Transnistrien um: Der Vater erlag einer Infektion, die Mutter wurde wegen Arbeitsunfähigkeit erschossen. Seine berühmte »Todesfuge«, im Mai 1945 in Bukarest geschrieben und zuerst in rumänischer Übersetzung veröffentlicht, geht vermutlich auch auf dieses Trauma zurück, das durch einen Bericht in der *Izvestia* über das Lemberger Ghetto wieder verstärkt ins Bewusstsein getreten sein muss.[27] Die wiederkehrende Zeile »dein goldenes Haar Margarete«, die zu dem Schluss führt »dein goldenes Haar Margarete / dein aschenes Haar Sulamith« lässt schon das erste Gedicht für Ingeborg Bachmann anklingen: die blonde Arierin Margarete, Goethes Gretchen gegenüber der ergrauten Jüdin Sulamith, eine jener Todgeweihten, die im Konzentrationslager ihr Grab schaufelten. Von dieser Schreckensvision kam er nicht los, da half es auch nicht, dass er sich 1947 einen anderen Namen zulegte, die Silben tauschte und nun statt An-Cel Celan hieß. Doch Bukarest war nicht die Welt seiner Muttersprache, und so führte ihn der Weg im Dezember 1947 nach Wien, für die Menschen aus Czernowitz die deutsche Kulturmetropole. Im Mai 1948 begegnete er Ingeborg Bachmann, schon zwei Monate später zog er weiter nach Paris.

Ingeborg Bachmann wurde 1926 in Klagenfurt am vielsprachigen Dreiländereck Österreich/Ungarn/Slowenien als Tochter des Lehrers und späteren Wehrmachtsoffiziers Matthias Bachmann geboren. Dem Vater war sie das gelehrigste seiner drei Kinder. Doch das Verhältnis der ältesten Tochter zum Vater war eher ambivalent. Wegen seiner NSDAP-Mitgliedschaft und seines Rückzugs in eine innere Emigration gab es keinen offenen Austausch. Immerhin, vom Vater hatte Ingeborg Bachmann wohl den ausgeprägten Ehrgeiz sowie den hohen geistigen und moralischen Anspruch an sich selber übernommen. Ihr musikalisches Talent hatte sie von ihrer Mutter Olga geerbt, die ansonsten eher bescheiden im Hintergrund blieb und die Familie zusammenhielt. Ingeborg spielte gern Klavier und versuchte sich auch im Komponieren. Schon als sie erste eigene Texte zur Musik schrieb, zeigte sich ein frühreifer Ehrgeiz des begabten Kindes. Ihre behütete bildungsbürgerliche Kindheit nahm ein jähes Ende, als Hitlers Truppen im März 1938 in Österreich einmarschierten. Ab 1939 war der Vater im Kriegseinsatz, so dass sie ihn als Teenager kaum gesehen hat – vielleicht einer der Gründe, warum sie als erwachsene Frau so konflikthaft enge Beziehungen mit Männern einging. 1944 blieb Ingeborg in Klagenfurt zurück, um ihren Schulabschluss vorzubereiten, während die Mutter mit den beiden jüngeren Geschwistern bei den Großeltern im südkärntnerischen Gailtal Zuflucht suchte. Ingeborg wohnte allein im Elternhaus, das notdürftig hergerichtet war; Dachziegel fehlten, ebenso Fenster und Türen, die von Detonationen herausgerissen worden waren. Es ging nur ums Überleben. Tagebücher, Gedichtentwürfe und Erzählungen aus jenen Monaten belegen, wie Lesen und Schreiben ihr halfen, diese schier unerträgliche Zeit durchzustehen.[28] Sie machen auch nachvollziehbar, warum sie sich immer wieder mit Tod und Sterben beschäftigt hat. Später wird sie in ihrem Roman *Malina* auf den Albtraum dieses Ausgesetztseins, auf Lebensgefahr, Schuldgefühle und den Zerfall moralischer Werte zurückkommen.

Nach kurzen Studienzeiten in Innsbruck und Graz ging Ingeborg Bachmann im Oktober 1946 nach Wien, wo sie sich für Philosophie, Germanistik und Psychologie einschrieb. Hier lernte sie 1948 Paul Celan kennen, der inzwischen als »Displaced Person« nach einer Überlebensmöglichkeit suchte; zu diesem Zeitpunkt verfolgte er bereits sein Lebensziel und Anliegen: als jüdischer Autor nach dem Holocaust deutsche Gedichte für deutsche Leser zu schreiben. Indessen setzte sich die Studentin Ingeborg Bachmann mit der jüngsten Vergangenheit des deutschen Volkes auseinander und suchte dieses Unrecht in ihren Liebesbeziehungen – auch ihr erster Liebespartner, Jack Hamish, war jüdischer Herkunft – ebenso wie im Schreiben zu verarbeiten. Als sie Celan begegnete, befasste sie sich gerade in ihrer Dissertation mit Martin Heidegger und war sensibilisiert für die Grenzen der Sprache.

Die literarische Arbeit war fortan der verbindende Lebens-mittelpunkt für Ingeborg Bachmann und Paul Celan, zumal für beide der künstlerische Schaffensprozess eine Suche nach der eigenen Persönlichkeit bedeutete. Das Paar gehörte zu jenen Schriftstellern der Nachkriegszeit, die höchst kritisch und be-wusst mit der Sprache umgingen, die zu Propagandazwecken, zu Gewalt und Unmenschlichkeit missbraucht worden war. Die-se existentielle Notwendigkeit, eine neue Sprache zu finden, war die gemeinsame Zielsetzung.

Letztendlich konnten beide Liebespartner die Distanzen nicht überbrücken, doch in den Jahren 1948 bis 1967 rangen sie schmerzlich darum. Obwohl vieles ungesagt oder besser unge-schrieben blieb, scheint manchmal die Leidenschaft und Zärt-lichkeit dieser Beziehung durch. »Schreib mir bald, bitte, und schreib, ob Du noch ein Wort von mir willst, ob Du meine Zärt-lichkeit und meine Liebe noch nehmen kannst, ob Dir noch et-was helfen kann, ob Du manchmal noch nach mir greifst und mich verdunkelst mit dem schweren Traum, in dem ich licht werden möchte. / Versuche es, schreib mir, frag mich, schreib Dir alles weg, was auf Dir liegt! / Ich bin sehr bei Dir / Deine Ingeborg.«[29] Ingeborg Bachmann bemühte sich um Heiterkeit, allen depressiven Stimmungen beider Partner zum Trotz. Das Schreiben von Briefen und Gedichten, ebenso wie das gegen-seitige Lesen, schuf eine Seelenverwandtschaft, die stärker war als die durch die historische Situation aufgezwungene Diffe-renz. In diesem Austausch konnten sie sich jeweils spiegeln oder auch gesehen und gehört fühlen.

Paul Celan zeigte sich zurückhaltender in der Korrespondenz und schickte Ingeborg Bachmann lieber Gedichte, in denen er sich zu ihr bekannte: »Du bist der Lebensgrund, auch deshalb, weil Du die Rechtfertigung meines Sprechens bist und bleibst (...) Aber das allein, das Sprechen, ists ja gar nicht, ich wollte ja auch stumm sein mit Dir. (...) Da sein, ja, das können und dürfen wir. Da sein – für einander. Und wenns nur ein paar Worte sind, alla breve, ein Brief, einmal im Monat: das Herz wird zu leben wissen.«[30] Das Dasein war ja für ihn ein besonderes Geschenk – und eine gigantische Bürde. In der Zeit des Kennenlernens entstand Celans Gedicht »Corona«:

Aus der Hand frißt der Herbst mir sein Blatt: wir sind Freunde.
Wir schälen die Zeit aus den Nüssen und lehren sie gehn:
die Zeit kehrt zurück in die Schale.

Im Spiegel ist Sonntag,
im Traum wird geschlafen,
der Mund redet wahr.

Mein Aug steigt hinab zum Geschlecht der Geliebten:
wir sehen uns an,
wir sagen uns Dunkles,
wir lieben einander wie Mohn und Gedächtnis,
wir schlafen wie Wein in den Muscheln,
wie das Meer im Blutstrahl des Mondes.

Wir stehen umschlungen im Fenster, sie sehen uns zu von der Straße:
es ist Zeit, daß man weiß!
Es ist Zeit, daß der Stein sich zu blühen bequemt,
daß der Unrast ein Herz schlägt. Es ist Zeit, daß es Zeit wird.

Es ist Zeit.[31]

Da sind sie, die Mohnblumen, von denen Ingeborg Bachmann den Eltern berichtete, als sie von ihrer Liaison mit Celan schrieb. Diese leuchtenden Blüten, die in ihrer Zartheit und Wildheit so erotisch wirken. Aber Mohn ist auch die Droge des Vergessens, und als wichtiger Bestandteil im jüdischen Feiertagsgebäck und im Sabbatbrot zugleich eine Anspielung darauf, dass die jüdische Kultur eben nicht in Vergessenheit geraten darf. Das Gedächtnis gemahnt an die unsägliche Zeit des Dunklen, über das die Liebenden sich verständigen, zumal das »Geschlecht der Geliebten« auch sein geliebtes Volk bedeuten kann. Das wunderschöne Bild der Umarmung bekommt einen bitteren Ton, wenn wir uns die Szene in Wien vorstellen, das seit 1942 »judenfrei« und nun voller Flüchtlinge war. Der Titel »Corona« lässt allerlei Deutungen zu, es kann ein Verweis auf den Blüten- oder Lorbeerkranz sein, auf die Leiden Christi mit der Dornenkrone, aber es mag auch ein Eigenname für die Geliebte sein. »Es ist Zeit, daß man weiß!« Alle sollen es erfahren, dass die Liebenden vereint sind. Zeitenwende – oder wie Celan später dann noch existentieller sagte: Atemwende – auch in dem Sinne, dass der eine den anderen in der Liebe spiegelt.

Fünf Jahre nach der ersten Begegnung reagierte Bachmann auf jenes frühe Gedicht »Corona«, und zwar wesentlich auf dessen Düsternis, die sie mit ihm teilen wollte.

Dunkles zu sagen

Wie Orpheus spiel ich
auf den Saiten des Lebens den Tod
und in die Schönheit der Erde
und deiner Augen, die den Himmel verwalten,
weiß ich nur Dunkles zu sagen.
Vergiß nicht, daß auch du, plötzlich,
an jenem Morgen, als dein Lager
noch naß war von Tau und die Nelke
an deinem Herzen schlief,
den dunklen Fluß sahst,
der an dir vorbeizog.

Die Saite des Schweigens
gespannt auf die Welle von Blut,
griff ich dein tönendes Herz.
Verwandelt ward deine Locke
ins Schattenhaar der Nacht,
der Finsternis schwarze Flocken
beschneiten dein Antlitz.
Und ich gehör dir nicht zu.
Beide klagen wir nun.

Aber wie Orpheus weiß ich
auf der Seite des Todes das Leben,
und mir blaut
dein für immer geschlossenes Aug.[32]

Orpheus und Eurydike, das antike Vorbild. Orpheus, der beider Kunst personifiziert, gefangen zwischen Tod und Leben. Das Schweigen als Teil des Dialogs sendet dem Herzen eine stille Botschaft, ehe auch der Tod anklingt. Ingeborg Bachmann richtet wie so oft den Blick, ihre Augen, auf den Anderen und macht somit ihre allgegenwärtige Angst vor seiner Abwesenheit spürbar. Bei all dem Dialogischen bricht sich die Erkenntnis der Fremdheit Bahn: »ich gehör dir nicht zu«. Diese nicht zu überbrückende Fremdheit, die für Ingeborg Bachmann in Paul Celans geografischer, kultureller und in der durch die jüngste Geschichte eingeschriebenen Differenz lag, war für beide im Du des anderen Geschlechts begründet.

Das Schreiben bedeutete für beide eine Überlebensstrategie, die sie in Krisenzeiten entdeckten, kultivierten und zum Lebensziel erhoben. Eine Gegenkraft zum Tod, dem Dunklen. Ein Ankämpfen gegen die Welle von Blut, gegen die Finsternis, die schwarzen Flocken, gegen all die Assoziationen zu den Verbrennungen in den Konzentrationslagern. Aus der Sehnsucht nach

Freude setzte Ingeborg Bachmann in *Malina* mit dem »Exultate Jubliate« einen Kontrapunkt gegen das Dunkle und gegen das Vernunftprinzip. Ihre Gedichte dienten ihr als Heilmittel gegen Schuldgefühle und traumatisierende Erinnerungen, und so trat sie mit Celan und anderen Literaten in Dialog.

Wichtiger Bezugsrahmen für Bachmann und Celan war die Gruppe 47, in der sie berechtigte Hoffnungen hatten, gehört und gesehen zu werden. Die beiden blieben jedoch Außenseiter in diesem Kreis, allein schon deswegen, weil Ingeborg Bachmann in Wien und später in Rom lebte und Paul Celan in Paris, also beide umgeben von einer Fremdsprache in ihrer Muttersprache schrieben. Aber erst einmal wurden sie auf der Tagung der Gruppe 47 für die Literaturszene entdeckt. Nur wurde das Ereignis in Niendorf emotional eine Katastrophe: Seine Lesung der »Todesfuge« stieß auf Unverständnis und Gelächter, Celan war tief verletzt – die Herren Kollegen hatten ihre Abwehrmechanismen und konzentrierten sich auf seinen Vortrag statt auf den Inhalt und dessen sehr konkrete Bezüge. Ilse Aichinger wird ihn wohl verstanden haben. Ingeborg Bachmann fühlte sich verantwortlich dafür, dass Celan dem ausgesetzt war, schließlich hatte sie ihn eingeführt. Zudem führte diese Szene zwischen ihnen zu Spannungen, da er meinte, sie habe ihm die Show gestohlen. Ja, sie hatte ihre Rolle der Poetessa, der die Manuskriptblätter vom Pult segelten, so dass die Herren Dichter zu Hilfe eilten. Narzisstisch waren sie beide, ohne Zweifel. Aber in Niendorf ging es ihr am Ende elend, weil sie sich für Celan eine wertschätzende Resonanz gewünscht hatte.

Trotz dieses misslungenen Auftritts wurde nicht nur der Rundfunk auf den Dichter aufmerksam; der Cheflektor der Deutschen Verlags-Anstalt äußerte sein Interesse, Celans Gedichte zu verlegen. Ein Jahr später erschien der Gedichtband *Mohn und Gedächtnis.* Letztlich stand man in Niendorf beiden ratlos gegenüber: Ingeborg Bachmann klang ebenso wenig nach

»Kahlschlagliteratur« wie Celan. Doch so fremd sie in der Gruppe 47 auch wirkten, ihr literarischer Erfolg war nachhaltig.

Der Gedichtband *Anrufung des Großen Bären* (1956), der Ingeborg Bachmann so berühmt machen sollte, besingt das Glück, die Freude, die sie für Celan bedeuten wollte. Die Sonne repräsentiert das, was seinem Leben letztlich Sinn geben sollte: »Schönes Licht, das uns warm hält, bewahrt und wunderbar sorgt, / Dass ich wieder sehe und dass ich dich wiederseh!« [33]

Diese Sehnsucht nach einem Wiedersehen erinnert an die räumlichen Entfernungen zwischen ihren wechselnden Aufenthaltsorten Paris und Wien und Rom. Mit klarem Blick erkennt Ingeborg Bachmann die Macht der Liebe. Sehenswert ist das Du. Erst wenn der Andere wirklich wahrgenommen wird, erscheint die Welt sichtbar und wertvoll. Das Gedicht wurde geschrieben, als die erste Phase der Beziehung längst zurücklag, aber es liest sich wie eine Rückschau auf die unermüdlichen Kontaktangebote Bachmanns an Celan: Jene Freude und Helligkeit, die positive Seite des Lebens, hatte sie ihm immer wieder zu vermitteln versucht. Paradoxerweise verkörperte Paul Celan für sie das Dunkle, das Geheimnisvolle, die Last des jüdischen Schicksals. Diese Sonne, der ihre Bewunderung galt und nach der sie sich ausrichtete, strahlte auch in die Beziehung zu Paul Celan, die sie nun poetisch evozierte, insbesondere in den Metaphern, die die reale Person vertraten und seine Bilderwelt spiegelten.

Im richtigen Leben hatte sich Paul Celan längst für eine andere Beziehung entschieden. Ende 1952 heiratete er die französische Künstlerin Gisèle Lestrange, die weder Deutsche noch Schriftstellerin war. Ingeborg Bachmann verletzte diese Eheschließung zutiefst, doch schon im Februar 1952 hatte sie geahnt, dass sie »ins Leere« sprach:

»Ich habe alles auf eine Karte gesetzt und ich habe verloren. Was mit mir weiter geschieht, hat wenig Interesse für mich.

Ich kann, seit ich aus Paris zurück bin, nicht mehr leben, wie ich früher gelebt habe, ich habe das Experimentieren verlernt, ich will auch nicht mehr, ich will überhaupt nichts mehr.«[34] Der emotionale Dialog, auf dem Lebens- und Beziehungskunst basiert hatte, war unterbrochen.

Im Oktober 1957 blühte die Liebesbeziehung wieder auf. Diesmal war es Paul Celan, der die Initiative ergriff. Beide waren zu einer Literaturveranstaltung beim Wuppertaler Bund eingeladen und verbrachten danach eine gemeinsame Nacht in Köln. Im Nachklang schickte Paul Celan Ingeborg Bachmann das folgende Gedicht:

Köln, Am Hof

Herzzeit, es stehn
die Geträumten für die Mitternachtsziffer.

Einiges sprach in die Stille, einiges schwieg,

einiges ging seiner Wege.
Verbannt und Verloren
waren daheim.

Ihr Dome.

Ihr Dome ungesehn,
ihr Ströme unbelauscht,
ihr Uhren tief in uns.[35]

»Verbannt und Verloren / waren daheim«: Die Straße »Am Hof« ist im ehemaligen Judenviertel gelegen. Offenbar verwandelt die soeben erlebte einfühlsame Begegnung diesen Ort des Unheils in ein »Daheim« und eine vergangene Zeit der Gewalt und deren Spuren in eine »Herzzeit«. Es scheint, als würde ein neues Kapitel aufgeschlagen, sowohl persönlich als auch in der politischen Geschichte. Er der Verbannte, sie die Verlorene, finden in einem geistig-erotischen Raum zueinander. In einem Brief an Ingeborg vom 1. November 1957 kommentierte Paul Celan nachträglich die Entstehung des Gedichts: »Ist ›Köln, Am Hof‹ nicht ein schönes Gedicht?(...) Durch Dich, Ingeborg, durch Dich (...) Ein Wort von Dir – und ich kann leben. Und dass ich jetzt wieder Deine Stimme im Ohr hab!«[36]

Allein der Klang ihrer Stimme vermochte, Nähe zu vermitteln. Als sie im Januar 1958 eine Lesung in Wien hatte, schickte er ihr in einem Briefumschlag nur folgende Zeilen: »Du liest jetzt. / Ich denk an Deine Stimme.«[37] Fast jeden Tag schrieb er ihr nun ein neues Gedicht sowie glühende Liebesbriefe; jetzt war er es, der sie mit Liebesbekundungen überhäufte. Er besuchte sie, häufig auf Lesereisen, und es müssen stets beglückende Begegnungen gewesen sein. Nachträglich widmete er ihr im Dezember 1957 in einer Ausgabe seines Gedichtbands *Mohn und Gedächtnis* handschriftlich dreiundzwanzig Gedichte, womit er sie als seine Muse würdigte. Erst jetzt begann Paul Celan, Ingeborg Bachmanns Gedichte wirklich zu lesen und wertzuschätzen.

Während Bachmann in München als Dramaturgin beim Bayerischen Fernsehen arbeitete, widmete sie Celan ihren Gedichtband *Die gestundete Zeit* von 1952 mit den Worten: »München, Am Hof«. Nun nahm sie gewissermaßen das »Verbannt und Verloren« von Celan auch für sich an. Gerade aus dieser Empathie und Identifikation mit ihm entstand die große Kraft der Liebe:

Erklär mir, Liebe, was ich nicht erklären kann:
sollt ich die kurze schauerliche Zeit
nur mit Gedanken Umgang haben und allein
nichts Liebes kennen und nichts Liebes tun?
Muß einer denken? Wird er nicht vermißt?[38]

Kurz vor dem Erscheinen seines Gedichtbandes *Niemandsrose* schrieb Celan aus Paris: »In den nächsten Wochen erscheint ein neuer Gedichtband von mir – Verschiedenes ist da mit einverwoben, ich bin mitunter (...) einen recht ›kunstfernen‹ Weg gegangen. Das Dokument einer Krise, wenn Du willst, aber was wäre Dichtung, wenn sie nicht auch das wäre, und zwar radikal?«[39] Darin waren die beiden seelenverwandt: Krisen zu erfahren und zu übersetzen in Literatur.

Bachmann wandte sich zunehmend der Prosa zu, während Celans Gedichte immer knapper und hermetischer wurden. Als er im April 1970 seinem Leben ein Ende machte, war Ingeborg Bachmann erschüttert. Das Manuskript von *Malina* (1971) war fast abgeschlossen, doch unter dem Eindruck von Celans Tod arbeitete sie im Sommer 1970 in diesen komplex gebauten Text noch eine Legende ein, »Die Geheimnisse der Prinzessin von Kagran«. Hier taucht Paul Celan als der mysteriöse Fremde auf, und es gibt vielfältige Verweise auf ihn und seine Dichtung. Inmitten all der Missverständnisse, ja, Gehässigkeiten und Undurchsichtigkeiten, die die Kommunikation zwischen den Romanfiguren Malina, Ivan und der Ich-Erzählerin kennzeichnen, scheint in dieser Episode Hoffnung auf. »Die Prinzessin und der Fremde begannen zu reden, wie von alters her, und wenn einer redete, lächelte der andere. Sie sagten sich Helles und Dunkles.« Wenig später antwortet er lächelnd auf ihre Frage, ob er zu seinem Volk zurückmüsse: »Mein Volk ist älter als alle Völker der Welt und es ist in alle Winde zerstreut.« Nein, das Märchen hat kein glückliches Ende, er »hatte ihr den ersten Dorn schon ins Herz getrieben«.[40] Im Märchen bedeuten Dornen im Herzen zum Glück nicht gleich den Tod. Immerhin hatte es zuvor geheißen, dass sich die Prinzessin und der Fremde wiedersehen werden und mit dieser Hoffnung auseinandergehen. Das spätere Traum- oder eher Albtraumkapitel, »Der dritte Mann«, fügt Erinnerungen an eine Vaterfigur, an den Krieg und an die Shoah ineinander und bringt sie in Zusammenhang mit Celans Tod, wenn die Ich-Erzählerin sagt: »Mein Leben ist zu Ende, denn er ist auf dem Transport im Fluß ertrunken, er war mein Leben. Ich habe ihn mehr geliebt als mein Leben.«[41] In diesem einen Satz kristallisiert sich das tiefe Verständnis für Celans schwere psychischen Krisen und die Liebe ihres Lebens.

Der Austausch gab beiden die Energie, mit dem Leben und mit sich selber wirklich im Kontakt zu sein. In wohl keiner der diversen Beziehungen, die beide im Lauf der Jahre jeweils hatten – Bachmann war als junge Studentin mit dem Schriftsteller Hans Weigel liiert, sie und Max Frisch waren zwischen 1958 und 1963 ein Paar, Celan hatte mit der Studentin Britta Eisenreich ebenso wie mit der Dichterin Ilana Shmueli jeweils eine kreative Beziehung –, überwand ein zärtlicher Dialog derart große Differenzen. Dieser dialogische Resonanzraum war erfüllt von tiefster Emotionalität und klingt noch heute in den Gedichten und Briefen nach.

RISIKEN UND
NEBENWIRKUNGEN

# MARILYN MONROE & ARTHUR MILLER

Im Januar 1951 reiste der erfolgreiche New Yorker Bühnenautor Arthur Miller – attraktiv, verheiratet und Vater von zwei Kindern – nach Hollywood, wo er am Set des Films *As Young as You Feel* der noch wenig bekannten, blendend aussehenden Schauspielerin Marilyn Monroe begegnete, die für diese Komödie eine kleine Rolle als überforderte, attraktive Sekretärin ergattert hatte. Bei der anschließenden Künstlerparty funkte es zwischen beiden: der Beginn einer furiosen Künstlerliebe.

Was für eine Konstellation: sie ein extravertiertes Model und Filmschauspielerin aus kaputten familiären Verhältnissen, er ein wesentlich älterer Theaterautor mit jüdischen Wurzeln. Ihn faszinierten nicht vorrangig ihr Sex-Appeal und ihre Schönheit, sondern vielmehr die Person, die sich dahinter verbarg. Sie wirkte inspirierend auf sein Schreiben und gab seinem Leben neuen Glanz. Er wollte sie fördern und zu einem intensiveren, authentischen Schauspiel anregen, nicht nur im Film, sondern auch auf der Theaterbühne. Damit zeigte er ihr wiederum einen Weg, ihren eigenen Traum zu verwirklichen.

Es gibt mehr als tausend Bücher über Marilyn Monroe. Eines davon ist der Roman *Blond* von Joyce Carol Oates. Sie beschreibt, wie unterschiedlich Marilyn Monroe und Arthur Miller sich selbst und ihrer Kunst gegenüberstanden: »Der Bühnenautor würde, und das mit Verwunderung, erst noch lernen, dass die blonde Darstellerin, wenn sie es nicht wünschte, selten erkannt wurde, denn ›Marilyn Monroe‹ war nur eine ihrer Rollen, und keineswegs die, die sie am stärksten einnahm. Während er, der Bühnenautor, immer und ewig er selbst bliebe.«[1]

Beide nahmen also erst einmal ihre jeweilige Rolle ein, um nach einer persönlichen Identität zu suchen. Selbst wenn Oates betont, dass ihr Buch ein Roman sei, so wird sie doch ihrer wahren Protagonistin vor allem im Hinblick auf deren künstlerische Ambition und Motivation sehr gerecht – und damit eben auch in Bezug auf ihre Liebesbeziehung mit Arthur Miller. Monroe selber schildert in ihrer Autobiografie, wie verwirrt ihr Selbstbild schon als Teenager war: »Ich fühlte mich manchmal ziemlich komisch, als wäre ich zwei Personen. Die eine war Norma Jeane aus dem Waisenhaus, die nirgends hingehörte. Von der anderen wusste ich nicht, wie sie hieß. Aber ich wusste, wo sie hingehörte. Sie gehörte zum Meer und zum Himmel und zur ganzen Welt.«[2] Selbst wenn man hier die für Monroe charakteristische Selbststilisierung einbezieht, wird doch die im Innersten beziehungsängstliche Person, voller Selbstzweifel und Minderwertigkeitsgefühle, deutlich. Das Pseudonym Marilyn Monroe gehörte bereits zu der Arbeit an sich und an ihrer öffentlichen und zugleich geheimnisvollen Rolle, die sich dann zu einem Mythos verselbständigte. Norma Jeane Mortenson war die Tochter einer alleinerziehenden Mutter, die psychisch wie ökonomisch vollkommen überfordert war. Ihren Vater versuchte Norma Jeane später mit Hilfe eines Privatdetektivs aufzuspüren. Es gelang ihr zwar, aber er verweigerte den Kontakt. Norma Jeane wuchs ohne stabile Beziehungen auf, herumgereicht zwischen Waisenhaus und Pflegeeltern. Der zweifellos gut gemeinte Versuch der Mutter, Norma Jeane ein Zuhause zu bieten, indem sie ein kleines Haus kaufte, sogar einen Flügel für die Tochter anschaffte und ihr Klavierunterricht versprach, scheiterte katastrophal. Insofern ist die entsetzliche Selbstunsicherheit des Kindes und jungen Mädchens nachvollziehbar. Als Norma Jeane ins Teenageralter kam, entdeckte sie ihren Körper und empfand Vergnügen, ihr Aussehen mit auffälligem Make-up und aufreizender Kleidung in Szene zu setzen. Ihr attraktives Aussehen war die Eintrittskarte in die Welt des Schauspiels und des Kommerzes. Später trainierte sie neben ihrem Schauspielunterricht mit gnadenloser Disziplin Haltung, Gang, Eleganz ein, als wolle sie sich neu erschaffen. Mit Hilfe von Make-up-Spezialisten, Schneidern, Fotografen, Autoren und Regisseuren war sie bemüht, sich noch besser darzustellen, genauer gesagt, ihren Körper zu perfektionieren.³ Ihre innere Grundhaltung entsprach dem Motto von Emily Dickinson: »I am nobody.« Doch dieses Gefühl, niemand zu sein, konnte sie in ihrer jeweiligen Rolle ablegen. Insofern passte ihr die von Hollywood gefertigte Rolle der »MM« gut: Wenigstens auf diese Weise war Bestätigung garantiert. In all diesem Bemühen wurde sie kaum je als der Mensch wahrgenommen, der sie eigentlich war: verletzlich, neugierig, ambitioniert, lernwillig. Vielmehr war sie im Käfig der öffentlichen Erwartungen gefangen.

Arthur Miller war vermutlich der einzige Mann, der sie nicht nur als Medienstar, sondern als vielschichtige Persönlichkeit kennenlernen wollte. Als sie sich 1951 in Hollywood, wo er die Filmrechte an seinem Theaterstück *The Hook* verkaufen wollte, auf einer Party begegneten, fand sich der bodenständige New Yorker in einer Traumwelt wieder, die er kaum fassen konnte. In seiner Autobiografie *Zeitkurven* erinnert Miller sich an seinen ersten Eindruck von Marilyn Monroe: Trotz der Vollkommenheit ihres Äußeren wirkte sie verloren. Er durchschaute nicht nur die Fassadenhaftigkeit dieser Glitzerwelt, sondern erkannte auch Marilyns Einsamkeit und Traurigkeit.⁴ Vom ersten Moment an war er fasziniert von ihrer Ausstrahlung und schrieb ihr liebevolle Briefe.

Arthur Miller stammte aus einer jüdischen Immigrantenfamilie. Beide Eltern waren aus Polen eingewandert, ihre zunächst erfolgreiche Mantelfabrik musste 1929 Konkurs anmelden, so dass anstelle des privilegierten Lebens in Manhattan bescheidene Verhältnisse in Brooklyn angesagt waren. Ähnlich wie Norma Jeane prägten auch ihn schwierige Verhältnisse und vielerlei Kränkungen. Eine Beziehung zu seinem Vater war so gut wie nicht existent. Später behandelte er diesen archaischen Vater-Sohn-Konflikt in seinen Bühnenstücken. Und der Vater tauchte gern stolz vor den Spielstätten auf, ehe die Vorstellung begann. Arthurs Mutter gab ihrem Ehemann die Schuld für die finanzielle Misere, während sie sich nach Bildung und Kultur sehnte und unter gelegentlichen depressiven Einbrüchen litt – erstaunliche Ähnlichkeiten zu Marilyn. Die Mutter war, so Miller, sein erstes fiktives Publikum, und er wollte, sicher unbewusst, ihre Erwartungen erfüllen.[5] Später übernahm Marilyn die Rolle der Muse, die seinen Glauben an sich selbst beflügelte. Kultur und Bildung waren in der Familie Miller unbestrittene Konstanten. Vor diesem Hintergrund versprach sich Arthur Miller viel von einer guten Ausbildung und finanzierte sich mit allerlei Jobs sein Studium an der University of Michigan, Ann Arbor. Dass seine ersten Theaterstücke abgelehnt oder einfach ignoriert wurden, konnte ihn nicht entmutigen. Mit Disziplin und Konsequenz schrieb er weiter, bis ihm dann *Alle meine Söhne* (1947) und *Tod eines Handlungsreisenden* (1949) den ersehnten Ruhm einbrachten – letzteres nicht nur den Pulitzer-Preis, sondern endlich auch finanziellen Erfolg. Dass namhafte Kollegen und Filmstars ihn als Erfolgsautor feierten, nahm Miller mit gemischten Gefühlen wahr. Er war also keineswegs der coole Intellektuelle: Er brauchte genau wie Monroe Anerkennung, schreckte aber gleichzeitig davor zurück.

Wenn Marilyn später *Tod eines Handlungsreisenden* lesen sollte, werden ihr all die schmerzlichen Dialoge aufgefallen sein, mit denen der Protagonist und seine Ehefrau aneinandergeraten.

Solche Missverständnisse, dieses entsetzliche Aneinander-vorbei-Reden kannten Miller und Monroe wahrscheinlich aus eigener Erfahrung, und sie taten vermutlich alles dafür, um nicht so verrückt miteinander umzugehen.

Erst 1954 begegneten sich Monroe und Miller wieder. Marilyn war gerade von ihrem zweiten Ehemann, Joe DiMaggio, geschieden und nach New York gezogen, um ein selbstbestimmtes Leben zu führen und sich ihren Traum zu verwirklichen. Sie nahm Schauspielunterricht bei Lee Strasberg. Das bedeutete einen

Schritt in eine völlig fremde, von Literatur, Theater und hohem Anspruch geprägte Welt, in der Marilyn sich erst einmal verloren fühlte. Zudem war sie es gewohnt, nur für ihren Sex-Appeal geliebt zu werden. Arthur Miller kam wie ein Retter in der Not. Er fühlte sich in seiner Männlichkeit bestätigt, diese tolle Frau und geheimnisvolle Persönlichkeit erobern zu können. »Marilyn war damals für mich wirbelndes Licht, ein Paradies und ein verlockendes Geheimnis. In einem Moment besaß sie die Härte der Straße, und dann wiederum erhob sie sich zu einer lyrischen und poetischen Sensibilität.«[6]

Miller stillte ihren Bildungshunger, indem er ihr, da kannte er sie kaum, Gedichtbände von Robert Frost, E. E. Cummings und Walt Whitman schenkte. Ihr literarisches Interesse hatte durchaus mit der Suche nach Wegen aus dem eigenen Chaos zu tun. Allerdings las sie kaum je ein Buch zu Ende, dazu war sie zu sprunghaft – und im Grunde nur am richtigen Leben, an realen Erfahrungen interessiert, nicht an Fiktivem.

Marilyn war ehrgeizig, narzisstisch und selbstverliebt, wenn es um ihre Erfolge ging, und diesen Teil ihrer Persönlichkeit konnte Arthur Miller bestens nachvollziehen. Andererseits beeinträchtigten ihre stete Angst, zurückgewiesen, verlassen oder betrogen zu werden, Minderwertigkeitsgefühle, Stimmungsschwankungen und die fürchterlichen Gefühle von Leere sowie sich wiederholende Selbstmordgedanken die Beziehung. Ihre widersprüchlichen Eigenheiten gestalteten nicht nur die Arbeit mit ihr schwierig, sondern auch das Privatleben. Doch Arthur Miller gelang es eine Zeitlang.

Sie waren ein erstaunliches Paar: Hinsichtlich Familie, Religion, Bildung, Geschmack und Interessen hätten sie kaum verschiedener sein können. Und doch idealisierten der schüchterne, durch und durch intellektuelle Miller und die freigeistige, vorurteilsfreie Monroe einander und begegneten sich auf einer sinnlichen und geistigen Ebene. Sie repräsentierten die unglaubliche Synthese von Ethos und Eros, in der wiederum die Teilnahme ganz Amerikas am Leben dieses Paares begründet liegt.

Der gemeinsame Horizont bestand in der Welt von Schauspiel und Theater, in der sie beide zu Ruhm gelangt waren. Eine weitere Gemeinsamkeit war der gegenseitige Respekt vor ihrer emotionalen Verletzlichkeit, vor ihren traumatisierenden Kindheitserinnerungen, die zu dem großen Bedürfnis nach Anerkennung, Erfolg und Bestätigung führten. Als sie sich kennenlernten, brauchten sie einander nichts mehr zu beweisen. Sie hatten ihre jeweilige Rolle und Aufgabe gefunden und waren Weltstars. Nur so konnten sie als Künstlerpaar sechs Jahre zusammenleben und produktiv arbeiten, ohne Rivalität, ohne Neid.

Millers Ehefrau Mary erfuhr aus den Medien von seiner Affäre mit Marilyn und warf ihn aus dem Haus in der Willow Street in Brooklyn Heights, wo die Millers mit ihren beiden Kindern lebten. Arthur flüchtete in das berühmte Chelsea Hotel und dann nach Reno, Nevada, wo er die Scheidung einreichte, damit Marilyn seine Frau werden konnte. Am 29. Juni 1956 heirateten sie mit einem jüdischen Hochzeitsritual, bei dem sie zum jüdischen Glauben konvertierte. Dass dieser geistreiche Erfolgsautor sie verehrte, bedeutete Bestätigung für Marilyn. Sie bewunderte seine Intellektualität und Kultiviertheit, seine Stärke und Selbstdisziplin, und liebte ihn auch dafür, dass sie mit ihm nicht mehr allein im Leben dastand. Er wiederum war empfänglich für einen sensiblen Umgang miteinander, denn er hatte unter der abweisenden und unterkühlten Art seiner Exfrau gelitten. Für ihn war Marilyn die weiblichste Frau, der er je begegnet war.

Verletzt vom Leben, hatten beide Verständnis und Sensibilität füreinander. Sie wollte an seiner Seite die Rolle der billigen Blondine, die man ihr in Hollywood maßgeschneidert hatte, ablegen und eine ernstzunehmende Schauspielerin werden. Sie blühte auf, denn sie glaubte, an Millers Seite zu sich selber finden zu können. »Als ich Miller heiratete, gehörte zu meinen Fantasien, dass ich (durch ihn) von Marilyn Monroe wegkommen würde.«[7] Er stellte sich vor, sie würden sich gegenseitig inspirieren und in ihrer beider Talent fördern. Das stand im Vordergrund, nicht die von den Medien sofort gestellte Frage nach Familiengründung und Kindern. Darin waren sie sich einig.

Leider glückte die Zweisamkeit nicht auf Dauer. Schon kurz nach der Hochzeit während ihres gemeinsamen Englandaufenthalts, wo sie in *Der Prinz und die Tänzerin* die weibliche Hauptrolle spielte, zogen die ersten Wolken auf. Das Ehepaar wohnte im Parkside House in der Nähe von London, umgeben von britischem Landhausluxus. In dem herumliegenden Tagebuch von Arthur fand Marilyn eine Notiz und war fassungslos, dass er offenbar enttäuscht von ihr war. Entsprechend schwierig entwickelten sich die Dreharbeiten, zumal der Regisseur und Hauptdarsteller Laurence Olivier Marilyn eher herablassend behandelte. In dieser Zeit schrieb Marilyn einige kurze Gedichte und Gedankensplitter auf, aus denen die ganze Bandbreite von Nähe und Distanz in der Beziehung zu Arthur, aber auch ihre abgründige Depression deutlich werden. Sie spürte offenbar, wie unfähig sie beide waren, sich wirklich bedingungslos zu lieben. In ihren Notizen versucht sie, den kleinen Jungen in ihrem so erfolgreichen und starken Ehemann zu sehen und daraus seine letztlich nie erfüllbare Sehnsucht nach Bestätigung zu erklären, die sie von sich selber kannte. »Ich denke, tapfer lieben ist das Beste und akzeptieren/– so viel man ertragen kann.«[8]

Marilyn kämpfte um die Beziehung zu Arthur, obwohl sie erkannte, dass die Prägungen der Kindheit das gegenseitige Verstehen erschwerten und sie beide bindungsängstlich machten. Die frühen Verletzungen oder Enttäuschungen wollte sie annehmen und unerschrocken an dieser Liebe festhalten, aber das gesunde Selbstwertgefühl, das dazugehört hätte, fehlte ihr trotz ihres großen Erfolgs. Manchmal befürchtete sie eine erbliche

Veranlagung, denn sowohl ihre Mutter wie die Großmutter mütterlicherseits waren psychisch krank gewesen. Obendrein trafen sie zwei Fehlgeburten in der Zeit mit Arthur Miller tief. Er unterstützte sie, so gut er konnte – seine Empathiefähigkeit kam ihm nicht nur beruflich zugute, sondern auch in seiner Beziehung. Umgekehrt stand Marilyn tapfer zu ihm und bezog öffentlich Stellung. Als Arthur Miller gegen Ende der McCarthy-Ära zur europäischen Erstaufführung seines Stückes *Hexenjagd* nach Brüssel fliegen wollte, verweigerte das State Department die Verlängerung seines Passes. Miller stand auf der Liste der Verdächtigen, ihm wurde antiamerikanische Gesinnung vorgeworfen, besonders wegen dieses Theaterstücks. 1956 wurde er zu einer Anhörung geladen, bei der er über seine kommunistischen Kontakte befragt wurde. Marilyn begleitete ihn, um ihre Prominenz für ihn einzusetzen – und der neugierigen Presse seine Lauterkeit zu erklären.

Inzwischen arbeitete sie intensiv mit Lee Strasberg. Zunächst nahm sie am Unterricht in seinem legendären Actors Studio teil, dann ging sie viermal pro Woche zu Privatstunden zu ihm. Er und seine Frau Paula wurden zu ihren engsten Vertrauten, von denen sie geradezu abhängig war. Möglicherweise zog das bereits Energie aus der Beziehung mit Arthur. Aber der zeigte sich großzügig und unterstützte Marilyns berufliche und persönliche Weiterentwicklung. Dies galt auch für die harten Verhandlungen, die sie mit 20th Century Fox führte, sowie für die Gründung ihrer eigenen Filmproduktionsfirma. Inwieweit sie dabei in Hollywood ihren Sex-Appeal zum Einsatz brachte und was er davon erfuhr, lässt sich nicht sagen. Fest steht, dass sie sich mit Flirten auskannte, und ein MeToo-Bewusstsein gab es noch nicht.

Alles eskalierte 1958. Wie Miller schreibt: »Die Qualen, die sie während der beinahe fünf Jahre unseres Zusammenseins bei den Dreharbeiten jedes Films litt, näherten sich einem Höhepunkt.«[9] *Nicht gesellschaftsfähig* war Millers erstes Filmdrehbuch, die Bearbeitung einer gleichnamigen Erzählung von ihm, und die weibliche Hauptrolle war auf Marilyn zugeschnitten. Der eigentliche Stoff war unverkennbar das gemeinsame Leben. Wenn einer der Cowboys der Protagonistin Roslyn sagt, sie sei das traurigste Mädchen, das ihm je begegnet sei, erinnert dies an die erste Begegnung zwischen Miller und Monroe. Die eigenen Erfahrungen vor der Kamera nachzuspielen, erschöpfte zunehmend ihre körperlichen und psychischen Kräfte. Entsprechend katastrophal verliefen die Dreharbeiten in Nevada, obwohl Miller anwesend war und der Regisseur John Huston ein ideales Produktionsteam zusammengebracht hatte. Marilyn kam Stunden zu spät zum Dreh, und wenn sie endlich erschien, brauchte sie ewig, bis sie sich konzentrieren konnte. Ihren Konsum an Beruhigungs- und Aufputschmitteln hatte sie inzwischen nicht mehr unter Kontrolle. Miller erkannte wohl das Ausmaß ihrer Abhängigkeit und schluckte viele ihrer demütigenden Vorwürfe einfach hinunter.

Das Filmprojekt wirkte sich zerstörerisch auf Marilyns Vertrauen zu Miller aus, die Beziehungsprobleme wurden größer. Aus seiner Sicht hatte Marilyn sich derart mit der Opferrolle identifiziert, dass sie sich schließlich als Opfer seiner künstlerischen Arbeit sah. Tatsächlich war das Ende des Drehs auch das Ende der Ehe. Der Film wurde ein Kassenschlager, aber Erfolge bedeuteten keine Hilfe. Im Gegenteil, das Übermaß an öffentlicher Aufmerksamkeit hatte sich in den vergangenen Jahren bereits störend auf die Vertrautheit und Intimität zwischen den Eheleuten ausgewirkt. Gerade das Showbusiness, das sie brauchte und zu dem er unweigerlich gehörte, war ihm zuwider. Allerdings entfloh er Marilyns destruktiven Impulsen, um nicht selber zugrunde zu gehen. In dieser Situation tauchte die Fotografin Inge Morath am Set auf, die seine dritte Ehefrau werden sollte.

Erst nach Marilyns Tod kam er im Schreiben auf die letztlich tragische Liebesbeziehung zurück, unter anderem in *Scherben* (1994). In diesem Stück, dessen Titel sich auf die Reichspogromnacht des 9. November 1938 bezieht, erscheint eine übersensible, durch die Ereignisse traumatisierte Sylvia Gellburg. Einmal äußert ihr Ehemann, dass sie ihn zerstöre, und gegen Ende fleht er sie an, sie möge ihm keine Vorwürfe mehr machen. Auch wenn es Miller in dem Stück um zutiefst philosophische Fragen geht, interessiert ihn die Psychologie, und über dreißig Jahre nach Marilyns Tod klingt der Wunsch nach Versöhnung mit ihr an.

Marilyn Monroe und Arthur Miller blieben wohl füreinander bis zuletzt ein Geheimnis. In erster Linie muss man das Paar für die Jahre des gemeinsamen kreativen Lebens bewundern, für die emotionalen Brücken, die gebaut wurden, und die kreativen Ergebnisse, die nicht zuletzt aus der Liebesbeziehung entstanden. Dazu zählen auch Marilyn Monroes literarische Notizen, für die sie eben gerade nicht bekannt ist.

# LEE KRASNER &
# JACKSON POLLOCK

Eine Generation früher als Marilyn Monroe und Arthur Miller und somit unter anderen gesellschaftlichen Erwartungen an Partnerschaft und Ehe trafen sich die bildungsbürgerliche Lee Krasner und der sprunghafte, für alles Neue offene Jackson Pollock. Sie eine selbstbewusste, dominante Persönlichkeit, er ein genialer, aber zwischen Aggression und Depression schwankender Mensch. Dass sie die Führung in einem gemeinsamen Lebensarrangement übernehmen würde, war klar. Doch paradoxerweise steckte sie zurück, und er sollte sich im Ergebnis als die berühmtere Künstlerpersönlichkeit hervortun.

Die heitere, kommunikative Lee wusste genau, auf welch schwierige Beziehung sie sich mit dem selbstunsicheren, provokativen Jackson einließ. Auch sein Alkoholproblem war ihr bekannt – er ging ganz offen damit um. Lee Krasner sah in Jackson Pollock einen hochbegabten Künstler, der eine nie dagewesene Kunst erschuf. Sie bewunderte seine Arbeit, hielt ihm den Rücken frei, ging mit seinen Alkoholexzessen angemessen um und ließ ihn gewähren. Sie baute niemals Druck auf, blieb endlos geduldig und verlässlich. Sie machte ihn mit Entscheidungsträgern im New Yorker Kunstbetrieb bekannt, insbesondere mit Peggy Guggenheim, die ihn unter Vertrag nahm. Auf Lees Initiative hin zog das Paar von der Großstadt ans Meer, um dort konzentrierter und fernab von Ablenkungen arbeiten zu können. Umgekehrt war Jackson Pollock von Lee Krasners künstlerischem Talent überzeugt; als Kollege konnte er nachvollziehen, dass sie auf der Suche nach Ausdrucksmöglichkeiten Höhen und Tiefen durchmachte. Nach Pollocks Tod kümmerte sie sich nicht nur um seinen Nachlass, sondern befreite sich zu spektakulären, großformatigen Werken, mit denen sie am Ende wie Pollock die zeitgenössische Kunst Amerikas repräsentierte, losgelöst von europäischen Vorbildern.

Das Kennenlernen der beiden war bezeichnend für ihre spätere Beziehung: Der einflussreiche Galerist John Graham hatte

Lee Krasner eingeladen, an einer Ausstellung französischer und amerikanischer Maler in der New Yorker Galerie McMillen teilzunehmen, die er für Januar 1942 plante. Europäische Künstler wie Picasso, Braque, Matisse, de Chirico und Modigliani sollten zeitgenössischer amerikanischer Kunst gegenübergestellt werden. Die vergleichende Präsentation der abstrakten Expressionisten der New York School mit bedeutenden Künstlern aus Europa war typisch für jene Zeit. Das Vorurteil, Amerika leide unter Kulturlosigkeit, sollte mit derartigen Projekten entkräftet werden. Lee Krasner gehörte zu den ausgewählten Vertretern für Amerika, neben bereits namhaften Künstlern wie Stuart Davis, Willem de Kooning und Arshile Gorky. Und einem Künstlerkollegen, den Lee noch nicht kannte: Jackson Pollock. Im November 1941 machte sich die Dreiunddreißigjährige auf, um mal bei ihm im Atelier vorbeizuschauen – er wohnte nicht weit von ihr.

Jackson bat sie herein, und bereits auf den ersten Blick war Lee vollkommen überwältigt: von seinen ausdrucksstarken, emotionalen Bildern und von seiner schüchternen, introvertierten Art. Wie konnte es sein, dass in ihrer Nähe ein so unglaublicher Maler wohnte, den sie nicht kannte? Und wie anders ging er an die Kunst heran: Während sie sich seit Jahren an kubistischen Vorbildern abarbeitete, wirkten seine Arbeiten mühelos und eigenwillig. Später sagte sie, sie habe Jahre gebraucht, um diesen ersten Eindruck zu verarbeiten. Gleichzeitig schoss ihr die Erinnerung durch den Kopf, dass sie mit diesem Mann vier Jahre zuvor bei einem Künstlerfest getanzt hatte – und dass er ihr ständig auf die Füße getreten war. Selbstbewusst und kommunikativ, wie sie war, kam sie mit ihm ins Gespräch und lud ihn zu einem Gegenbesuch ein. Drei Wochen dauerte es, bis er sich bei ihr einfand und ihre Bilder aufmerksam und wertschätzend betrachtete. Die beiden verliebten sich, und ein von Liebe, Kunst, Kreativität und Krankheit geprägtes gemeinsames Leben begann.

Die Eltern Krassner waren jüdische Immigranten aus der Gegend von Odessa und brachten ihre sieben Kinder im New Yorker Stadtteil Brooklyn mit einem kleinen Fisch- und Gemüsegeschäft durch. Die Mutter war eine geschäftstüchtige Frau, der Vater ein empfindsamer Geist, der mehr an Literatur, Philosophie und jüdischer Tradition interessiert war als am Geschäftsleben. In diese durch Strebsamkeit geprägte Welt wurde 1908 die Tochter Lena geboren. Schon als junges Mädchen fand sie die in ihren Augen angepasste Kleingeistigkeit zu eng. Sie wollte Malerin werden und setzte durch, dass sie die Schule wechseln und auf die Washington Irving High School gehen konnte, die einzige New Yorker Schule, in der ein Kunstkurs für Mädchen angeboten wurde. Sie war durchsetzungsfähig und ließ sich von Zurückweisungen der Lehrer nicht aus der Bahn werfen. Mit siebzehn begann sie eine dreijährige Ausbildung an der Women's Art School of Cooper Union an der National Academy of Design. Und sie verbrachte viel Zeit im Metropolitan Museum. Sie entschied, sich fortan Lee zu nennen – das klang in ihren Ohren androgyn und modern. Und ihren Nachnamen vereinfachte sie in der Schreibweise: Krasner. Ein an der klassischen Kunst und an den Alten Meistern orientiertes Studium an der National Academy of Design folgte. Der jungen Künstlerin erschien es hier sehr konservativ, viel zu konventionell. Dennoch legte sie das Zeichenlehrerdiplom ab, auch wenn sie sich nicht vorstellen konnte, je Kunst zu unterrichten. Nun war sie frei, sich unabhängig als Künstlerin fortzubilden, sich mit Kollegen auszutauschen und eigene Entwürfe und Stile zu erproben. Sie begann, unter dem 1932 aus Deutschland immigrierten Künstler und Kunsttheoretiker Hans Hofmann abstrakte Kunst der Avantgarde zu diskutieren und künstlerisch umzusetzen. Dieses Künstlerleben finanzierte sie sich als Cocktailkellnerin und gelegentlich als Aktmodell.

Der vier Jahre jüngere Jackson Pollock wurde als letzter von fünf Brüdern in Cody, Wyoming, geboren. Der Vater bemühte sich mit wechselnden Jobs, die Familie zu ernähren, kaufte eine Farm in Arizona, dann in Kalifornien. Doch immer wieder scheiterten seine Bemühungen, es waren schwere Zeiten für die Landwirtschaft. Das alles deprimierte ihn zutiefst, und so griff er immer häufiger zum Alkohol. Die Mutter hielt die Familie tapfer zusammen, machte rastlos Pläne und drängte zu neuen Horizonten – acht Umzüge in Jacksons ersten sechzehn Lebensjahren –, bis der Vater die Familie verließ und nur noch selten zu Besuch kam. Die Söhne arbeiteten hart, schon als Teenager verdienten sich Jackson und sein Bruder Sande im Sommer bei Landvermessungen im Grand Canyon Geld. Keine stabilen Familienverhältnisse, weder emotional noch ökonomisch. Die Mutter hatte das Heft in der Hand und herrschte über ihre fünf Jungen, liebevolle Zuwendung kannte sie wohl nicht. Als sie Jahre später einmal nach New York kam, reichte schon die Erwartung ihres Besuchs aus, um Jackson in Verzweiflung zu stürzen. Da waren Jackson und Lee noch nicht lange ein Paar, und Lee musste ihn aus dem Krankenhaus abholen, wo er nach einem Alkoholexzess gelandet war: Jetzt sollte die ganze Familie das vorbildliche, von Stella Pollock gezauberte Dinner genießen. Jackson suchte schon früh Solidarität mit zweien seiner Brüder, die ebenfalls künstlerische Ambitionen hegten. Wie Krasner beschloss er bereits als Teenager, Künstler zu werden. Wie genau, war ihm noch nicht klar. Im Alter von sechzehn Jahren flog er von der Schule, weil er allzu offen seine Meinung äußerte; nun begann er in Los Angeles ein Kunststudium. Hier gab es künstlerische sowie spirituelle Anregungen durch die mexikanischen Muralisten einerseits und den indischen Quasi-Guru Krishnamurti andererseits. Zudem interessierte er sich sehr für die amerikanischen Ureinwohner und deren Kultur und Medizin. Nach dem Vorbild seines zehn Jahre älteren Bruders Charles stilisierte er sich als Bohemien, spielte mit der Rolle des zukünftigen Künstlerdaseins. Die unstete Kindheit ohne väterliches Vorbild und das daraus resultierende frühe Aufbegehren gegen alles Herkömmliche führten zu psychischen Einbrüchen und Alkoholproblemen, die seine Zielstrebigkeit negativ beeinflussten. Dies war auch der Grund, weshalb ihn Charles nach New York holte. Dort begann Jackson ein Kunststudium an der Art Students League. Immerhin hielt er fünf Semester durch, vor allem, weil er seinen Lehrer Thomas Benton bewunderte. Doch dessen Vorstellungen von Formkonstruktion, von Balance, Verbindung und Rhythmus überzeugten Jackson nicht. Er ließ sich lieber von Mythologie, seinem Unbewussten und indianischen Schamanen inspirieren.

Dies waren die 1930er Jahre. Durch die Weltwirtschaftskrise war die amerikanische Industrie eingebrochen, die Arbeitslosenquote lag bei 25 %. 1933 erfolgten unter der Regierung von Franklin D. Roosevelt eine Reihe von Maßnahmen, die Wirtschaft und Kultur wieder beleben sollten. Im Kontext des »New Deal« gab es unteren anderem Förderprogramme, die Tausende mittellose Künstler unterstützen und nicht zuletzt die Demokratie des Landes stärken sollten. Auch wenn die Einkünfte für die Teilnehmer bescheiden waren, hatten sich Krasner und Pollock dafür beworben. Krasner war als Assistentin dem Maler Max Spivak zugeteilt, der Motive für die Dekoration von Kinderkrankenhäusern entwarf. Pollocks Aufgabe war es, Werke für öffentliche Gebäude und Behörden abzuliefern, Siebdruckvorlagen für Lippenstifte und Krawatten zu entwerfen und zeitweise für das Museum of Non-Objective Painting, dem späteren Solomon R. Guggenheim Museum, Bilderrahmen anzufertigen und sonstige einfache Aufträge zu übernehmen. Daneben hatten beide Freiraum für unabhängige Arbeit.

Lee verschrieb sich dem Lebensgefühl von Aufbruch und Moderne. Sie engagierte sich für die Gleichberechtigung von Künstlerinnen und für die ökonomische Unabhängigkeit von Künstlern. Anders als Jackson besuchte sie politische Zusammenkünfte und Protestveranstaltungen. Er war eher unpolitisch und mehr an neuen künstlerischen Ausdrucksformen interessiert und stets auf der Suche nach innovativen Maltechniken und Ideen. So ließ er sich von dem mexikanischen Muralisten David Alfaro Siqueiros anregen, einem Kollegen von Diego Rivera, mit Email- und Industriefarben zu arbeiten oder Farben mit Spritzpistolen auf die Bildträger zu sprühen. Lee hingegen war erst einmal auf den formalen Ausdruck fokussiert – anders als Jackson, der sich von seiner Leidenschaft und seinen Seelenqualen leiten ließ. Gerade die daraus resultierende Kraft und offene Emotionalität beeindruckten Lee, während sie sich – noch – an ihren eigenen Vorbildern Matisse und Mondrian maß. Insofern waren sie ein ungleiches Paar, als sie sich füreinander entschieden: er das Genie mit einer labilen Psyche und sie »Pollock's girl«. Noch war es keineswegs selbstverständlich für eine Frau, sich als Künstlerin durchzusetzen. Der Zeitgeist sprach gegen eine Entfaltung ihrer künstlerischen Laufbahn. Entsprechend lag es näher, die eigenen Ambitionen auf Pollock zu projizieren und ihm den Rücken freizuhalten und seinem Talent einen Weg in die Kunstwelt zu bahnen. Rivalität zwischen ihnen bestand offenbar nicht.

Der Vergleich früher Selbstportraits der beiden Künstler macht diese Differenz auf erstaunliche Weise deutlich: Sie blickt den Betrachter selbstbewusst von der Staffelei aus an, draußen im Grünen zwischen leuchtenden Farben, während sein Gesicht in düsteren Farben diffus, kaum erkennbar und geheimnisvoll wirkt, so als würde er sich selber nicht kennen oder wahrnehmen. Sie zeigt sich als Malerin in ihrer Umgebung, die sie einbezieht, während er einen engen Gesichtsausschnitt auswählt, von einer Seite angeleuchtet, fast wie zweigeteilt. Ein ungleiches Paar, das sich dieser Verschiedenheit bewusst war. Krasner zog im Herbst 1942 zu Pollock nach Greenwich Village. In der Wohnung, die er zuvor mit seinem Bruder Sande und dessen

Frau geteilt hatte, richteten sie für jeden einen ungestörten Arbeitsplatz ein. Dort ließen sie sich für Stunden in Ruhe und besuchten sich nach den Arbeitsphasen gegenseitig im Atelier. Mit der Stabilität eines solchen Alltags ergaben sich – vor allem für Jackson – exzellente Arbeitsbedingungen. Beide fanden neue Ansätze in ihrer Arbeit und fühlten sich durch den künstlerischen Dialog bereichert. Sie suchte grundsätzlich nicht nach einer künstlerischen Handschrift, sondern betrachtete eher die stetige Veränderung als ihren Stil. Seine Bilder dokumentierten heftige Gefühle und brachten das Unbewusste ans Licht; sie waren ungestüm und rätselhaft und somit bezeichnend für seine Persönlichkeit. Er lebte in einem inneren Chaos, das er nicht nur mit dem Malen, sondern auch mit Alkohol, Medikamenten und Psychotherapie zu beherrschen versuchte. Nachdem er kein Mann des Wortes war, brachte er Skizzen und Zeichnungen in die Therapiestunden mit. Seine ersten Therapien waren orientiert an C. G. Jung, so dass er lernte, Symbole als Ausdruck eines individuellen sowie kollektiven Unbewussten zu verstehen und in seine Bilder einzubringen. Später bezog er schamanische Praktiken in den Schaffensprozess ein, gewissermaßen als sein eigener Arzt. Allerdings meinte er im Hinblick auf seine Therapie, er wolle sich nicht helfen lassen. Man möge sich um ihn kümmern, so dass er frei für seine Kunst wäre. Und diese Rolle übernahm Lee beherzt.[10]

Krasner gehörte bereits zur Kunstszene der 1930er Jahre und war hervorragend vernetzt. Nun setzte sie alles daran, Pollock hier einzuführen. Eine wichtige Figur in der New Yorker Szene, Peggy Guggenheim, damals mit Max Ernst verheiratete Sammlerin und Mäzenin, eröffnete im Oktober 1942 ihre Galerie *Art of This Century*. Bereits ab Mai 1943 versuchte sie mit ihrem *Spring Salon for Young Artists*, junge amerikanische Künstler zu fördern. Das von Pollock eingereichte Bild *Stenographic Figure* missfiel ihr, anders als Piet Mondrian und James J. Sweeney vom Museum of Modern Art. Nachdem Peggy Guggenheim diesen Autoritäten nicht widersprechen konnte, ließ sie Pollock zum *Spring Salon* zu. Diesen Triumph verkündeten Jackson und Lee seiner Mutter Stella Pollock:»Ich habe einige meiner Bilder ausgestellt – und in der Galerie *Art of this Century* soll im November eine Einzelausstellung von mir sein«, so Jackson, und Lee:»Sie (Peggy Guggenheim) hat ein Bild von ihm gekauft und widmet ihm im November eine Ausstellung. – Sie ist von seiner Arbeit ganz begeistert, genau genommen sagte sie über eines seiner großen Gemälde, es sei das schönste Bild, das es je in Amerika gegeben habe.«[11] Schon bald nahm Guggenheim ihn für ihre Galerie unter Vertrag. Lee stellte Jacksons Erfolge gegenüber seiner Familie heraus, und sie teilte seinen Stolz – vermutlich sah sie darin ein Zeichen von Unabhängigkeit gegenüber der Familie und einen Schritt, aus seinen Minderwertigkeitsgefühlen und Selbstzweifeln herauszukommen.

Guggenheim beauftragte den nun so gepriesenen Künstler, ein riesiges Wandgemälde für ihre Wohnung zu gestalten. Es sollte auf Leinwand ausgeführt werden, damit sie es gegebenenfalls bei einem Umzug mitnehmen könnte. Die Leinwand maß 2,50 × 6 Meter und passte ausgerollt nicht in die Wohnung von Lee und Jackson. Kurz entschlossen rissen die beiden eine Wand ein und trugen den Schutt in der nächtlichen Dunkelheit nach draußen, damit der Hauseigentümer nichts bemerkte. Nun gab es genug Platz für die Leinwand, aber Jackson fühlte sich offenbar vom Ausmaß des Auftrags bedrängt oder überfordert. Tagelang geschah nichts. Lee ließ ihn einige Tage allein, nichts passierte. Dann entstand das ganze Werk in einem Schwung: *Mural.* Offenbar brauchte Jackson Pollock eine Phase der Meditation. Lee war klug genug, ihn dabei nicht zu stören. Farbigkeit, Rhythmus, Energie, Allover – alles trug dazu bei, Guggenheim zu begeistern.

Nach Pollocks Durchbruch blieb Krasner als Künstlerin auf

der Strecke. In Künstlerkreisen wurde sie kaum mehr als Malerin gesehen, vielmehr neidete man ihr das Zusammenleben mit Pollock – obwohl daran wenig beneidenswert war, bedenkt man, welche Stimmungsschwankungen und Arbeitshemmungen sie auffangen musste.

Nachdem sie im Sommer 1945 zusammen mit Freunden eine schöne Ferienzeit am Meer verbracht hatten, schlug Lee vor, nach Long Island zu ziehen. Jackson liebte die Großstadt und lehnte ab. Sie blieb beharrlich bei ihrer Meinung, die ländliche Umgebung sei heilend und inspirierend für ihn und außerdem weit genug entfernt von all den Bars und Kneipen. Kurz nach der Rückkehr nach New York kam er auf den Vorschlag zurück, und sie einigten sich darauf, es draußen auf dem Land zu versuchen. In den Hamptons, 150 Kilometer von New York entfernt, fanden sie in Springs ein kleines Anwesen, ein Farmhaus mit einigen Nebengebäuden, das mit Hilfe eines Darlehens von Peggy Guggenheim erworben wurde. Das Geld hatte Lee ihr abgeluchst, obgleich die Rivalität zwischen den beiden Frauen nicht leicht zu überwinden war. Pollock gefiel es jedenfalls in Springs außerordentlich gut, nicht zuletzt, weil ihn die weite Landschaft am Meer an seine Kindheit in Kalifornien erinnerte.

Vor diesem Neubeginn hatte Lee darauf bestanden, die nunmehr dreijährige Beziehung mit Jackson zu legitimieren. Vielleicht hatte der Heiratswunsch damit zu tun, dass ihr Vater kürzlich verstorben war. Möglicherweise war es auch eine Frage der gesellschaftlichen Anerkennung, was in den 1940er Jahren durchaus ein Argument gewesen sein mag. Oder war es ein rebellisches Statement, dass sie mit einem nicht-jüdischen Mann die Ehe einging? Jedenfalls setzte sie ein Ultimatum: Ehe oder Trennung. Eine zivile Eheschließung wollte Pollock nicht, ihm war an einem Ritual gelegen, weil es in seiner Familie Rituale und Religion nie gegeben hatte. Also sorgte Lee für eine kirchliche Eheschließung, nachdem sie mit Mühen einen Pfarrer der holländischen reformierten Kirche gefunden hatte, der bereit war, eine Jüdin und einen nicht getauften Christen zu trauen.

Dem jungen Paar stand eine anstrengende Zeit bevor: Das Haus musste hergerichtet werden. Die ehemaligen Eigentümer hatten alles zurückgelassen, Mobiliar, Gartengeräte – das ganze Gerümpel mussten sie wegschaffen. Und an den Wänden klebten lagenweise alte Tapeten. Eine Heizung gab es nicht, Kohle war rationiert. Vor allem nachts war es eiskalt im Haus, denn sie hatten ihr neues Domizil Anfang November 1945 bezogen. Im Erdgeschoss entstand aus vielen kleinen Zimmern ein großes Wohnzimmer, in dem fortan Gäste willkommen waren. Das Ehepaar strich die Räume komplett weiß und richtete sich allmählich ein. Da das Geld für Handwerker fehlte, machten sie alles selbst. Die Wiese am Haus mähten sie mit der Sense und schafften eine Ziege an. Soweit möglich erledigten sie ihre Einkäufe mit dem einen Fahrrad, das sie besaßen. Erst 1948 konnten sie sich ein Auto leisten, das berühmte Ford Model A, mit dem sie dann die Umgebung erkundeten. Dieses gemeinsame Gestalten eines Lebensraumes muss verbindend und zukunftsweisend gewesen sein – allerdings zunächst für Pollocks Kunst. Für ihn war eine Ausstellung im April des Folgejahrs vereinbart, und diese gewann für ihn an Bedeutung, weil er darauf bestand, mit dem Verkauf seiner Bilder für den gemeinsamen Lebensunterhalt zu sorgen. So nutzte er eines der beiden Schlafzimmer in der oberen Etage als Atelier, während Lee das Wohnzimmer mit ungünstigen Lichtverhältnissen zum Malen blieb. Im folgenden Sommer richteten sie einen Schuppen im Garten als Atelier für Pollock ein, wo er ohne Probleme an größeren Formaten arbeiten konnte. Lee bekam ihren eigenen Arbeitsbereich in der oberen Etage. Das zweite Zimmer der Etage diente als Gästezimmer für Künstler- und Literaturfreunde aus New York. Ungeachtet der unterschiedlichen räumlichen Bedingungen respektierten sie sich gegenseitig mit ihrer künstlerischen Arbeit. Er begann kaum je vor nachmittags mit der Arbeit, und im Atelier-Schuppen gab es weder Licht noch Heizung. Sie arbeitete schon, während er noch schlief oder langsam in die Gänge kam. Beide ließen sich in ihrem unterschiedlichen Rhythmus gewähren. Vor allem hatten sie vereinbart, das Atelier des anderen nur zu betreten, wenn sie dazu eingeladen wurden. Sie war immer wieder erstaunt darüber, wie viel er in vergleichsweise kurzer Zeit leistete. Viele Worte machten sie nicht, wenn sie sich gegenseitig besuchten, die Zustimmung hieß kurz und knapp: »It works« – »Es funktioniert.« Oder eben »It doesn't work!«. Auch über ihre Vorstellungen von Kunst unterhielten sie sich nicht, ihre Bilder sprachen für sich.

Lee und Jackson konnten stundenlang schweigend vor dem Haus sitzen und in die Landschaft schauen. Dann plauderten sie vielleicht über die Kunstszene. Oder wendeten sich den einfachen Dingen des Lebens zu. Sie konnte gut kochen, er backte leidenschaftlich gern, Apfelkuchen oder Brot. Auch die Gartenarbeit teilten sie sich, Jäten, Wässern, Rasenmähen. Oftmals war das Haus von Jazz-Musik erfüllt, die Jackson liebte – anders als sie, aber sie nahm es hin. Dann wieder spazierten sie endlos am Meer entlang, durch die Dünen und brachten Fundstücke mit, die künstlerisch anregend waren oder den Weg in ein Kunstwerk fanden.

In dieser Phase entstand Krasners Werkzyklus *Little Images*, kleinere Formate im Allover-Stil mit pastoser Textur aus mehreren Farbschichten. Möglicherweise durch Pollocks Arbeitsweise angeregt, legte sie die Leinwände auf den Boden oder auf den Tisch, so dass sie schichtweise Ölfarbe auftropfen oder mit dem Messer exakt auftragen konnte. Die *Little Images* mit ihren abstrakten »Hieroglyphen«, die an die hebräischen Schriftzeichen aus Lee Krasners Kindheit erinnern, wurden auch im Haus aufgehängt. Allmählich fand sie zu ihrer gewohnten Kreativität zurück: Muscheln und Steine ordnete sie zusammen mit Glasscherben und Mosaiksteinen von einem früheren öffentlichen Kunstprojekt auf zwei alten Wagenrädern an. Pollock befestigte alles, indem er Mörtel aufgoss, und ein Schweißer brachte Beine an. Diese Tische bildeten nun Mittelpunkte des gemeinsamen Lebensraums. Auf einem Foto aus dem Frühjahr 1949 sieht man Lee und Jackson mit Freunden um einen Mosaiktisch sitzen, offensichtlich lebhaft ins Gespräch vertieft. Den zweiten Tisch tauschten sie gegen altes Mobiliar von Freunden ein, auch wenn Lee sich nur schwer von ihm trennen konnte.

Vor Jackson lag seine produktivste Zeit. Mit Dripping (Tropfen) und Pouring (Gießen) fand er Techniken, die seine Gefühle ohne jede konkrete Darstellung ganz unmittelbar zum Ausdruck brachten. Mal füllte die Leinwand den ganzen Atelierboden aus, mal wurde sie draußen im Wind von ein paar Brettern festgehalten. Jedes Mal ging Pollock eine sehr physische, aber auch emotionale Verbindung mit dem entstehenden Werk ein, während er darum herum ging und es von oben bearbeitete. Indem er selbst Teil des Bildes wurde, tat diese Arbeit manchmal weh, zum Beispiel, wenn er auf das Bild trat. Zu dieser Arbeitsweise hatten ihn indianische Sandmaler inspiriert, die er schon als junger Mann bewundert hatte. Den Pinsel als Werkzeug legte er beiseite und benutzte fortan Messer, Spachtel, Kellen, mit denen er Sand, Glas und andere Zusätze in der dicken Farbe – inzwischen nutzte er Acryl und Autolack – bearbeitete und aufbrachte. Immer mit großem Schwung, sehr impulsiv, aber trotz seiner so spontan wirkenden Prozesse sehr kontrolliert, das war ihm wichtig.

Ebenso wie die Formate wurde auch die Anerkennung in der Kunstwelt größer. Das *Life Magazine* brachte im August 1949 ein großes Feature über ihn, allerdings bezahlte Jackson Pollock einen hohen Preis für diesen medialen Ritterschlag. Lee Krasner erinnerte sich: »Je mehr Jacksons Ruhm wuchs, desto stärker fühlte er sich gepeinigt. Meine Hilfe, Unterstützung und Ermutigung schienen nicht zu genügen. Allmählich wurden seine Gefühle für mich ambivalent.«[12]

Sie gingen bewusst und konstruktiv mit der latenten Rivalität um. In dieser Phase hatte Lee noch immer ihre eigene Kunstproduktion hintangestellt, um Jackson besser zu unterstützen, vor allem emotional. Sie hatte sich sehenden Auges auf die Beziehung mit einem genial begabten, aber psychisch schwer belasteten Menschen eingelassen. Diese Klarheit bewahrte sie davor, ihm je Vorwürfe zu machen oder zu verbittern. Gleichzeitig blieb sie im Prozess der künstlerischen Entwicklung. Ihre Rücksichtnahme, der unermüdliche Einsatz für ihn war zweifellos seinem Werk und seinem Leben zuträglich – dafür war er ihr immer dankbar. Und zu gegebener Zeit kam ihre eigene Produktivität zum Zuge. Nichtsdestotrotz muss es verletzend gewesen sein, dass ihr eigenes Werk nicht angemessen gewürdigt wurde. Sie hatte selber die Angewohnheit, frühere Arbeiten immer wieder zu überprüfen, ob sie ihrem Werturteil noch standhielten. Viele ihrer Bilder aus jenen Jahren der Künstlergemeinschaft sind nur von Atelierfotos bekannt. Die Vermutung liegt nahe, dass Krasner sie vernichtete oder für Collagen verwendete.

Aus dieser Zeit in Springs stammen auch miteinander korrespondierende Werke. Beispielsweise zeigen Krasners *Shattered Light* und Pollocks *White Light*, beide 1956 wohl unter dem Eindruck des hellen Lichts am Atlantik entstanden, wie sich das Künstlerpaar ähnlichen Themen und Zielen individuell näherte. Krasner wählte matte Farben als Grundton für ihre Collagetechnik. Der Effekt des flirrenden Lichts entsteht durch die Anordnung der Papierstücke, deren Übergänge sorgfältig bearbeitet sind. Dazwischen bringen farbig aufgetragene Lichtpunkte Helligkeit und geradezu Glanz in das Bild. *Shattered Light* ließe sich frei mit »Lichtbrechung« übersetzen. Im übertragenen Sinn könnte der Titel die Entstehung der Spektralfarben aus dem weißen Licht beschreiben oder die Frage aufwerfen, welche

Empfindungen durch welches Licht, durch welche Farbe repräsentiert werden. Oder wie widersprüchliche Gefühle sich zu einem Ganzen verweben. Bei Pollock hingegen ist das Weiß mit schwungvollen Linien auf die anderen Farben aufgetragen. Sehr pastos, fast in einer dritten Dimension scheint es über dem Farbuntergrund zu schweben, wiederum in heftigen Bewegungen, die alles Schwarz durchkreuzen und das Bild beinahe beherrschen. Und sein Titel *White Light / Weißes Licht* könnte auch eine andere, also seine Sicht vom Entstehen der Spektralfarben sein.

Beiden Bildern fehlt ein offensichtlicher Mittelpunkt. Das Auge wandert beim Betrachten hin und her, und je nach Blickwinkel lassen sich unterschiedliche Strukturen erkennen. Gelb und Orange sowie ganz sparsam Kobaltblau bringen die wesentlichen Lichteffekte in die Bilder, ansonsten überwiegen bei Krasner die Brauntöne, bei Pollock das stark kontrastierende Weiß. Technisch verfahren sie sehr unterschiedlich. Krasner erschafft implizit ein Gemeinschaftswerk, indem sie frühere Arbeiten von sich und Pollock in die Collage integriert; Pollock lässt die Leinwandstruktur durchscheinen und die Farben und Linien miteinander spielen, indem er wieder mit dem Pinsel arbeitet.

Es lohnt sich, über diese Ähnlichkeiten und Unterschiede zu assoziieren, denn sie wirken wie Metaphern für den Umgang der Eheleute miteinander und mit Jacksons psychischer Erkrankung. Im Vergleich dieser und anderer Bilder fällt auf, wie sie sich gegenseitig bereicherten, wie sie ihre Verschiedenartigkeit anerkannten und offen für Neues blieben. Diese Einstellung blieb auch, als die Beziehung aufgrund von Pollocks Problemen zunehmend aus der Balance geriet. Über die Bilder fand immer eine Kommunikation statt.

Lee fühlte sich durch die innere und äußere Freiheit in Springs beflügelt, weiter nach neuen Techniken zu suchen und Altes auszusortieren. Was ihr missfiel, zerschnitt sie mit Schere oder Messer und setzte diese gesammelten Schnipsel – auch von verworfenen Arbeiten von Pollock – zu Collagen zusammen.

Jacksons Wunsch, eine Familie zu gründen, lehnte Lee ab. Sie wollte sich ausschließlich der Förderung seiner Karriere und ihrer eigenen Kunst widmen. Vielleicht spürte sie auch, dass er für sie schon Verantwortung genug bedeutete.

Die Alkoholabhängigkeit belastete die Beziehung immer mehr. Jackson war sich dessen vollkommen bewusst. Wenn sie das Thema aufbrachte, war er verständnisvoll: »Ja, ich weiß, es ist hart für dich. Aber ich kann dir nicht sagen, dass ich aufhöre, weil du weißt, dass ich es versuche. Versuch einmal, es wie ein Gewitter anzusehen. Bald ist es vorbeigezogen.«[13] Sie wusste, wie freundlich und einfühlsam er sein konnte, aber auch wie jähzornig. Trotzdem stand sie konsequent zu ihm. Doch dann erschien jener Artikel im *Life Magazine*, der für viel Wirbel sorgte. Ein Dokumentarfilm wurde über ihn gedreht – Pollock hätte Anlass gehabt, stolz auf seine große Popularität zu sein. Stattdessen fühlte er sich dadurch abgelenkt, von der Arbeit und von sich selber. Während der Zeiten, die er und Lee für Ausstellungen außerhalb ihrer geschützten Welt in New York verbrachten, geriet er wieder in den Teufelskreis aus Trinken und Depression, so lange, bis seine Kreativität ganz zum Erliegen kam. Die Sucht bestimmte zunehmend sein Leben – und zerstörte nicht nur ihn, sondern auch die Liebesbeziehung. 1955 begann Lee eine Psychotherapie, um sich in diesem ständigen Krisenzustand auf sich selber zu besinnen, doch der Beziehung half es nicht. Dass Lee mit ihrer Einzelausstellung in New York im Herbst 1955 großen Erfolg hatte, lähmte Jackson erst recht. Er sah ein, dass er etwas tun musste, gegen sein Trinken und gegen die mangelnde Schaffenskraft. Da bot sich ein Seitensprung mit der Künstlerin Ruth Kligman als Ablenkung an. Lee sorgte daraufhin für Abstand und unternahm allein im Juli 1956 eine Reise nach Europa. Aus Paris schrieb sie Jackson, wie sehr sie ihn vermisse und wie gern sie die Kunsteindrücke und Freundestreffen mit ihm erleben würde. Am 12. August 1956 erreichte sie in Paris die Nachricht, dass Jackson bei einer seiner alkoholisierten Cabrio-Fahrten ums Leben gekommen war. Seine Geliebte, die mit im Wagen saß, überlebte schwerverletzt.

Nach seinem Tod begann Lee, den emotionalen Verlust mit Hilfe der Kunst zu verarbeiten. Sie setzte die vor seinem Tod begonnene Serie *Prophecy* fort, drei miteinander verwandte Bilder entstanden: wilde Augen, tropfende Farbe, Pink und Rot, tiefes Schwarz – all dies stand für Schmerz und ein gebrochenes Herz. Später kommentierte sie dies folgendermaßen: »Die Malerei lässt sich nicht vom Leben trennen. Es ist eins. Es ist, als würde man fragen: Will ich leben? Meine Antwort ist: Ja – und ich male.«[14] Erkennbar blieb dahinter Lee Krasner in ihrer ganz eigenen Kraft. Im Folgejahr zog sie in Jacksons ehemaliges Atelier um und begann, in größeren Formaten zu malen. Hier, in seinen Räumen, experimentierte sie in der Serie *Umber* mit Brauntönen, die typisch für Pollocks Frühwerk gewesen waren. Als schließe sich der Kreis, kam sie auf jene Stimmung zurück, in der sie ihn damals kennenlernte. Die Verwendung von erdigen Farben ließ sie tief in ihr eigenes Inneres eintauchen und den Verlust verarbeiten, aber hatte zudem pragmatische Gründe: Da sie tagsüber wesentlich damit beschäftigt war, Pollocks Nachlass zu ordnen, malte sie nachts bei Lampenlicht, und da hätten sich leuchtende Farben schlecht geeignet. Bei den gedeckten Farben kam es mehr auf Bewegung an, die sich ins Bild übertrug. Mit ihrem Heilungsprozess veränderten sich auch die Themen: tanzende Körper, flackerndes Licht. Anfang der 1960er Jahre kehrte die Farbe in ihre Gemälde zurück, und es entstanden erneut farbenfrohe Bildgruppen, voller Energie, voller neuer Impulse. In späteren Jahren zog es sie immer wieder zurück nach New York, ab 1967 bewohnte sie dort eine eigene Wohnung.

Überdauert hat die kreative Liebesbeziehung im Werk beider Künstler. Es visualisiert ihre Kommunikation, die Spannungen und die Annäherungen. Im Vergleich einzelner Objekte wird deutlich, wie sie sich gegenseitig anregten und bereicherten. Mit Blick auf die gemeinsame Lebensgeschichte halfen sie einander dabei, ihre besten künstlerischen Anlagen und Möglichkeiten zu nutzen. Krasner betonte in Interviews immer wieder, dass die Beziehung zwischen ihr und Pollock eine gleichberechtigte war, voller Respekt für die Arbeit des anderen. Sie bemühte sich, die Natur in ihren Bildern durchscheinen zu lassen, Pollock behauptete, er sei die Natur – ein unterschiedliches künstlerisches Selbstverständnis, das genauso dem individuellen Selbstbild entsprach: Sie verstand sich als Akteurin in einem künstlerischen Kontext, er fühlte sich als Genie, als Schöpfergott, der eins war mit seinem Werk – zumindest, solange er seine inneren Dämonen zähmen konnte.

Lee Krasner,
*Shattered Light* (1954)
84,4 × 121,9 cm,
Öl und Papier Collage auf Holzfaserplatten

Jackson Pollock,
*White Light* (1954),
122×96 cm,
Emaille, Öl- und Aluminiumfarbe auf Leinwand

# SYLVIA PLATH &
# TED HUGHES

Ein ziemlich verrücktes Literatenpaar: die Amerikanerin Sylvia Plath und der lorbeergekrönte englische Dichter Ted Hughes. In dieser Ehe überlebte und transformierte die Literatur als gemeinsames Projekt psychische Empfindlichkeiten, Selbstzweifel und Streitigkeiten. Bei einer wilden Party im Februar 1956 lernten sie sich kennen, vier Monate später heirateten sie. Die dreiundzwanzigjährige Amerikanerin studierte in Cambridge und wollte *die* Dichterin Amerikas werden; er war fünfundzwanzig Jahre alt, jobbte in London bei einem Filmstudio und stand bereits am Anfang einer vielversprechenden Dichterlaufbahn. Es folgten Monate des Glücks, in denen sie jeweils in die Kunst des anderen investierten. Aber die Abgründe, in die die Beziehung zu stürzen drohte, zeigten sich früh: Schreiben und Publizieren, Versagensängste, Familienleben, Alltagssorgen – das war schweres Gepäck. Sechs Jahre lang arbeiteten Sylvia und Ted Seite an Seite, inspirierten sich gegenseitig, tauschten sich aus, förderten einander ungemein. Sie lebten »eine der wohl produktivsten literarischen Ehen des zwanzigsten Jahrhunderts«.[15] Dann begann Hughes eine Affäre, an der die Ehe zerbrach. Hughes zog aus, und im folgenden eisigen Londoner Winter beging Plath Selbstmord. Die Gazetten verbreiteten die Dissonanzen und das katastrophale Ende ihrer Partnerschaft. Und vernachlässigten dabei, wie nah sich die beiden enorm begabten, disziplinierten und erfolgreichen Dichter in der Beziehung gekommen waren, in der sie auch ihre Verletzungen und Verrücktheiten zeigen konnten.

Sylvia Plath, 1932 in Boston geboren, war die Tochter aufstrebender und ehrgeiziger Eltern. Die Mutter brachte ihre Kinder mit Fleiß und Disziplin durch, nachdem der Vater, ein angesehener Professor für Bienenforschung, der als Sechzehnjähriger aus Schlesien in die USA einwanderte, verstorben war. Sylvia war der Liebling ihres Vaters gewesen; entsprechend dem Familienethos tat und leistete sie stets alles hundertprozentig, um von ihm und der Familie Lob und Anerkennung zu bekommen. Bei seinem Tod war sie erst acht Jahre alt. Sie behielt ihn als eine gottähnliche und angsteinflößende, kränkelnde und unerreichbare Gestalt im Gedächtnis, die sie später in manchem Gedicht beschreiben sollte. Diese Erfahrung prägte auch die Wahl ihres Partners: In Ted sah sie einen starken, väterlichen Mann, zu dem sie aufschaute, weil er unkonventionell, künstlerisch begabt und erfolgreich war.

Ted Hughes stammt aus einer Kleinstadt in West Yorkshire, 1930 im Sternzeichen des Löwen geboren. Er interessiert sich seit je für Astrologie und erklärte sich so manches im Leben auf diese Weise. Sein Vater war ein wortkarger, offenbar durch Kriegserlebnisse traumatisierter Mann. Die überaus empfindsame Mutter litt unter wechselnden psychosomatischen Beschwerden, brachte dennoch ihren drei Kindern schon früh Literatur und Volksmärchen nahe und stattete das Haus mit antiquarisch erworbenen Klassikern der Weltliteratur aus. Der zehn Jahre ältere Bruder Gerald war Teds Freund und Vorbild. Mit ihm ging er zur Jagd und zum Angeln – und fast wäre er ihm nach Australien gefolgt, hätte nicht Sylvia seinem Leben eine unerwartete Wendung gegeben. Die erste Begegnung mit Sylvia dokumentierte Ted Hughes nach ihrem Tod in seinen *Birthday Letters*:

Du warst eine neue Welt. Meine neue Welt.
Das also ist Amerika, staunte ich.
Schönes, schönes Amerika! [16]

Die Herzdame war für ihn wie ein neuer Kontinent, den es zu erobern galt, über die kulturelle Distanz hinweg. Sie stand für Schönheit, eine neue Welt des Fremden, für das Weibliche. Dabei blieben ihm die Brüche und Abgründe des »Brausen(s) der stürzenden Seele« und der »Narbe« nicht verborgen, doch sie hielten ihn nicht ab. Er wagte diese Liebe ungeachtet Sylvias psychischer Labilität und obwohl er absehen konnte, welches Risiko eine Beziehung mit ihr bedeuten würde.

Zum Kennenlernen gehörten Beethovens späte Streichquartette, die sie gemeinsam anhörten und sich in diesem musikalischen Kosmos verbunden fühlten. Später schrieben sie jeweils über diese gewaltigen Werke – Plath »Little Fugue« und Hughes »Opus 131« und »Große Fuge«. Diese Rückbesinnungen machen deutlich, wie vielseitig die Formen des Dialogs und der tiefen geistig-seelischen Verbundenheit von Anfang an waren.

Drei Monate lang warben Sylvia und Ted in Form von Gedichten umeinander. Am 16. Juni 1956 heirateten sie und verbrachten ihre Flitterwochen im spanischen Benidorm. Bereits am Reisegepäck zeigten sich recht unterschiedliche Vorstellungen. Während er in seinem Rucksack spanische Lyrik und ein Spanisch-Wörterbuch mitbrachte, verstaute sie in ihrem goldenen Samsonite-Koffer nicht nur dreißig hübsche T-Shirts, sondern auch ihre Olivetti-Schreibmaschine und Unmengen an Büchern: verschiedene Wörterbücher und Lektüren, Teds kompakte Oxford-Shakespeare-Ausgabe sowie den amerikanischen Kochbuchklassiker *The Joy of Cooking*. Noch schleppte Ted ihr Gepäck mit Gelassenheit.

Nach der Rückkehr aus Spanien schwammen beide offenbar weiter auf der Welle des kreativen Glücks. »Am wichtigsten ist vielleicht, dass unser Schreiben in der Inspiration durch den anderen gründet und an der angemessenen, einzigartigen Kritik durch den anderen wächst ...«,[17] schrieb das brave Mädchen an die Mutter. Im Vorwort zu den von ihm herausgegebenen *Tagebüchern* bemerkt Ted, dass Sylvia nur hier und in ihren späteren Gedichten authentisch war – nicht in ihren Briefen. In dieser unverstellten Sprache erkannte er jene Sylvia, die er eigentlich liebte und unterstützte. In den sechs Jahren ihres gemeinsamen

Lebens war sie unermüdlich auf der Suche nach ihrem wahren Selbst, das er von Anfang an zu erkennen meinte. Von Ted fühlte sich Sylvia genau so wahrgenommen. In ihrem Tagebuch notierte sie im Februar 1957:

> Jeder von uns ermöglicht dem anderen ein bißchen mehr so zu leben, wie wir beide uns das vorstellen: nicht als Sklaven von Routine, sicheren Jobs, Geld:
> sondern unablässig schreibend und offen bis in jede Pore hinein durch die Welt zu gehen & mit Liebe & Zuversicht zu leben. (...) Zusammen sind wir das treueste, kreativste, gesündeste, einfachste Paar, das man sich vorstellen kann![18]

Demnach war sie euphorisch in ihn vernarrt und er in sie. Noch fühlten sie sich vollkommen erkannt und bedingungslos geliebt. Dennoch scheint es ziemlich verwegen, wie schnell sie sich in dem Wissen um die Labilität des anderen füreinander entschieden – ohne eine Ahnung davon, was ein gemeinsames Leben an Höhen und Tiefen, an Glück und Leid bereithalten sollte. Beim ersten Date riss er ihr einen Ohrring und ihr rotes Haarband als Pfand ab, sie biss ihm in die Wange und nannte ihren Preis: einen Selbstmordversuch, der noch nicht lange zurücklag. Und er zeigte ihr schon bald sein Bedürfnis nach Unabhängigkeit und Dominanz, im Auftreten und im Habitus: Konventionen waren ihm gleichgültig. Wenn er mit ihr zu Künstlerpartys ging, trug er immer dasselbe abgewetzte Sakko. Er brachte ihr Lektürelisten für sie mit, damit sie seinen geistigen Ansprüchen gewachsen wäre. Gemeinsam war beiden die leidenschaftliche Suche nach Freiheit im Leben und in der Kunst, nach maximaler Hingabe und Aufrichtigkeit in einer Beziehung und nach Neuerungen der dichterischen Gestaltung auf den Spuren großer Vorgänger. Für die persönliche und künstlerische Weiterentwicklung fand Sylvia Anregungen in der Mythologie; Ted faszinierten keltische Sagen, Astronomie und Volkskunde. Für spirituelle Themen zeigten sich beide empfänglich.

Nach einem Kurzbesuch in Yorkshire, während dem Sylvia nicht nur ihre neuen Schwiegereltern kennenlernte, sondern auch mit Ted auf den Spuren der Geschwister Brontë wandelte, kehrte das Paar nach Cambridge zurück. Sie notierte in ihrem Tagebuch: »Dieses amerikanische Mädchen kommt also nach Cambridge, um sich zu finden. Um sie selbst zu sein. Sie bleibt ein Jahr, im Winter hat sie schwere Depressionen.«[19] Zwar skizziert Plath vordergründig mit diesem »amerikanischen Mädchen« eine Romanfigur, zweifellos aber beschreibt sie auch ihre eigene Befindlichkeit. Denn die Depression war ihr ständiger Begleiter. Das Schreiben bedeutete für sie die Möglichkeit, in gesunde Distanz zu sich selbst zu treten und ihre Schattenseiten zu reflektieren. Dieser Abstand erleichterte es ihr gleichzeitig, mit Ted darüber ins Gespräch zu kommen.

Von Anfang an deuteten sich unterschwellig Spannungen und Krisen an, die schließlich in der Trennung eskalierten – und auf beiden Seiten im Schreiben transformiert wurden. Bei Sylvia Plath in dem Gedichtband *Ariel*, bei Ted Hughes in den *Birthday Letters*. Aber bis dahin hielten sie zusammen, auf eine ganz erstaunliche Weise, ungeachtet aller Absonderlichkeiten. Nachdem Sylvia Ted unmittelbar mitgeteilt hatte, wie es um ihre psychische Gesundheit stand, trug er ihre wechselnden Stimmungen mit bemerkenswerter Gelassenheit. Und mutete ihr von Beginn an seine sonderbaren Vorlieben zu: Noch als angesehener Dichter musste das Horoskop passen, damit er seine Manuskripte in den Briefkasten stecken konnte. Ging er zum Angeln oder auf die Jagd, legte er anschließend die Beute auf den Küchentisch. Stellte Sylvia derartige Gewohnheiten in Frage, konnte Ted schnell ungemütlich werden.

Doch es gelang dem Ehepaar, eine funktionierende Gesprächskultur zu entwickeln. Ein Bestandteil davon waren ihre literarischen Texte, die oft aufeinander reagierten, die sie gegenseitig lasen und diskutierten und in denen sie jeweils den Beziehungs- und Ehealltag aufarbeiteten. Dabei ersparten sie sich keinerlei Schmerz – vielleicht waren sie sogar eines der schmerzlichsten Paare der Kulturgeschichte. Nicht nur, weil die Ehe mit Sylvias Selbstmord endete und Ted zeit seines Lebens öffentlich die Schuld dafür zugeschoben wurde. Nein, von Anfang an waren beide entschlossen, sich dem anderen völlig hinzugeben. Sich mit ihrer durch die Literatur geschulten Sensibilität dem anderen gegenüber zu öffnen und sich möglichst vollkommen kennenzulernen, schloss natürlich die negativen Seiten mit ein.

In ihrem autobiografischen Roman *Die Glasglocke*, 1963 erschienen, stellte Sylvia Plath nicht ohne Selbstironie dar, wie schwierig das Zusammenleben mit einer jungen ambitionierten und hochsensiblen Frau sein musste. Das Buch wurde seinerzeit ein Bestseller, der offenbar vielen Frauen aus der Seele sprach. Etwa ein Jahrzehnt nach den tatsächlichen Ereignissen, ihrem Volontariat bei *Mademoiselle* in New York, begann Sylvia den Roman. Im Frühjahr 1961 teilte sie ihrer Mutter mit, die disziplinierte Arbeit daran sei für sie der Schlüssel zu ihrem Glück. Plath und Hughes lebten in London in beengten Verhältnissen. Als ihnen ein befreundetes Ehepaar ein Arbeitszimmer in seiner Wohnung zur Verfügung stellte, konnte sie morgens in Ruhe schreiben, während Ted am Nachmittag dort arbeitete. »Es war ein verrückter, schwüler Sommer, dieser Sommer, in dem die Rosenbergs auf den elektrischen Stuhl kamen und ich nicht wusste, was ich in New York eigentlich wollte.«[20] So lässt bereits der Romananfang den durchgängig geheimnisvollen, ja unheimlichen Ton anklingen, der nicht nur auf die damalige New Yorker Atmosphäre, sondern auch auf den Gemütszustand der Autorin schließen lässt.

Die Ich-Erzählerin Esther Greenwood, eine behütete junge

Frau aus der Provinz mit Sehnsüchten und Chancen, Ängsten und Verwirrungen, ist auf die Vielzahl der Erwartungen und Möglichkeiten der Großstadt und überhaupt des Erwachsenenlebens in den 1950er Jahren nicht vorbereitet. Die unvergessliche Szene, in der die Erzählerin in einem Feigenbaum sitzt und ihr Leben betrachtet, hat über die Jahre nichts an ihrer Eindrücklichkeit verloren.

Gleich dicken, purpurroten Feigen winkte und lockte von jeder Zweigspitze eine herrliche Zukunft. Eine der Feigen war ein Ehemann, ein glückliches Zuhause und Kinder, eine andere Feige war eine berühmte Dichterin, wieder eine andere war eine brillante Professorin, die nächste war Ee Gee, die tolle Redakteurin, die übernächste war Europa und Afrika und Südamerika, eine andere Feige war Constantin und Sokrates und Attila und ein Rudel weiterer Liebhaber mit seltenen Namen und ausgefallenen Berufen, eine weitere Feige war eine olympische Mannschaftsmeisterin, und hinter und über all diesen Feigen hingen noch viele andere, die ich nicht genau erkennen konnte.
Ich sah mich in der Gabel des Feigenbaums sitzen und verhungern, bloß weil ich mich nicht entscheiden konnte. Ich wollte sie alle, aber eine von ihnen nehmen bedeutete, alle anderen verlieren (...)[21]

Am Ende fallen die verdorbenen Feigen zu Boden, und es bleibt ein Eindruck von Enttäuschung und Aussichtslosigkeit. Die Intensität dieser Fantasie lässt die folgende Depression oder den psychotischen Absturz erahnen. Der Roman erschien unter dem Pseudonym Victoria Lucas, vier Wochen vor Sylvia Plath' Selbstmord. Den Erfolg, den diese Bekenntnisse nach sich zogen und auf den sie zeit ihres Lebens gesetzt hatte, hinterließ sie ihrem Begleiter. Dass dieses Werk entstand, war zweifellos auch Teds Unterstützung zuzuschreiben. Er meinte, Sylvia habe in *Die Glasglocke* zu ihrer eigenen dichterischen Sprache gefunden, genau wie in den *Ariel*-Gedichten. Offenbar befreite die unmittelbare Nähe zur psychischen Katastrophe die Dichterin von Konventionen und ließ ihre kraftvolle Bildsprache entstehen. Ted muss sich dieser riskanten Korrelation schon früh bewusst gewesen sein.

Ted Hughes hat keinen vergleichbaren autobiografischen Roman hinterlassen, doch die niederländische Autorin Connie Palmen legte 2015 unter dem Titel *Du sagst es* eine fiktive Autobiografie des Autors vor, die ihm aufgrund exzellenter Recherchen und wirklicher Empathie eine authentische Stimme verleiht. Ziemlich zu Beginn heißt es über jene Verliebtheit auf den ersten Blick: »Ihr Wahnsinn ist mein Wahnsinn.«[22] Beide besaßen ihre dunklen Seiten, die wohl auch die gegenseitige Faszination bedingten: In ihnen erkannten sie sich im anderen wieder. Trotz des Wissens um diese Veranlagung seiner Ehefrau scheute Ted nicht davor zurück, mit ihr okkulte Übungen zu machen, um das Bewusstsein zu erweitern und die Kreativität zu steigern – ein gefährliches Spiel mit dem Feuer.

Kaum ein kreatives Paar hat so viel Mut und Wut, Liebe und Schmerz, Konkurrenz und Einfühlungsvermögen miteinander gelebt und voneinander gefordert wie Sylvia Plath und Ted Hughes. Im richtigen Leben gab es so manche Selbstinszenierungen: Sie ging auf in ihrem Perfektionismus, er in seinem Freiheitsbestreben. Über ihr Zusammenleben wurde im Nachhinein viel gesagt, geschrieben und hinzugedichtet, Klarheit darüber wird es jedoch wohl nie geben.

Zwei ambitionierte, selbstbewusste, charakterstarke Dichter, die jeweils ihr Lebensziel definiert hatten, als sie sich kennenlernten, und sich doch immer wieder am Ringen des Partners um die Sprache und die wichtigen Themen orientierten. Beide konnten und mussten dafür an die äußerste Grenze gehen.

Von Anfang an war das Streben zum künstlerischen Erfolg nicht leicht gemeinsam zu leben. Für die Schaffensfreude gab es praktische Arrangements, zum Beispiel streng geregelte Arbeitszeiten. Zunächst gab es nur einen gemeinsamen Schreibtisch, später ein geteiltes Zimmer, und nach dem Umzug aufs Land bezog jeder sein eigenes Reich: sie ein geräumiges Zimmer in der oberen Etage, mit roten Vorhängen, einem luxuriösen roten Teppich und selbstgepolsterten Möbeln; er blickte von seinem Schreibtisch aus in die Weite der Moorlandschaft. Die Beziehung der beiden bedeutete neben der Einhaltung alltäglicher Vereinbarungen Verzicht, Widerspruch und Rivalität. Und dies nicht nur in beruflicher Hinsicht, sondern auch in der Liebe.

In ihrem Gedicht »Du bist«, geschrieben Anfang 1960, skizziert die hochschwangere Sylvia das flirrende Bild eines Gegenübers, in dem sich die Züge des noch ungeborenen Kindes mit dem vertrauten Gesicht des Ehemannes, Geliebten und Dichterkollegen zu vermischen scheinen:

In dich selbst verwickelt wie eine Spule,
Dein Dunkel nachschleppend gleich einer Eule.
(...)
Verschwommen wie Nebel und erwartet wie Post.
Weiter entfernt als Australien.
(...)
Sprunghaft wie eine mexikanische Bohne.
Richtig wie eine gelöste Rechenaufgabe.
Eine blanke Schiefertafel, darauf deine eigenen Züge. [23]

Die Einfühlung in das sprunghafte Wesen von Ted, ihre eigene Angst vor dem Verlust ebenso wie die Faszination von diesem so ersehnten Seelenverwandten klingen gleichermaßen an. Ein Versuch des Kennenlernens, könnte man sagen, ein Oszillieren zwischen Leidenschaft einerseits und sich entziehender Fremdheit andererseits. Dass hier eine Übertragung früherer Sehnsüchte nach einem tatsächlich liebenden Vater und die nachfolgenden Trennungserlebnisse hineinspielen, war Sylvia nicht zuletzt aus ihren ausgiebigen psychoanalytischen Therapiesitzungen bekannt. Die schmerzlichen Erinnerungen an den Vater ebenso wie das ambivalente Verhältnis zu ihrer Mutter machten es ihr auch nicht leicht, sich auf Frieda, ihr erstes Kind, und später dann auf Nicholas einzustellen.

Anhand der unterkühlten *Ariel*-Gedichte, die Sylvia Plath parallel zu *Die Glasglocke* verfasste, lässt sich rekonstruieren, welche Psychodynamik sie hinderte, ein Du tatsächlich wahrzunehmen und ihren letztlich geliebten Partner als den anzuerkennen, der er war – und nicht als inneres Vaterbild. In bekannten Gedichten wie »Vati« und »Madame Lazarus« beschreibt sie diese Doppelbilder und formuliert die Übertragung ihrer negativen Gefühle auf die Männerfiguren.

Es würde zu kurz greifen, Plath als übersensible Künstlerin mit harmlosen Aussetzern zu sehen. Vielmehr war ihrer Mutter Aurelia nach Sylvias Volontariat bei *Mademoiselle* aufgefallen, dass Sylvia sich selbst verletzte. Selbstmordgedanken und Depressionen nahmen zu und gipfelten in einem Suizidversuch der Neunzehnjährigen, der mit Elektroschocktherapie behandelt wurde, wie damals üblich.[24] Sylvia erzählte Ted davon. Ungeachtet dessen war er fest entschlossen, Sylvia mit all diesen Belastungen zu lieben – und nicht nur *trotzdem*. Doch selbst diese bewusste Entscheidung füreinander gelangte an ihre Grenzen:

Als Sylvia seine Beziehung zu Assia Wevill bemerkte – die Wevills waren ein befreundetes Ehepaar –, zerfetzte sie in einem Zornanfall seinen Oxford-Shakespeare und verbrannte seine Briefschaften in einem Feuer vor dem Haus. Diese Eifersuchtshandlung hielt sie sogar in einem Gedicht fest. »Burning the Letters« führt erschreckend nah an jene Episode heran, die wohl den Wendepunkt in dieser Ehe markierte: »here is an end to the writing«,[25] lautet die zentrale Botschaft. Sein literarisches Wirken wird genauso wie ihr Schreiben vernichtet und damit geht ihr gemeinsames künstlerisches Lebensprojekt zugrunde. Auch die Androhung ihres eigenen Endes ist nicht zu überhören. Sie wusste, Ted würde den Text lesen: Die literarisierte Vorwarnung konnte ihm nicht entgehen.

Ted Hughes' verspätete Antwort auf das schreckliche Ende ihrer gemeinsamen Geschichte, auf Sylvias *Ariel*-Gedichte und auf ihre gesamte Lebensproblematik sind seine *Birthday Letters*. Retrospektiv erzählen sie von der gemeinsamen Zeit und beziehen sich teilweise explizit auf Gedichte von Sylvia Plath. Diese sehr persönlichen Texte erwecken den Geist einer großen Liebe in künstlerischer Form wieder zum Leben.[26] Sie sind Versuche, einen wahrhaftigen Dialog herzustellen, der so offen nicht stattgefunden hatte.

Blicke ich dann zurück
Auf das Buch mit den gedruckten Worten.
Du bist zehn Jahre tot. Es ist nur eine Geschichte.
Deine Geschichte. Meine Geschichte.[27]

– so heißt es in einem dieser Gedichte, in denen die Zeit vom euphorischen Kennenlernen über die gemeinsame Zukunft bis zum Schmerz des Verlustes lebendig wird. Beider Leben verbindet rückblickend eine schicksalhaft verflochtene Geschichte, deren reale Ereignisse für Plath und Hughes immer mehr zu Vorlagen für einen guten Plot, ein gelungenes Gedicht oder mindestens für die Tagebücher wurden. Die *Birthday Letters* waren Metamorphosen des gemeinsamen Lebens und literarischen Schaffens, der jeweiligen Verletzungen und Verluste. Fünfundzwanzig Jahre hat Ted daran gearbeitet und sie erst 1998, also fünfunddreißig Jahre nach Sylvias Selbstmord und kurz vor seinem Tod veröffentlicht. Ein zuvor sehr verschlossener Mann zeigt in ihnen seine Zugeneigtheit, seine Verbundenheit und seinen Schmerz und evoziert poetisch die Gegenwart seiner Frau. Wie bei den *Ariel*-Gedichten seiner verstorbenen Ehefrau ist das lyrische Sprecher-Ich eine Maske, wenngleich mit stark autobiografischen Zügen. Letztlich lebte Sylvia Plath in Ted Hughes weiter, in seiner Erinnerung ebenso wie in der Beschäftigung mit ihrem literarischen Werk und dessen Herausgabe.

»Was kann ich über das Leben nach dem Tod sagen, das du nicht weißt?«[28] Die gefühlte Nähe von Sylvia als geliebte Frau, als Mutter, als Künstlerpartnerin setzt sich in diesem Gespräch fort. Schade, dass Sylvia die *Birthday Letters* nicht mehr lesen konnte. Hätte sie den Dialog ihrerseits fortgesetzt? Wie wäre es zwischen den beiden weitergegangen? Oder war es nur sein nostalgischer Blick zurück? Immerhin kümmerte sich Ted Hughes konsequent um die Herausgabe ihres Werkes und verhalf ihr somit zu dem nachhaltigen Ruhm, den sie sich immer ersehnt hatte.

# PURE GEGENWART

JOHN CAGE &
MERCE CUNNINGHAM

Die amerikanische Westküste hat sie beide geprägt, sowohl die Landschaft mit ihren riesigen Dimensionen, mit dem Wechsel von geheimnisvollem Nebellicht und gleißender Helligkeit, als auch mit den spirituellen Neigungen, die von den Indianern sowie aus Südostasien herrührten. Tanzen war für Merce Cunningham eine metaphysische Erfahrung jenseits des expressiven Tanzes, so wie John Cage sich vom Zen inspirieren ließ zu ganz unerhörten Klangerlebnissen, die sich von Harmonielehre oder sonstigen Gesetzen der Musiktradition verabschiedet hatten. Es ging ihnen darum, die Natur und ihre Prozesse in die Kunst aufzunehmen, Leben und Welt mit all den Zufälligkeiten und Beziehungslosigkeiten vorzuführen und daraus doch gegenseitige Beziehungen zu erzeugen. Allerdings blieb dabei die Autonomie der Kunst absolut, Tanz eine visuelle und räumliche Erfahrung und keine Darstellung von irgendetwas, Musik nur Klang und Rhythmus, woraus ein Hörerlebnis entstand. Sie eröffneten der Musik und dem Tanz unendlich viele neue Möglichkeiten, ausgehend vom Alltäglichen – das Gehen, das Laufen als Tanzelemente, Alltagsgeräusche oder Alltagsgegenstände als musikalische Mittel – und auf der Suche nach dem Geheimnis darin.

John Cage und Merce Cunningham waren Puristen. Nur so konnten sie sich wohl auch der Diffamierung und Verständnislosigkeit gegenüber ihrer Lebensform als homosexuelles Paar erwehren. Schöpfung und Zerstörung, Leben und Tod gestalteten sie in ihrer künstlerischen Formensprache. Anfangs gingen sie nur zu zweit auf Tournee, Cage spielte Klavier oder Schlagzeug, Cunningham tanzte. Später war es dann die Cunningham Dance Company, in der die beiden die zentralen Gestirne waren, künstlerisch grenzüberschreitend in jeder Weise. Cage veröffentlichte sieben Bände mit Gedichten und Essays, er malte und fertigte Druckgrafiken; Cunningham choreografierte und machte Filme. Zusammen trieben sie die Kunst mit Performances und Happenings voran, ohne die unsere heutige Kunstszene gar nicht denkbar wäre.

Mit buddhistischer Gelassenheit ließen sie Musik und Tanz autonom aufeinandertreffen, an gewissen Knotenpunkten kamen eine Komposition und eine Choreografie zusammen und entfalteten sich unabhängig und doch aufeinander bezogen. So lebten sie auch miteinander, jeder der eigenen Leidenschaft verschrieben und dann in den Performances aufeinander zustrebend und miteinander korrespondierend. Immer in rückhaltlosem Vertrauen darauf, dass miteinander etwas Gutes entstand, jetzt, im gegenwärtigen Augenblick.

John Cage beschreibt in einem autobiografischen Text seine grenzenlose Offenheit. Sozusagen alles und jeder konnte einen prägenden Einfluss auf ihn haben, angefangen bei den Eltern, später die namhaften Künstler, Philosophen und Musiker seiner Zeit. John kam 1912 im noblen Pacific Palisades in Los Angeles zur Welt. Der Vater war ein Erfinder, der für jegliche Probleme Lösungen zu finden wusste, die Mutter eine eher melancholische sozial engagierte Frau. Diese Gestimmtheit ging später in Kompositionen ein, *Crete* für die Mutter und *Dad* für den Vater. Beide Elternteile hatten keine akademische Bildung, so dass er selber dahingehend auch wenig ambitioniert war. Aber er bildete sich seine Meinung über die Dinge; er nahm gern an Redewettbewerben teil und gewann den Preis für seine High School mit einem Text über Interkulturalität – »Andere Völker denken« –, der mit dem Appell an gegenseitigen Respekt zwischen den Völkern noch heute aktuell ist. So entstand sein Wunsch, Schriftsteller zu werden; von der akademischen Lehre war er wenig überzeugt. Nach zwei Jahren brach er das Studium ab, um in Europa die Welt, die Kultur und sich selber zu finden. Nach dieser nicht ganz klassischen Bildungsreise kehrte er nach Los Angeles zurück, wo die Eltern infolge der Großen Depression nur noch bescheiden wohnten, aber seine Ansprüche waren ohnehin nicht materiell. Wegweisend war seine Begegnung mit dem damals weltberühmten Arnold Schönberg. Schönberg war 1933 von Berlin über Paris nach Los Angeles emigriert, nachdem die Nazis ihn als Juden (obwohl er zur evangelischen Religion konvertiert war) aus der Preußischen Akademie der Künste ausgeschlossen hatten. Schönberg vermittelte dem jungen Musiker seine Zwölftontechnik, an der Hochschule und im Privatunterricht. Um mit diesem Ordnungsprinzip zu komponieren, müsse er täglich mindestens sechs Stunden arbeiten. Allerdings bezweifelte Schönberg, dass Cage es je schaffen werde, solche Musik zu komponieren. Er werde »an eine Wand stoßen und nicht durch sie hindurchgehen können«. Darauf Cage: »Dann werde ich mein Leben lang mit dem Kopf gegen diese Wand rennen.«[1] Um sich von diesen negativen Prophezeiungen zu lösen, begann er nun – weg von der komplizierten Harmonik –, alles und jedes als Schlagzeug zu benutzen und sonst wie Geräusche zu erzeugen. Daraus entstanden kurze Motive, die zwischen Stillesequenzen angeordnet waren. Dies muss ein Befreiungsschlag von jeglichen Autoritäten und Traditionen gewesen sein. In dieser Zeit lernte er seine spätere Ehefrau Xenia Kashevaroff kennen, eine aus Alaska stammende Buchbinderin mit russischen Wurzeln, die nun zunehmend in seine musikalischen Erfindungen einbezogen wurde, so dass sie ihn zu Performances und auf Reisen begleitete. Noch ehe er nach Seattle aufbrach, erfand er das »präparierte Klavier«, eine Notlösung in einem beengten Theater, wo er Perkussionsinstrumente für eine Tanzaufführung in afrikanischem Stil brauchte. Neben einem Stutzflügel gab es für weitere Instrumente keinen Platz. Also machte er sich den Flügel passend, legte Papier und Gegenstände auf die Saiten und verwandelte ihn so in ein Perkussionsorchester, mit dem moderaten Klangvolumen eines Cembalo. Im Rundfunkstudio der Cornish School erweiterte er diese Erfindung durch kleine Geräusch- und Klangeffekte, indem er Radiergummis,

Nägel, Lederstücke zwischen die Saiten steckte und aufgezeichnete Sinus-Wellen einspielte – die Vorläufer der elektronischen Musik. Dann bot sich der Job an der Cornish Art School, von dem er sich versprach, dort auch mit Tänzern zusammenarbeiten zu können.

Der sieben Jahre jüngere Merce Cunningham wuchs in der kleinen Stadt Centralia im Staat Washington auf. Sein Vater war Jurist, beide Elternteile waren mit einem gewissen Pioniergeist aus der Mitte der USA an die Westküste gezogen. Seine Mutter erinnerte sich später, dass der kleine Merce beim Sonntagsgottesdienst den Mittelgang zwischen den Kirchenbänken entlangtanzte. Im Alter von zehn Jahren durfte er mit dem Tanzunterricht beginnen, der Tanz interessierte ihn mehr als die Schule. Schon bald ging er mit seiner Tanzlehrerin und deren Kindern auf eine kleine Tournee an der Westküste entlang, wo er seine Begeisterung für die Bühne entdeckte. Er spielte auch Klavier, besonders gern Jazz. Nach dem Schulabschluss gab es für ihn nur ein Ziel: etwas Künstlerisches zu studieren, und die bemerkenswert aufgeschlossenen Eltern gaben dem Wunsch nach. Merce nahm an der Cornish Art School in Seattle das Schauspielstudium auf, aber nach kurzer Zeit wechselte er zum Tanz. Ein schmaler, großgewachsener junger Mann, lockiges Haar, muskulöse Beine, drahtiger, aufrechter Oberkörper, geschmeidig und biegsam wie ein Panther. So schüchtern er wirkte, er war ziel- und leistungsbewusst, getrieben von einer unbändigen Lust auf Tanz. Bereits nach dem ersten Studienjahr bekam er ein Stipendium, um an der Summerschool 1938 am Mills College in Oakland, Kalifornien, teilzunehmen. Dafür hatte seine Tanzlehrerin Bonnie Bird, ehemals Tänzerin bei Martha Graham, gesorgt.

Mit Beginn des neuen akademischen Jahres, im Herbst 1938, kam John Cage als Korrepetitor an die Cornish Art School. Hier nannten ihn die jungen Leute nicht beim Namen, sondern verwiesen voller Bewunderung auf ihn als den »gut aussehenden jungen Mann mit dem roten Pullover«. Zu hören bekamen sie dann ganz Unerwartetes, als er nach wenigen Wochen seine Kollegin Bonnie Bird vertreten musste, die auch im Fach Komposition unterrichtete: Auf dem Fußboden skizzierte er seine Idee, wie Zeit sich in Zeit- und Raumeinheiten untergliedern lässt. Klang versus Stille korrespondierte Bewegung versus Ruhe. Musik sollte ein integraler Bestandteil des Tanzes werden, nicht nur dessen Begleitung. Vor allem ging es darum, den Geist zu klären und zu beruhigen. Geräusche waren dazu da, alle Hörgewohnheiten zu verändern – und danach der Stille lauschen zu können. Die jungen Tänzer mussten mit Schlagzeug ihre Musik komponieren, was Cage als revolutionär empfand: Perkussion bot den Übergang zu einer Musik der Zukunft. Das wirkte ansteckend: Cunningham begann nun, Stücke für größere Aufführungen zu choreografieren, zu zeitgenössischer Musik, die Cage für ihn spielte. Und Merce spielte bei Cages Perkussionskonzerten mit. Danach trennten sich die Wege vorübergehend, doch in New York trafen sie sich wieder.

Im Sommer 1939 besuchte Cunningham erneut den Sommerkurs am Mills College, an dem diesmal Mitglieder der Bennington College School of Dance teilnahmen, darunter auch Martha Graham, die bereits Anfang der 1930er Jahre an der Cornish School unterrichtet hatte. Martha Graham lud ihn ein, nach New York zu kommen und in ihrer Kompanie mitzutanzen. Martha Graham hatte den Tanz revolutioniert; ihr künstlerisches Credo war, dass Tanz die verborgene Sprache der Seele sei. Ihre besondere Form des Ausdruckstanzes war Merce vertraut, selbst wenn er bereits zu diesem frühen Zeitpunkt seinen eigenen abstrakten und auch spirituellen Stil suchte.

Im September fand er sich bei Martha Graham ein, die erstaunt war, dass er der Einladung tatsächlich gefolgt war. Nun hatte er zweimal pro Tag Unterricht bei ihr und war mit zwanzig Jahren Solotänzer der Martha Graham Company in New York.

Er bewohnte zwei bescheidene Zimmer, eins war zum Trainieren, das andere Wohn- und Schlafzimmer. Das Holz zum Heizen suchte er sich auf der Straße. Finanzielle Unterstützung gab es nicht, da galt nur die Besinnung auf die eigenen Ressourcen und den ersten Auftritt mit der Martha Graham Dance Company im St. James Theatre am 27. Dezember. Nach der Aufführung wunderte er sich, dass man in New York nicht einmal nach einem solch großartigen Abend zur Ruhe kam. Aber er empfand es als übergroßes Glück, mit Martha Graham aufzutreten, dafür lohnte sich all die Disziplin. Das Tempo der Metropole trieb ihn an die American School of Ballet, wo er mit einem Stipendium klassisches Ballett erlernte – und in den Unterrichtspausen die umliegenden Kunstgalerien erkundete. Das Training, gleich welcher Schule, war für ihn eine Art Meditation, eine vollkommene Hingabe an den Tanz, die er immer wieder als Ekstase erlebte. Dann war für ihn alles in Balance, physisch, mental, spirituell. Dabei war er unabhängig von musikalischer Begleitung, er hatte den Rhythmus in sich, und mit anderen Tänzern entstand durch Bewegung, Atem und Geräusche am Boden rhythmische Übereinkunft. Jeden Tag nahm er sich eine Stunde Zeit, mit Bewegungsabläufen zu experimentieren, um über die Grenzen des Ausdruckstanzes hinauszugehen. Er wollte mit dem Tanz nichts darstellen, anders als im Ausdruckstanz, keine Gefühle, keine inneren Zustände. So wie auch Cage bestätigte, dass seine Musik nichts aussagen will, weder Geschichten noch psychologische Probleme erzählen soll, der Sinn ergebe sich vielmehr erst, wenn jemand ihn entschlüssele. Darin waren die beiden sich einig.

Am 14. März 1942 trat die Martha Graham Dance Company in der Oper in Chicago auf – und John sah Merce auf der Bühne wieder. Ein furioser Briefwechsel begann. John schickte Briefe heißer Verliebtheit und Sehnsucht an Merce, ab Mitte 1942 dann aus New York, immer verspielt, humorvoll, geistreich, sinnlich-erotisch. Gern würde man die Reaktionen seines »Prinzen« lesen, den er beispielsweise am 13. Juli 1943 bittet, er möge ihm die Muse herschicken, falls er sie träfe, er sei an dem gefährlichen Punkt, an dem er sich dem Nichtstun hingäbe und erwarte, dass die Inspiration von selber käme. Aber selbstkritisch fügt er in einem distanzierten Passiv hinzu, das Arbeiten werde vermieden, und das müsse aufhören. Eine Woche später bemerkt John, die Muse heiße Euterpe (Muse der Tonkunst), aber er käme nicht zurecht mit ihr, lieber würde er mit ihm, Merce, reden. Und dieser Brief schließt: »Ich sehne mich nur danach, am Strand hin und her zu laufen und nach Dir zu suchen.«[2] So springen die Briefe hin und her zwischen praktischen Angelegenheiten wie Übersetzungsaufträgen, Mietzahlung, Rechnungen, Wäsche, kulturhistorischen Anspielungen – und explizitem sexuellen Begehren, dabei immer literarisch gestaltet mit dem Formwillen des Künstlers. Die künftige Zusammenarbeit bahnt sich hier ebenfalls an: John regt Merce an, künstlerisch eigene Wege zu gehen, unabhängig von Martha Graham. Aber es gibt auch abgründige Verzweiflung, Verlustängste, Bitterkeit, als Ende 1944 der gemeinsame Hausstand aufgelöst wurde. In der Rückschau wissen wir jedoch, dass die beiden ungeachtet solcher Aufs und Abs wieder zusammenfanden und jahrzehntelang ein Paar blieben.

John Cage wurde von dem vielseitigen Bauhaus-Künstler László Moholy-Nagy, der über Amsterdam und London in die USA emigriert war und 1937 in Chicago das *New Bauhaus*, die spätere *School of Design* gründete, eingeladen, einen Kurs in *Sound Experiments* zu geben, in dem mit Klängen experimentiert werden sollte. In diesem Kontext lernte er Peggy Guggenheim und Max Ernst kennen, die ihn nach New York einluden. Dort musste er erst einmal beweisen, dass ein präpariertes Klavier einen Konzertbesuch wert war; so übernahm er Bibliotheksrecherchen, bei denen Merce ihn unterstützte.

Bereits im Sommer 1942 ergab sich eine Zusammenarbeit am Bennington College in Vermont. Wenn John und Merce ein Stück entwickelten, auch zusammen mit anderen Tänzern, einigten sie sich auf eine Zeitstruktur, und dann ging es wie beim Improvisieren im Jazz: Bei Johns *Ad Lib* übernahm Merce den Blues-Part, seine Partnerin Jean Erdman den schnellen Part, und sie tanzten – eben ad libitum. Nicht jeder war davon begeistert, die Kollegen unterstellten, es könne unmöglich improvisiert sein. Zu Jazz zu tanzen, war allerdings keine Option, John mochte keinen Jazz, nur beim Training konnte Merce sich Jazz erlauben.

Erst einmal stand im Februar 1943 im Museum of Modern Art ein Konzert unter Johns Leitung an, bei dem Merce im Orchester mitspielte. Im selben Jahr überarbeitete John sein 1936 komponiertes Stück *Amores*, zweifellos mit Bezug auf Ovids gleichnamige Liebeselegien und seine junge Liebe Merce, der dann Jahre später die Choreografie zu diesem Stück gestaltete. Schon 1942 hatte John *Credo for Us* komponiert, Merce die Texte und die Choreografie dazu verfasst. Diese Satire über die Ehe im Allgemeinen – wahrscheinlich nicht über die damals noch intakte Ehe von John und Xenia – hatte im selben Jahr Premiere und wurde 1955, wiederum mit Merce als Tänzer und diesmal mit der Primaballerina Carolyn Brown, mehrmals aufgeführt. Das Thema Beziehung stand von Anfang an im Raum, implizit auch die neue Beziehung mit Merce, die unerwartete Konflikte in Johns Leben brachte: die Ehe mit Xenia und die gleichgeschlechtliche Partnerschaft. John fühlte sich zunehmend unausgeglichen und suchte psychotherapeutische Hilfe. Zu jener Zeit, bis 1973, gehörte Homosexualität zu den Krankheitsbildern, die in der Diagnoseliste der American Psychiatric Association (APA) geführt wurde. Demnach musste eine analytische Psychotherapie das Ziel verfolgen, an einer solchen Persönlichkeitsstörung oder psychischen Erkrankung zu arbeiten. Selbstverständlich erwies sich ein derartiger Therapieansatz als unsinnig. Das war John nach der ersten Sitzung klar. In seiner Verzweiflung versuchte er es mit Zen, und tatsächlich wirkten die Vorlesungen von Daisetz T. Suzuki an der Columbia University befreiend: nicht mehr über die Konflikte und bedrückenden Gefühle zu sprechen wie bei Freud, sondern sie anzunehmen, durch sie hindurchzugehen zu etwas Neuem. Gelassenheit, Loslassen, Nicht-Denken löste nicht nur die inneren Konflikte, sondern gab auch seiner künstlerischen Arbeit langfristig Impulse.

Die erste gemeinsame Premiere in der langjährigen Arbeits- und Lebensbeziehung fand am 5. April 1944 statt. Die beiden Männer traten im Humphrey-Weidman Studio Theatre mit drei Musikstücken und sechs Solotänzen auf, für die John die Musik geschrieben hatte. Die Kostüme hatte Merce selber entworfen; die Miete für den Theaterraum ging zu Lasten der beiden Künstler; Flyer und Programmhefte hatte Cage gestaltet. Bei dieser Aufführung kristallisierte sich heraus, wie Musik und Tanz nur Anfang und Ende gemeinsam haben müssen, ansonsten dissoziiert und eigenständig sein können. Seither arbeiteten John und Merce unabhängig voneinander und erlebten in der Performance dann, was sich in der Begegnung entwickelte. In *Solo Suite in Space and Time* (1952) gehorchten Musik und Bewegung dem Zufall, sowohl die Textzeilen und Grafiken der Partitur wie die Notizen für die Choreografie basierten auf Zufallsoperationen. Durch den Rhythmus, gemeinsamer Nenner von Musik und Tanz, wurde mit Tempi, Agogik, Pausen in der Musik und Bewegungsabläufen im Tanz eine Struktur eingehalten.

Allen finanziellen Engpässen zum Trotz brachte Cage regelmäßig Projekte mit Cunningham auf die Bühne, und nach Aufführungen in New York gingen sie auf Tournee durch die Vereinigten Staaten, anfangs zu zweit, später mit mehreren Tänzern. Bei einer Tournee durch die USA war die Truppe mit acht Mitwirkenden in einem Volkswagenbus unterwegs, den John und

Merce Ende 1956 auf Kredit gekauft hatten, man spielte auf der Fahrt Scrabble, John versorgte die Tänzer mit köstlichen Picknicks, und an der Tankstelle pellte sich jeweils einer nach dem anderen aus der Enge nach draußen und nutzte den Halt als Minitrainingseinheit. In Ohio fragte der Tankwart, was für Spaßvögel sie denn seien. Wie viel Applaus sie für ihre Performances bekamen, war irrelevant. Merce und John waren überzeugt, dass sich hier und da Leute wirklich interessierten für das, was sie zu sehen und zu hören bekamen.

So kam es, dass die beiden ans Black Mountain College in North Carolina eingeladen wurden, als Lebenskünstler, als Künstler und als Teamspieler. Cage hatte schon zuvor Kontakt mit den dortigen Künstlerkollegen aufgenommen. Eine Stelle hatten sie allerdings nicht für ihn, und an einem Zentrum für experimentelle Musik waren sie ebenfalls nicht interessiert. Doch im April 1948 konnte John gemeinsam mit Merce für Kollegen und Studenten des Black Mountain College eine Woche lang Performances geben, Vorlesungen halten und sich mit ihnen austauschen. In diesem Kontext wurde das Zusammenspiel der Künste erprobt. Black Mountain und dieses Künstlerduo passten zusammen, sie wurden direkt fürs Folgejahr wieder eingeladen. Im College-Magazin wurde ihr erster Besuch folgendermaßen kommentiert: »Der Strom an kreativer Energie seit ihrem Besuch hat alle im College angeregt und sowohl die schöpferische Arbeit als auch die positiven Reaktionen beflügelt.«[3]

Ein drittes Mal waren Cage und Cunningham im Sommer 1952 eingeladen. Als erstes Happening sollte eine von John Cage organisierte Theateraufführung als unvergesslich in die Kunstgeschichte eingehen. Zuvor hatte Cage minutiös die Anordnung der Sitzreihen aufgezeichnet, die in vier Blöcken um eine zentrale Bühne angeordnet waren, so dass die Aufführung im Speisesaal des Colleges nicht nur in der Mitte, sondern in den Gängen und hinter dem Publikum stattfand. Das Publikum sollte mit einbezogen werden, entsprechend der Idee, dass ein Gesamtkunstwerk zusammen mit den Zuschauern beziehungsweise Zuhörern erschaffen wird. Bei dieser legendären 45-minütigen Aufführung wirkten außer John und Merce mit: Charles Olson und Mary Caroline Richards, des Weiteren Robert Rauschenberg und David Tudor – und ein Hund, der Merce beim Tanzen um die Beine sprang. Das Happening war geboren, die Bühne abgeschafft, und ohne Barriere entstand zwischen Künstlern und Publikum ein unausweichliches Erlebnis. John hielt, im schwarzen Anzug mit weißem Hemd und schwarzer Krawatte, seinen Vortrag von einer Kanzel am Rande des Geschehens; später notierte er seine Erinnerung: »am black mountain college organisierte ich 1952 eine veranstaltung unter einbeziehung von bob rauschenbergs gemälden, merce cunningham's tanzkunst, filmen, dias, schallplatten, radiogeräten, den von leitern herab rezitierten dichtungen von charles olson und m. c. richards und dem klavierspiel von david tudor, zusammen mit meiner juilliard lecture, die mit den worten endet: ›ein stück saite, ein sonnenuntergang, beide handeln.‹«[4] Treffender lässt sich die Independenz dieses simultanen Zusammenwirkens ebenbürtiger Künste und Künstler nicht beschreiben. In der nun folgenden jahrzehntelangen Kooperation zwischen Cage und Cunningham sollten sich Musik und Tanz umso mehr voneinander lösen, als diese Unabhängigkeit zu ihrem gemeinsamen ästhetischen Prinzip wurde.

Das Unterrichten machte Merce Spaß. Nach diesem aufregenden Sommer mietete er in New York stundenweise ein billiges Loft, staubig, eiskalt, aber eben mit Platz zum Tanzen. Gelegentlich tauchte John Cage auf und begleitete die Tanzschüler, die eigentlich längst Solisten waren, am Klavier. Allerdings spielte Cage gern so falsch wie möglich, beispielsweise die patriotische Hymne »My Country, 'Tis of Thee«, Tonart, Rhythmus, Melodie, alles daneben, so dass unter großem Gelächter jegliche Konzentration zerstob und Merce wenig amüsiert war. Oder die beiden Liebenden gerieten aneinander, weil John den Takt nicht halten konnte – worin vielleicht seine Begeisterung für die »Unbestimmtheit« wurzelte. Andererseits ging er in seinen Schlagzeugkompositionen kreativ mit Rhythmus um, woraus sich in der Begegnung mit dem Tanz jene unerhörten Experimente ergaben. In der Beziehung stimmten offenbar Rhythmus und Harmonie, und solche dissonanten Intermezzi gehörten dazu. John ergänzte die Tanzausbildung, indem er sich montags nach dem Unterricht mit den Tänzern zusammensetzte und mit ihnen Fragen der modernen Musik diskutierte. Merce war mit seinen Schülern am besten durch Rhythmus und Bewegung im Kontakt, für Gespräche war er wenig zugänglich.[5]

Im Folgejahr stellte Merce am Black Mountain College eine Tanzkompanie zusammen, die innovative Ideen umsetzen sollte, daraus wurde dann die Merce Cunningham Dance Company, deren musikalischer Leiter John Cage war. Nun hatte Cunningham nicht mehr nur für sich selber die Verantwortung, sondern auch für seine Tänzer. Jeder Tanz, jede Choreografie war für ihn ein Schritt auf dem Weg der gemeinsamen Exploration neuer Möglichkeiten. Dazu gehörten weiterhin die Prinzipien, über die er sich mit Cage einig war: Tanz und Musik werden unabhängig voneinander entwickelt, kommen dann aber gleichzeitig am selben Ort zusammen. Für Merce bedeutete das eine größere Freiheit des Tanzes, weil er nicht von bestimmten musikalischen Vorgaben abhängig war. Wenn dies auf die Künstlerbeziehung übertragen werden darf, so gaben sie sich wohl gegenseitig viel Freiheit und begegneten sich doch im jeweils gegenwärtigen Augenblick ganz unmittelbar und gingen aufeinander ein.

Dies galt auch, wenn weitere Künstler mitarbeiteten. Hier ist *Summerspace* (1958) zu erwähnen. Es ist aus 190 Choreografien und über 700 Events eines der herausragenden Stücke Cunninghams. Schon der Titel weist auf eines der Grundprinzipien hin: Die Sommerzeit definiert den von Robert Rauschenberg pointillistisch in Aquarellfarben gestalteten Raum; die Tänzer trugen eng anliegende Bodys in demselben Design, so dass sie mit der Umgebung verschmolzen. Das Stück sollte kein Zentrum haben; es gab keine Kulissen für Auf- und Abgänge, was einem Naturerlebnis nachempfundene Eindrücke vermittelte. Merce trat mit fünf Tänzern gleichberechtigt auf, wie Vögel flatterten sie und drehten sich mit großer Schnelligkeit und Leichtigkeit über die rund angelegte Bühne. Die Musik, die nicht »Summerspace«, sondern »Ixion« hieß und somit deutlich als eigenständiges Werk gekennzeichnet war, hatte Morton Feldman komponiert; Cage hatte die Klavierfassung arrangiert, die er mit David Tudor zusammen spielte. Wasserplätschern und Donnergrollen sollten die Assoziationen sein, ein kollaboratives Sommerritual, das nach der Uraufführung beim American Dance Festival am Connecticut College im August 1958 bis 2003 im Repertoire der Cunningham Dance Company blieb. In dem großartigen Film *Cunningham* von Alla Kovgan kann man diese Produktion als eindrucksvolles Gesamtkunstwerk in 3-D bewundern, wie Cage und Cunningham sie wohl auch realisiert hätten, wenn ihnen die technischen Möglichkeiten schon zur Verfügung gestanden hätten, denn beide waren sehr technikaffin. Besonders wird offenkundig, dass die Choreografie, so individuell die Tänzer auch sein mögen und so viel Zufall zugrunde liegt, immer wieder geradezu magisch auf die Begegnungen zustrebt, sie sind die eigentlichen Knotenpunkte des Werkes.

Inzwischen gastierte die Company nicht mehr nur im kleinen Stil. 1964 führte die Welttournee Merce und John unter anderem nach Thailand, Japan und Indien; 1968 unternahmen sie eine Tournee durch Südamerika, mit entsprechend kontroversen Eindrücken und Reaktionen. Doch es gab auch Heimspiele: Die New Yorker Philharmonie beispielsweise gab 1965 *Variation V* als Komposition in Auftrag, Merce tanzte dazu. Doch eigentlich waren die 1960er Jahre weniger das Jahrzehnt der Künste als eine hochpolitische Zeit des Umbruchs, und so notierte John seine Einfälle und Geschichten dazu in dem »Tagebuch: Wie die Welt zu verbessern ist (Du machst alles nur noch schlimmer)«. In verschiedenen Schriftgrößen und eher wie ein Langgedicht gesetzt, häuft er hier Einfälle, Zitate und Geschichten aufeinander. An einer Stelle heißt es lakonisch, als Kleingedrucktes:

»Wenn wir in
verschiedene Richtungen gehen, erfahren wir
nicht Trennung, sondern Raumgefühl.«[6]

Man kann dieses Zitat als geradezu buddhistischen Kommentar zu ebenjenen politischen Turbulenzen lesen, die letztendlich einen Befreiungsschlag für die Gay-Bewegung mit sich bringen sollten, aber vielleicht war dies im Grunde auch ein Rezept für die Beziehung. Keine Trennung zu befürchten, wenn jeder eigene künstlerische Wege geht und damit den gemeinsamen Lebensraum erweitert.

Nachdem Cage und Merce fast dreißig Jahre ein Paar waren und, abgesehen von den Anfängen im Jahr 1944, getrennte Wohnungen hatten – zudem hatte Cage sich 1954 nach Stony Point aufs Land zurückgezogen –, zogen sie 1971 zusammen. Kurz nach dem Einzug in 107 Bank Street in Greenwich Village fühlten sie sich von lauter Musik gestört – bis sich herausstellte, wer nebenan wohnte: ihre Freunde Yoko Ono und John Lennon. Da hörte sich der Lärm schon anders an. Anfang 1979 zog das Paar um, nicht weit entfernt in ein sonniges Loft, 101 West 18th Street, mit sieben großen Fenstern und Zugang zu einer Dachterrasse mit Blick auf die 6th Avenue. Die Wohnung glich einer Sammlung moderner Kunst: Sie war mit den Bildern der Freunde Jasper Johns, Robert Rauschenberg, Cy Twombly ausgestattet. Cage und Cunningham bauten ein zweites Badezimmer und ein Jacuzzi ein. Dieses ohnehin großzügige Ambiente erweiterten sie um die Nachbarwohnung, so dass auch für die über zweihundert Zimmerpflanzen Platz genug war. Tatsächlich war Cage ein geradezu manischer Sammler, schon Anfang der 1940er Jahre besaß er etwa 150 Schlagzeuginstrumente, die wohl mehr der Inspiration dienten als dem praktischen Einsatz. Solche Einzelheiten führen vor Augen, dass John und Merce ihre Lebensform sehr bewusst gestalteten, um künstlerisch produktiv zu sein, was auch in Johns makrobiotischer Kochkunst zum Ausdruck kam.

Dass die Liebenden ihre Beziehung so diskret hielten und uns so wenig über das private Leben überliefert ist, dass Cunninghams Tagebuch, das er von 1971 bis zu seinem Lebensende teils mit farbigen Zeichnungen illustrierte, bis heute nicht zugänglich ist und seine Briefe an Cage nicht auffindbar sind[7], mag mit den Zeitumständen zu erklären sein. Denn noch in den 1950er und 60er Jahren – insbesondere während der McCarthy-Ära – wurde Homosexualität in den USA strafrechtlich verfolgt. Entsprechend wurde darüber geschwiegen. Und man darf vielleicht John Cages »Ich habe nichts zu sagen und ich sage es«[8] in seinem »Vortrag über nichts«, den er 1949 im New Yorker Artists' Club hielt, ganz wörtlich nehmen, nicht nur im Hinblick auf die Funktion der Stille in der Musik.[9] Cage übersetzte diesen Mangel an Verständigung und Verständnis in eine Form des Widerstands, ja, dieses Schweigen konstituierte seine eigene Lebensform. Auffällig hingegen ist, dass Cunningham in seinen Choreografien gleichgeschlechtliche Duette vermied, mit einer Ausnahme, und zwar in Doubletoss, 1993 kurz nach Johns Tod entstanden, wo sechs Tänzer und acht Tänzerinnen in allen denkbaren Paarkonstellationen auftraten. Generell bemühten sich beide, künstlerisch nicht expressiv zu sein, sondern abstrakt, zufallsbestimmt, formal zu arbeiten.[10]

Aber in den 1980er Jahren machte Aids das Thema »Homosexualität« politisch und öffentlich brisant, so dass auch Cage hin und wieder darauf angesprochen wurde. In einem Interview antwortete er auf die Frage, was seine Beziehung zur homosexuellen Community sei, fast beiläufig, das sei eben seine Lebensform. An anderer Stelle bemerkte er, die Gay Experience sei nicht so sehr eine Frage von Hetero- versus Homosexualität, die Menschen seien komplizierte Wesen: »Sie sind vielleicht zweiundvierzig Prozent Mann und zu achtundfünfzig Prozent ... oder vielleicht viele andere Dinge gleichzeitig. Genau deshalb ist jeder einzelne Mensch so interessant.«[11] Eine solche Reaktion entsprach seinem vom Zen beeinflussten Denken. 1987 spendete er für die Organisation *Gay Men's Health Crisis* und förderte im Folgejahr mit den Erlösen aus einem seiner Werke die Aids-Forschung. Doch die Leute wollten es genauer wissen. Bei einer Fragerunde nach der Aufführung *Celebrating Merce Cunningham* im September 1989 in Berkeley bat ein Journalist Cage und Cunningham zu erzählen, welche Beziehung sie zueinander hätten. John und Merce schauten sich an, die Zuschauer waren perplex. »Schließlich sagte Cage: ›Also, ich koche und Mr. Cunningham macht den Abwasch.‹ Die meisten im Publikum verstanden, dass die beiden eine romantische Beziehung verband, und dann brach im Saal großes Gelächter aus.«[12] Aber mit solchen Enthüllungen bekannten sie sich nicht offen zu ihrer Homosexualität.

Auch in Deutschland fanden zwischen 1958 und 2011 immer wieder Auftritte statt. In Berlin und Frankfurt hatte die Merce Cunningham Company im Lauf der Jahre ein Stammpublikum. Im November 1983 gab es, nach der Uraufführung von *Roaratorio* in Frankreich, zwei Abende in der Alten Oper in Frankfurt. Das einstündige Stück war James Joyces Roman *Finnegans Wake* gewidmet, der beide seit 1944 beschäftigte. Gewiss hatten sie darüber gesprochen, über den ungewöhnlichen Umgang mit der

Sprache, über die Neologismen und die Einsprengsel aus anderen Sprachen. Wie der Untertitel sagte, sollte es »ein irischer Circus über ›Finnegans Wake‹« sein. Cage hatte die Musik 1979 komponiert und Originaltöne in Irland aufgenommen, dazu Zitate aus dem Buch und eigene Kurzgedichte eingearbeitet, alles inspiriert von traditioneller irischer Musik. Cunningham spürte primär das Gefühl von Tanz darin, das er dann in ein buntes Treiben, in die Passagen und Schritte übersetzte, und mit sechzehn Tänzern entfaltete er eine quirlige folkloristische Szenerie.

In den 1980er Jahren wurde das gemeinsame Leben angespannter. Merce war weiterhin ständig auf Tournee, während John sich zu diesem Lebensrhythmus nicht mehr in der Lage fühlte, und er vermisste seinen Gefährten. Im August 1992 erlitt John einen Herzinfarkt, und Merce fand ihn zu Hause auf. Am folgenden Tag verstarb John Cage, drei Wochen vor seinem 80. Geburtstag. Merce meinte, John wäre ein Fest lieber als eine Trauerfeier, so dass er zu einer Halloweenparty am 31. Oktober 1992 in den Cunningham Westbeth Dance Studios einlud. Auch an den gemeinsamen Freund Siegfried Unseld, den Verleger des Suhrkamp Verlags, schickte er eine Einladungskarte mit handschriftlichem Gruß. Zweitausend Gäste ebenso wie die Medien weltweit gedachten des einzigartigen Musikers und Komponisten, des Zen-Lehrers und Lebenskünstlers, des Freundes und Weggefährten.

Cage und Cunningham waren sicher ein Dreamteam, aber längst nicht immer einer Meinung; Auseinandersetzungen gehörten zu den jeweiligen Innovationen und Experimenten. Unter den hier vorgestellten Paaren sind sie das einzige, das über Jahrzehnte gemeinsame Projekte realisierte, indem jeder vollkommen eigenständig und gleichberechtigt seinen Part entwickelte und erst im Zusammenspiel das eigentliche Werk Gestalt annahm. Zwei sehr verschiedene Charaktere waren hier zusammengekommen: John war ein analytischer Mensch, während

Merce körperlich-sinnlich war. Beide hatten auf ihre Weise eine tiefe Spiritualität entwickelt, die sie wiederum verband. Und beide fanden in ihrer Kunst eine Form für ihre tiefe Emotionalität, die dem Erleben Struktur und Klarheit gab. Sie waren immer dem jeweiligen Augenblick und der künstlerischen Begegnung verpflichtet und somit unermüdlich offen für Veränderung.

ZELDA &
F. SCOTT FITZGERALD

Das Paar lernte sich 1918 bei einem Tanzfest in Montgomery, Alabama, kennen. Der blendend aussehende junge Francis Scott Fitzgerald hatte sich vom Studium in Princeton zum Militärdienst gemeldet und wartete nun auf seinen Einsatz in Europa. Zelda Sayre, knapp achtzehn Jahre alt, verdrehte als bezaubernd hübsche und aufgeweckte Südstaatenschönheit den Männern die Köpfe. Grundsätzlich war sie dazu bereit, sich gemäß der Tradition einem Partner unterzuordnen – trotzdem machte sie sich erst einmal rar, als sie Scotts Interesse bemerkte. Dann stellte sie ihre Bedingungen, aber er wusste sie zu erobern.

So unterschiedlich ihre beruflichen Karrieren verliefen, in ihrer Wesensart waren sich Scott und Zelda geradezu unheimlich ähnlich. Beide hatten einen ungeheuren Lebenshunger. Sie waren den berauschenden Veränderungen und Beschleunigungen ihrer Zeit verfallen, rannten Ansehen, Erfolg und Wohlstand unermüdlich hinterher und inszenierten sich. In ihren Attitüden wurde das Ehepaar Fitzgerald zum Inbegriff der Goldenen Zwanziger: Sie benahmen sich albern wie Kinder und suchten den Skandal, wenn sie Champagnerflaschen die Fifth Avenue herunterkugelten, durch die Drehtüren eleganter Hotels wirbelten, bis sie des Hotels verwiesen wurden, oder unbekleidet im Brunnen am Washington Square badeten. Jung, vergnügungssüchtig, innovativ: Sie waren Hoffnungsträger der Lost Generation. Ganz im Jetzt und Hier zu leben, ohne Gestern, ohne Morgen, das war die Devise. Ihre Gegenwart verlieh Partys und Theaterpremieren Glanz und Prickeln. Sie verausgabten sich künstlerisch an der Nostalgie ihrer Zeit, die sie aufs Intensivste lebten – koste es, was es wolle. Ihr Verlangen nach Nähe, nach Zärtlichkeit und Hingabe brachten Zelda und Scott in Briefen und Tagebüchern ebenso zum Ausdruck wie in ihren Romanen und Erzählungen.

Leben und Kunst waren für beide untrennbar miteinander verbunden, und in diesem Einverständnis begann ihre Ehe: Zelda war erst bereit, Scott das Ja-Wort zu geben, als sich schriftstellerischer Erfolg einstellte. Von seinem ersten Roman *Auf dieser Seite des Paradieses* wurden innerhalb von drei Tagen über 3000 Exemplare verkauft, was den Dreiundzwanzigjährigen über Nacht zum Star machte.

Die Eheleute inspirierten sich gegenseitig, blieben dabei aber darauf bedacht, die besten Ideen für sich zu verwenden: Scott kokettierte mit der Aussage, er habe die Heldin seiner Romane geheiratet. Zelda nahm die Rollen, die er ersann, gern an und nutzte sie geschickt als Bühne. Zunehmend wurden persönliche Dokumente zu Versatzstücken für literarische Texte. Hundert Jahre später wären ihnen für diese Selbstdarstellung und Selbstvergewisserung die neuen Medien entgegengekommen. Sie bedienten sich der Möglichkeiten ihrer Zeit, um öffentliche Aufmerksamkeit zu erregen. Den Fitzgeralds ging es nicht nur um ihr literarisches Werk, sondern auch um dessen Rezeption und um die Überhöhung des eigenen Lebens.

In ihrem draufgängerischen Leben unterstützten sie sich gegenseitig – und verziehen sich auch so manche Zumutung. Nach einem Jahrzehnt Ehe und mittlerweile mit Nachwuchs – Tochter Scottie wurde 1921 geboren –, zog Scott eine schonungslose und ernüchternde Bilanz, als sich Zelda für einige Zeit in einer Klinik befand: »Ich wünschte, *Die Schönen und Verdammten* wäre ein reif geschriebenes Buch, denn es war alles wahr. Wir haben uns ruiniert – ich habe nie wirklich gedacht, wir hätten einander ruiniert.«[13] Schuldzuweisungen waren nicht ihr Stil: Scott und Zelda fühlten sich immer für sich selber verantwortlich. Noch bedeutete diese Einstellung, Verantwortung für das eigene Glück zu übernehmen. Später sollte sich das allerdings fatal ändern. Auch Zelda dachte in ihren Briefen über die gemeinsamen Zeiten in New York und Europa nach, über Partys, Skandale und über die gefährlich überdrehte Geschwindigkeit ihres glamourösen Lebens. Dennoch bewahrten sich beide die

Hoffnung auf eine gute gemeinsame Zukunft, trotz des dünnen Eises, auf dem sie tanzten.

Im Frühjahr 1922 erschien der Roman *Die Schönen und Verdammten*, in dem Scott so manches Unheil späterer Jahre vorausgeahnt zu haben scheint. Das Buch wurde erneut ein Bestseller, doch mit dem Autorenhonorar konnte das Paar weder die aufgelaufenen Schulden begleichen noch den aufwendigen Lebensstil finanzieren. Bisher hatten sich die jung Vermählten auf provisorische Wohnorte beschränkt, doch jetzt hatten sie ein Haus in Great Neck auf Long Island im Visier: Sie wollten dort leben, wo die Superreichen sich ansiedelten, Intellektuelle ihre Wochenenden verbrachten und legendäre Partys gefeiert wurden. Zelda und Scott bezogen ein nicht ganz so luxuriöses Haus wie das von Gatsby (von dem noch zu berichten sein wird), leisteten sich ein Bedienstetenpaar sowie Kindermädchen und Waschfrau, so dass jederzeit rauschende Feste zu Hause gefeiert werden konnten und das gesellschaftliche Leben von New York leicht erreichbar blieb. Als Scott 1925 seinen erfolgreichsten Roman *Der große Gatsby* verfasste – Parallelen zum Leben von Scott und Zelda sind nicht zu übersehen –, der bis heute immer wieder neu übersetzt und mehrfach verfilmt wurde, hatte er in seinem Hauptprotagonisten den Inbegriff von Erfolg, Glück und Ruhm gefunden: Jay Gatsby, der pompöse Partys auf seinem protzigen Anwesen feiert, liebt hingebungsvoll die Provinzschönheit Daisy Buchanan, die jedoch während seines Kriegseinsatzes in Europa einen anderen geheiratet hatte. Für sie hat er sich diese eindrucksvolle Existenz aufgebaut, wobei offen bleibt, ob er sich die Mittel dafür mit obskuren Geschäften als ehemaliger Kriegsheld oder Spion beschafft hat. Der Freund und Erzähler Nick Carraway fungiert als kritischer Beobachter dieses hektischen Zeitgenossen.

Als Gatsby Nick Carraway und Daisy zum ersten Mal durch sein Haus führt, heißt es im Roman: »Nach der Verlegenheit und der unsinnigen Freude erfasste ihn nun das Staunen über ihre Gegenwart. Die Vorstellung hatte ihn so lange erfüllt, immer wieder hatte er sie bis an ihr Ende geträumt, hatte sie gleichsam mit zusammengebissenen Zähnen, in einem unvorstellbaren Grad von Anspannung erwartet. Und nun löste sich etwas in ihm und lief ab wie ein überdrehtes Uhrwerk.«[14] Doch kurz darauf beobachtet Nick, dass Gatsby verwirrt wirkt, offenbar kann er sein gegenwärtiges Glück gar nicht fassen. Fünf Jahre hatte er Daisy in seiner Fantasie idealisiert, nun ist er überwältigt. »Mit der Leidenschaft eines Künstlers hatte er sich über seine Einbildungen hergemacht, hatte ihnen immer wieder etwas Neues hinzugefügt, (...) diese Stimme mit ihrer auf- und abschwellenden Wärme (...) sie übertraf alles, was sich erträumen ließ – diese Stimme war ein Lied, dem der Tod nichts anhaben konnte.«[15] An dieser Stelle fließen persönliche Geschichte und Fiktion ineinander: der Erzähler / Künstler Scott und seine Suche nach Daisys / Zeldas wahrer Persönlichkeit hinter all ihren vielseitigen künstlerischen Begabungen. Die Nähe zum Tod birgt im Roman den Hinweis auf das spätere tragische Ende Gatsbys; im richtigen Leben weist sie sowohl auf die Angst vor Zeldas psychischer Erkrankung als auch vor dem absehbaren Ende des ausschweifenden Luxuslebens hin. Das Lied und die Stimme scheinen das einzig Dauerhafte und die Liebe Erhaltende zu sein, was die Kommunikation zwischen den beiden aufrechterhält, wenn sie sich mit Worten nicht wirklich erreichen können.

Zelda Sayre stammte aus dem Süden der Vereinigten Staaten, aus der Provinzstadt Montgomery in Alabama, in der etwa ein halbes Jahrhundert später Rosa Parks mit ihrem Bus-Boykott und Martin Luther King den Kampf für Gleichberechtigung beginnen sollten. Sie wurde im Jahr 1900 als Nesthäkchen in eine stabile Familie mit maßvollem Wohlstand geboren. Zeldas Vater, ein angesehener Richter, und seine gesellige, künstlerisch begabte Frau gehörten zur besseren Gesellschaft. Während der Vater auf Ordnung und Sitte pochte, befürwortete die Mutter eine eher freie Erziehung. Die kleine Tochter fiel durch ihren aufgeweckten Verstand, ihre Fantasie, ihre Geistesgegenwart auf. Zudem war sie sportlich und abenteuerlustig. Zelda bekam Ballettunterricht. Ansonsten hoffte die Familie auf einen passenden Ehemann. Am Tanz zeigte Zelda allerdings Interesse; später sollte sie an dieses Hobby ehrgeizig anknüpfen.

Scott Fitzgerald wurde 1896 in St. Paul, Minnesota, als ältester Sohn behütender Eltern irisch-katholischer Abstammung geboren. Die Familie wechselte ständig den Wohnort, eine Folge der vergeblichen Versuche, mit immer wieder wechselnden Kleinunternehmen erfolgreich zu sein. Schließlich ließ man sich in St. Paul nieder, wo das Vermögen der Großmutter mütterlicherseits den Unterhalt der Familie sicherte – und Scott der soziale Abstieg erschütterte. Sein Wille zum Erfolg wurzelt zweifellos hier: Mit seinem guten Aussehen und seinem Talent würde er der Welt zeigen, dass er zu Höherem berufen war. Mit diesem Ehrgeiz machte er sich durchaus unbeliebt. Als mittelmäßiger Schüler wurde er dennoch in Princeton aufgenommen, beschäftigte sich dort aber lieber mit Vergnügungen als mit geistiger Anregung. Weil er sich den anderen Studenten unterlegen fühlte, trumpfte er mit großen Sprüchen auf und nahm sich einige Freiheiten. Als 1917 junge Männer zum Wehrdienst aufgerufen wurden, kam ihm das gelegen: Scott meldete sich freiwillig, da er sich von einer militärischen Laufbahn gesellschaftlichen Aufstieg erhoffte. Als junger Leutnant führte sein erster Weg zum Maßschneider, wo er sich mit einer feinen Uniform ausstatten ließ. Sein Interesse an der militärischen Ausbildung war minimal, vielmehr nutzte er jede freie Minute, um zu schreiben. Und entwickelte dabei Konzentration, Zielstrebigkeit, wirklichen Einsatz für eine Aufgabe.

In dieser Lebensphase begegnete er Zelda. Aus einem Flirt

wurde wahre Liebe, die sich zunächst in überschwänglichen Briefen und Telegrammen zeigte, dann in seinem rastlosen Bemühen, ein erstes Buch zum Erfolg zu bringen, damit sie ihr Einverständnis zur Eheschließung geben würde. Im März 1919 schrieb sie ihm: »Scott – ich will nichts auf der ganzen Welt außer Dir – und Deiner kostbaren Liebe. Alle materiellen Dinge sind nichts (...) Wie kannst Du überhaupt an ein Leben ohne mich denken – (...) Meinst Du nicht, dass ich für Dich gemacht wurde? Ich empfinde so, als hättest Du mich in Auftrag gegeben – und ich wäre Dir zugestellt worden – um getragen zu werden (...) – für die Welt.«[16] Dass die Welt die Beziehung zur Kenntnis nehmen würde, oder besser sie als Zierstück ihres Ehemannes, scheint nicht nur eine rhetorische Geste zu sein, sondern ein Entscheidungskriterium.

Für Scott spielten sicher nicht nur Zeldas Attraktivität, ihr flirrender Geist und ihre Lebenslust eine Rolle, sondern auch der soziale Aufstieg, der für ihn mit der Heirat verbunden war. Aus ebendiesem Grund leistete ihre Familie dem Werben hinreichenden Widerstand. Durch Zeldas frivole Art fühlte er sich angestachelt, sich mit allem Ehrgeiz in der New Yorker Literaturszene durchzusetzen. Für sie wollte er sich als anerkannter Autor etablieren. Diese Dynamik nahm Scott in seinen frühen Essays geistreich unter die Lupe und nutzte sie auch für seine brillanten Short Stories.

Die Vermählung in der Sakristei der St. Patrick's Cathedral erregte – zur Empörung von Freunden und Familie – keinerlei öffentliches Aufsehen. Vielmehr führte ihr taubenblaues Kostüm an diesem Festtag den wenigen Gästen ihre Herkunft aus der Provinz vor Augen. Das verwegene Eheleben sowie angemessen weltstädtischer Kleidungsstil erlaubten ihr bald, als »Flapper« mitzuhalten. Nach der Heirat nahm Zelda den Tanzunterricht wieder auf, und zwar mit Vehemenz. Mit verbissenem Ehrgeiz ging sie ihrem Drang ins Rampenlicht nach – wie die

Heldinnen ihrer Erzählungen, die als »Unsere Leinwandkönigin«, »Revuetänzerin«, »Südstaatenmädchen« oder »Mädchen
mit Talent« Auftritte brauchen, um sich selber zu spüren. Detail-
verliebt, enorm dicht und geradezu suggestiv erzählt Zelda – die
meist unter »Scott und Zelda Fitzgerald« in diversen Zeitschrif-
ten veröffentlichte – von der Herkunft aus den Südstaaten, die
diesen Frauen wie auch ihr selber keine eigenständige und er-
füllende Lebensform zuerkannte. »Das Auffälligste an Gay war
ihre Art; man hatte fast den Eindruck, sie spiele sich selbst (...)
Ich merkte gleich, wie gut sie hierher passte, sie war so leicht
und luftig, als hätte sie schon vor langer Zeit erkannt, dass sie
dekorativ und unterhaltsam war.«[17] Die Protagonistin in Zeldas
Kurzgeschichte hat zwar Interesse an intellektuellen Männern,
aber keine Neigung, sich zu bilden. Solch eine angepasste Ober-
flächlichkeit ersparte Zelda sich selber, indem sie an ihren Talenten arbeitete, aber sie skizziert hier das Beziehungsdilemma,
das ihr bevorstand.

Die Verwertung ihrer alltäglichen Rollenspiele in literarischen Texten bot Scott und Zelda Selbstexploration. In der Kurzgeschichte »Unsere Leinwandkönigin« beispielsweise ist eine
junge Schauspielerin einer absurden Filmproduktion hin- und
hergerissen zwischen Eitelkeit, Applaus und Eifersucht. Ähnlich wie das richtige Leben der Fitzgeralds lässt die Geschichte
Melancholie und Verhängnis ahnen. Die Geltungssucht, hinter
der sich eine fatale Selbstunsicherheit verbirgt, wird mit beiläu-
figem Witz vorgeführt. Inwieweit diese erzählerische Analyse
ein Erklärungsversuch von Scott und Zelda für ihre eigene Situation war, bleibt offen. Noch war die Beziehung auf Liebe gegründet. Zelda schrieb: »Ohne Dich, Liebster Liebster, könnte
ich weder sehen noch hören, noch fühlen, noch denken – noch
leben – Ich liebe Dich so sehr und werde nie wieder in unserem
ganzen Leben zulassen, dass wir noch eine Nacht getrennt sind
(...) Du musst einfach versuchen zu fühlen, wie sehr ich Dich lie-

be – wie leblos ich bin, wenn Du nicht da bist (...)«[18] Mit anderen Männern flirtete sie trotzdem.

Im Lauf der Zeit gesellten sich zu solch glühenden Liebesbezeugungen hässliche Vorwürfe und Auseinandersetzungen. Sein Erfolg als Autor bescherte den Fitzgeralds beträchtliche Einkünfte. Aber der ausschweifende Lebensstil inklusive enormen Alkoholkonsums verschlang große Geldmengen, wie seine penibel geführten Kontobücher zeigen. Das qualvolle Hin und Her zwischen Verschwendung und Verschuldung, zwischen Luxus und Zwang zur literarischen Produktion – immer unter Alkohol – wurde zum Teufelskreis. Scott nahm sich zusammen, saß zwölf Stunden pro Tag am Schreibtisch. Seine Veröffentlichungen würden ihm Selbstachtung einbringen, hoffte er – und Geld, mit dem sie künftig sparsamer umgehen wollten. Aber gegen die Erwartungen der vergnügungssüchtigen New Yorker an ihre Gastfreundschaft kamen sie nicht an. Zum Schreiben brauchte er Ruhe – aber als Stoff Zeldas Extravaganzen, die ihn wiederum ablenkten. Ungeachtet der aufkommenden Zerwürfnisse brachen die Fitzgeralds im Frühjahr 1924 mit Tochter Scottie und siebzehn Gepäckstücken nach Europa auf, um dort unter günstigeren Bedingungen neu anzufangen. An der Französischen Riviera, wo es ihnen erst einmal gar nicht gefiel, begann er mit seinem literarischen Rückblick auf Great Neck; Zelda verliebte sich in einen jungen französischen Flieger. Dieser Verlust aller Illusionen über Liebe und Leben ging dann sehr deutlich in *Gatsby* ein, doch er kam mit dem Roman nur mühsam voran und schob Zeldas Stimmungsschwankungen als Begründung vor. Folglich zogen sich beide mehr und mehr in sich selber zurück.

Ein zweiter Europaaufenthalt 1928 verbesserte nichts, im Gegenteil. In Paris setzte Zelda ihren Tanzunterricht bei der russischen Ballerina Lubov Egorova fort. So einsam, wie sie sich inzwischen an Scotts Seite fühlte, begann sie, für die Egorova zu schwärmen. Mit unwahrscheinlicher Ausdauer betrieb sie ihr Training, acht oder mehr Stunden waren ihr Tagespensum, ehe sie vor Erschöpfung kaum noch zu einem Gespräch in der Lage war. Zelda suchte nach neuen Horizonten und veröffentlichte ihre Texte, um den Unterricht zu finanzieren. Für Scott war sie nun nicht mehr jederzeit verfügbar; er bildete sich ein, sie entzöge sich ihm. Ihre konsequente Disziplin störte ihn zusätzlich. Die Diskrepanzen innerhalb der Beziehung wuchsen.

Das Lebenstempo der damaligen Zeit riss Scott und Zelda mit, allerdings in tragischem Sinn. Zeldas psychotische – oder auch nur neurotische – Einbrüche, deren »hysterische« Symptome die Ärzte nicht leicht zu diagnostizieren wussten, und nachfolgende Klinikaufenthalte entfernten die beiden Liebenden voneinander. Scott kümmerte sich besorgt und großzügig um sie, nahm sie aber zunehmend als Opfer ihrer Krankheit wahr, nicht mehr als ebenbürtige Partnerin. Gleichzeitig empfand er Selbstmitleid. »wenn ich Dir unrecht getan habe, so ist es auch nicht ganz ausgeschlossen, dass auch Du mir unrecht getan hast«, schrieb er ihr in die Klinik.[19] Sieht man sich Zeldas persönliche Entwicklung an – von der Südstaatenschönheit zu einer ambitionierten Autorin, ausgebildet in Tanz und Malerei – wird Scotts Hilflosigkeit nachvollziehbar. Erst recht überforderte ihn, dass diese vielseitig begabte Frau ihren Roman *Ein Walzer für mich* seinem Verlag anbot, ohne ihn vorher zu informieren. Er war fassungslos, dass sie diese Entscheidung unabhängig von ihm traf, zumal sie mit diesem autobiografischen Werk alle Welt an ihrer beider Leben teilhaben ließ. Er befürchtete, mit der Kontrolle über seine Ehefrau auch die Kontrolle über seine literarischen Stoffe zu verlieren. Dass er mit seiner Alkoholsucht bereits die Kontrolle über sich selber verloren hatte, verdrängte er offenbar.

In Scotts Augen konnte mit Zelda etwas nicht in Ordnung sein, wenn sie über sich selbst bestimmen und – endlich – auf eigenen Füßen stehen wollte. In den frivolen Jahren hatten Bewunderung und Applaus der Freunde ausgereicht, doch als sich der unter Selbstzweifeln leidende Scott an den Alkohol verlor, blieb ihr nur die Flucht nach vorn: Beim Tanzen, Malen und Schreiben spürte sie sich. Sie trieb sich bis zur Erschöpfung an und geriet in eine Abwärtsspirale aus Ekzemen, Asthmaanfällen, Gewichtsverlust, Halluzinationen, Selbstmordversuchen. Ihr wirklich zuzuhören, war für niemanden leicht – in erster Linie gab Scott die Erklärungen über ihren Zustand ab –, so dass ihr verzweifeltes und selbstzerstörerisches Ringen um Autonomie nicht verstanden wurde. Mit den wechselnden Diagnosen wurde ihr letztlich medizinisch nicht entscheidend geholfen, sondern eher ein künftiges kreatives Leben verwehrt. Ihre Protagonistin Alabama in *Ein Walzer für mich* sagt schon als Kind voraus: »Ich werde auch anstrengend sein, wenn ich nicht machen darf, was ich will.«[20] Sie möchte selber entscheiden, wie sie lebt und wen sie liebt.

Was nach einer bescheidenen Erwartung klingt, kostete Zelda in Wirklichkeit ihr Leben. Dieses Machtspiel wurde gefährlich ernst, zerstörte alle Lebenspläne – und die Beziehung. Scott wollte in der Ehe die Oberhand behalten. War Zelda gesundheitlich beeinträchtigt, sorgte er dafür, dass sie sich Ruhe gönnte – und keinen Alkohol anrührte. Diese Dynamik befeuerte ihren krankhaften Ehrgeiz nur noch mehr und führte zu den nächsten Zusammenbrüchen. Wenn sie wieder einmal in eine Klinik eingewiesen worden war, konnte sie sich ihren kreativen Talenten widmen – von Scott entfernte sie sich immer mehr. Dass *Ein Walzer für mich* in kurzer Zeit in der Klinik entstand, muss man literarisch – und therapeutisch – bewundern. Schon die Publikationsbedingungen dieses exzentrischen Romans sind bezeichnend: Scott griff wiederholt in die Korrekturen ein und mischte entscheidend bei den Verhandlungen mit dem Verleger mit. Laut Vertrag beglich der Verlag mit einem Teil von Zeldas

Autorenhonorar Scotts Schulden. Außerdem befanden sich Zelda und Scott im Konkurrenzkampf um den Plot: Scott war für sein Romanprojekt *Zärtlich ist die Nacht* auf ihrer beider Erinnerungen an gemeinsame Erlebnisse angewiesen. Dieselben Stoffe verwendete Zelda für *Ein Walzer für mich*. Doch die Freiheit, ihrer Protagonistin die eigenen Sehnsüchte mitzugeben, konnte er ihr nicht nehmen. Als Alabama gefragt wird, warum sie sich mit dem Tanzen so anstrengt, sie habe doch einen Mann, antwortet sie: »›Wann begreifst du endlich, dass ich nicht darauf aus bin, etwas zu bekommen – zumindest glaube ich es nicht –, sondern im Gegenteil einen Teil von mir loszuwerden?‹«[21] Im richtigen Leben hingegen verzichtete Zelda auf einen Soloauftritt an der Oper von Neapel, um Scott nicht vollends zurückzustoßen. Trotz allem hielt sie an den väterlichen Werten wie Integrität und Anstand fest: Nach dem Tod ihres Vaters war es Scott, dessen Erwartungen sie entsprechen musste. Dass Zelda als Tochter ihrer Zeit nichts an den patriarchalischen Strukturen ändern konnte, gehört zur Tragik ihrer Geschichte.

Die vergebliche Hoffnung auf Erfolge beim Film sowie eine Affäre seinerseits beschleunigten das Zerbrechen dieser einst so glamourösen Beziehung. Nachdem Scott Zelda während ihres ersten Hollywoodaufenthalts 1927 vorwarf, sie mache nichts aus sich – im Vergleich zu der jungen Schauspielerin, mit der er gerade anbandelte –, packte sie, während er seine junge Begleiterin zum Dinner ausführte, ihre stets Aufsehen erregenden Kleider in die Badewanne des Hotelbungalows und ließ sie in Flammen aufgehen. Ein Feuer, in dem Liebe und Lebensgier, Erfolg und Ambition noch einmal aufloderten. Aber das Beste im Leben und in der Liebe war bereits verglüht.

Wieder einmal in Hollywood, 1937, ging Scott mit der britischen Klatschkolumnistin Sheila Graham eine Liaison ein; diese Geschichte wurde dann in deren Autobiografie *Beloved Infidel* und dem darauf basierenden Film (dt. *Die Krone des Lebens)* kolportiert. Es folgten endlos triste und dramatische Zeiten, in denen Zelda in psychiatrischen Kliniken verzweifelte und Scott unter zunehmend unkontrollierten Alkoholexzessen litt. Im Dezember 1940 verstarb er in Hollywood im Alter von vierundvierzig Jahren nach zwei Herzinfarkten; Zelda lebte noch acht Jahre in der Psychiatrie, bis sie dort bei einem Brand ums Leben kam.

Scott repräsentierte wie wohl kein anderer Schriftsteller die Goldenen Zwanziger und das Jazz Age. Seine Bücher zeigen das exaltierte Gesellschaftsleben jener Jahre, ähnlich wie seine Ehe mit Zelda beispielhaft für diese flatterhafte und letztlich nur der Gegenwart verpflichtete Jugendlichkeit steht. Macht und Ohnmacht waren die Parameter einer Beziehung geworden, die zehn Jahre lang euphorisch und liebevoll gedieh und beiden lange wie ein ewig während Paradies vorkam. Dann zerstörte die Unterdrückung ihres Talents die Ehe und alles, was aus ihnen beiden hätte werden können. Zuletzt übertönten die Streitereien die heiteren Plaudereien, auch wenn sich beide in ihren Briefen wieder und wieder bemühten, ihre unzerstörbare Liebe zum Ausdruck zu bringen. Die Gier nach Gegenwart hatte hier am Ende die Beziehung zerstört.

# ELSE LASKER-SCHÜLER & GOTTFRIED BENN

Mit ihren spielerischen Kontaktaufnahmen und geheimnisvollen Assoziations- und Wortspielen erfanden sie für ihr Liebesverhältnis eine ganz eigene Sprache. Bestimmt existierte zumindest eine gegenseitige Ahnung von den emotionalen Abgründen des anderen, auch wenn beide ganz offensichtlich unkonventionelle Freigeister waren. So liberal sich die Berliner Gesellschaft in den zwanziger Jahren auch geben mochte, mit ihrer Andersartigkeit erregten Gottfried Benn und Else Lasker-Schüler Anstoß. Ihr unterstellte die Tagespresse wegen ihrer Gedichte sogar »Gehirnerweichung«.

Sie hatte Wege gefunden, ihr Anderssein, ihr Judentum, ihre exaltierte Kreativität und ihre depressiven Stimmungen zu ertragen. Sie wechselte hin und her zwischen verschiedenen Rollen, erfand sich als Prinz von Theben, als Tino von Bagdad, als Joseph von Ägypten, als Jussuf und war im Spiel mit den Genderrollen mit entsprechenden orientalischen Männerkleidern ihrer Zeit voraus. Gleichzeitig fiel es ihr hinter derlei Masken leichter, anderen zu begegnen. Für kurze Augenblicke konnte sie sich einlassen, so 1912 auf Gottfried Benn, zu dem Zeitpunkt ein junger Arzt mit literarischen Ambitionen. Was ihn in der Pathologie schockierte, übersetzte er in ebenso schockierende Gedichte. Wie die siebzehn Jahre ältere Lasker-Schüler suchte er nach geistigem Austausch über die Literatur, vor allem aber über die letzten Fragen des freien Lebens und Denkens.

Die Öffentlichkeit nahm regen Anteil an der etwa achtzehn Monate dauernden, im Wesentlichen literarischen Begegnung zwischen Benn und Lasker-Schüler: Die furiose lyrische Korrespondenz der beiden so unterschiedlichen, aber ebenbürtigen Geister lag in den Buchhandlungen aus und wurde im Kaffeehaus diskutiert – eben da, wo die Texte im Zweifel auch verfasst worden waren. Man fragte sich neugierig, ob die beiden tatsächlich ein Paar waren oder ob sie sich lediglich fiktiv im Schreiben begegneten. Im Berliner *Café des Westens* werden sie mindestens

Blickkontakt gepflegt haben. Daraus entstand kein gemeinsames Leben, aber eine Leidenschaft füreinander mit kreativen Eruptionen.

Erotik lebten sie in ihren Gedichten füreinander aus, zugleich als empirisches Gegenüber und als fiktives Du. Beide flüchteten sich aus ihrer Realität in unterschiedliche und gelegentlich sich begegnende Fantasiewelten. Dabei schockierten Benns krasse Gedichte über seine Erfahrungen als angehender Mediziner und die harte Sprache für sexuelle Begegnungen sogar seine expressionistisch gestimmten Zeitgenossen. So reflektiert und nüchtern Gottfried Benn war, seine Tätigkeit in der Pathologie prägte sich seiner verletzlichen Seele ein. Wie er selbst berichtete, überkam ihn in einem kreativen Schub der Gedichtzyklus *Morgue*, noch ehe er bei seinem Regiment in Prenzlau den Dienst antrat. Der kleine Gedichtband machte ihn nicht nur berühmt, sondern auch umstritten. Als Literat belebte Benn zu dieser Zeit genau wie Else Lasker-Schüler die expressionistische Szene Berlins. Wie genau sie sich im richtigen Leben begegnet sind, bleibt spekulativ. Jedenfalls kannte sie seine skandalösen Gedichte, und gewiss sah er sie in ihren fantasievollen Gewändern durch die Stadt spazieren. Von seiner Gedenkrede an sie, aus der dies hervorgeht, wird noch zu sprechen sein.

Else Lasker-Schülers Schreiben ist eine Mischung aus Autobiografie und Poesie. Alles, was sie erlebte und erfuhr, verwandelte sie in Literatur. Nur so konnte die Jüdin zwischen den Kulturen, zwischen den sozialen Milieus überhaupt leben. In ihrem Gedicht »Mein Volk« beschreibt sie ihre Herkunft: »Der Fels wird morsch, / Dem ich entspringe / Und meine Gotteslieder singe ...«[22] Da klingt schon die düstere Vorahnung an, die sie zu ihrer eskapistischen Performance-Kunst anregte, weg von ihrer jüdischen Herkunft, hin zu fantasievollen Orten und Gestalten.

Am 11. Februar 1869 kam Elisabeth als sechstes Kind von Aaron und Jeanette Schüler in Wuppertal zur Welt, in eine jüdische Familie des gehobenen Bürgertums. Die Mutter, eine gebildete, gut aussehende und heitere Frau, liebte die Lyrik, besonders die deutsche Klassik. Freundschaften mit anderen Kindern gestalteten sich schwierig, denn Else beanspruchte ihre Sonderrolle als Nesthäkchen auch bei ihren Altersgenossen. Diese hänselten sie als Judenkind. Statt sich anzupassen, erfand sich Else ihre eigene Welt. Der Vater, ein spielerischer, zu Scherzen aufgelegter Mensch, sah in seiner kleinen Tochter immer einen Sohn: Sie trug gern Jungenkleidung und wünschte sich, kein Mädchen zu sein. Ihre späteren Extravaganzen begannen also bereits früh.

Ganz anders verhielt es sich bei Gottfried Benn. Er wurde 1886 im brandenburgischen Mansfeld als Sohn des Pfarrers Gustav Benn und seiner Ehefrau Caroline geboren. Kurz darauf siedelte die Familie nach Westpommern um. An diese unbeschwerte Kindheit auf dem Lande zusammen mit sechs Geschwistern erinnerte er sich immer wieder sehnsüchtig. Doch auch hier gab es Schattenseiten. Das streng protestantische Pfarrhaus prägte Kindheit und Jugend. Der Tod der Mutter im April 1912 war einschneidend für ihn, und ihren Verlust verarbeitete er literarisch. Kurz danach begann sein Austausch mit Else Lasker-Schüler.

In der Liebe und mit stabilen Beziehungen hatten beide zeitlebens wenig Glück. Die Sehnsucht danach blieb, in ihren realen sowie literarischen Eskapaden. Es entspann sich eine literarische Korrespondenz zwischen der knabenhaften, exotisch wirkenden Frau in den besten Jahren und dem wesentlich jüngeren Schriftsteller und Arzt, die sich nicht zuletzt durch die damals gängigen künstlerischen Medien wie Zeitschrift und Lesung intensivierte, damit aber auch gleichzeitig distanzierte.

In der Zeitschrift *Aktion* erschien am 25. Juni 1913 Lasker-Schülers Essay »Doktor Benn« neben einem Gedicht von Benn.

»Er steht unentwegt, wankt nie, trägt das Dach einer Welt auf dem Rücken (...) Lange bevor ich ihn kannte, war ich seine Leserin; sein Gedichtbuch – Morgue – lag auf meiner Decke: Grauenvolle Kunstwunder, Todesträumerei, die Kontur annahm. (...) Jeder seiner Verse ein Leopardenbiss, ein Wildtiersprung. Der Knochen ist sein Griffel, mit dem er das Wort auferweckt.«[23]

Am Ende des Gedichtes »Giselheer dem König« heißt es:

Möchte in den Wolken
Begraben sein,
Überall wo Sonne wächst,
Liebe dich so!
Du mich auch?
Sag es doch –[24]

Ein Appell an den Dialog in seiner fiktiven Gegenwärtigkeit: siebzehn Gedichte von Else Lasker-Schüler an Gottfried Benn sowie der Essay einerseits, andererseits poetische Antworten von Benn und postum seine Gedenkrede auf sie.

Else Lasker-Schüler beschränkte sich nicht darauf, nur für sich immer neue Rollen zu erfinden. Auch ihr Nahestehenden verlieh sie fantasievolle Namen. Benn wurde nicht nur zu Giselheer, dem jüngsten der drei burgundischen Könige im Nibelungenlied, sondern auch Held und Sieger, Barbar und Heide. Es entsprach ihrer eigenen Weltsicht, irgendwo zwischen dem Normalen und ihrer ganz persönlichen verrückten Welt. Im Oktober 1912, ein halbes Jahr nach Erscheinen von *Morgue*, wurde ihr erstes Gedicht auf Benn in der Zeitschrift *Saturn* abgedruckt. Den ganzen Zyklus nahm sie unter dem Titel »Gottfried Benn« in ihre gesammelten Gedichte auf mit der Widmung: »Der hehre König Giselheer / Stieß mit seinem Lanzenspeer / Mitten in mein Herz.«[25]

Benn reagierte poetisch mit seinem Gedicht »Drohung« darauf, in dem sich, ähnlich wie in dem späteren Gedicht »Drohungen«, erotisch-spielerische Fantasie mit alttestamentarischen Inhalten verbinden. Das frühe Gedicht »Ruth« von Else Lasker-Schüler wird Benn gekannt haben, nur bleiben seine Assoziationen ganz in einer gierig erlebten Gegenwart. In ihren viel später verfassten *Hebräischen Balladen* kommt sie noch einmal auf »Ruth« zurück und fügt das Gedicht »Boas« hinzu, gewissermaßen angelehnt an ihren mittlerweile beendeten Dialog mit Benn. Die junge Fremde des Gedichts erobert das Herz des gnädigen Herrn, und zwar bei Lasker-Schüler durch »süßen Sturm / Und glitzernde Spielerei«[26] – nicht etwa durch fleißige Arbeit oder Anpassung. Mit den alttestamentarischen Figuren wird den künstlerischen Freiheiten des Expressionismus eine religiöse Kultur entgegengesetzt, allerdings ins Spielerische gedreht.

Die Sehnsucht nach Zugehörigkeit bleibt als Thema bestehen. »Am Brunnen meiner Heimat«,[27] so Ruth alias Lasker-Schüler; aber auch für Boas alias Benn gilt, dass Heimat keine Frage von Geografie, Kultur, Nation, Ethnie oder Religion ist, sondern durch eine Liebe entsteht, die alle Grenzen überschreitet und einen Ort im Hier und Jetzt schafft.

Im Oktober 1913 widmete Benn seinen neuen Gedichtband *Söhne* Else Lasker-Schüler: »Ich grüße Else Lasker-Schüler: Ziellose Hand aus Spiel und Blut« – ein Zitat aus deren Roman *Mein Herz*, in dem es in fiktiven Briefen um die verflossene Liebe zu ihrem Ex-Mann Herwarth Walden geht. In dem zweiten Gedicht in diesem Band heißt es:

Hier ist kein Trost
Keiner wird mein Wegrand sein.
Laß deine Blüten nur verblühen.
Mein Weg flutet und geht allein.(...)[28]

Und sie reagiert darauf unmittelbar:

Höre
(...)
Ich bin dein Wegrand.
Die dich streift,
Stürzt ab.
Fühlst du mein Lebtum
Überall
Wie ferner Saum?[29]

Der Wegrand bedeutet für beide einen Ort der Gleichgestimmt-
heit und Nähe. Tangential berührten sie sich, eher an den Rän-
dern der Gesellschaft, am Rande aller Konventionen. Das Bild
des Wegrands griff Lasker-Schüler später erneut in dem Exilge-
dicht »Ich liege wo am Wegrand« auf. Dieser Text erschien im
März 1935 in der Schweiz im *Israelischen Wochenblatt* und wurde
1943 in ihren letzten Gedichtband, *Mein blaues Klavier*, aufgenommen. Die letzten Verse des Gedichts lauten: »Darum auch
lebten du und ich in einem Schacht! / Und – doch im Paradiese
blumumblattet.«[30] Mit dem Du mag Gottfried Benn gemeint sein
oder ein in andere Begegnungen verwobenes Bild von ihm.

1952 sagte Gottfried Benn in einer Festrede auf sie einleitend,
er sei einer der wenigen, »die Else Lasker-Schüler persönlich
kannten, sicher der einzige, dem sie eine Zeitlang sehr nahe-
stand«. Seine Rede beleuchtete ihre auffallende, ja aufreizende
Erscheinung und deutete implizit das Erotische in dieser Beziehung an, aber er nannte sie auch »die größte Lyrikerin, die
Deutschland je hatte«[31]. Mit ihrem Judentum konnte oder wollte er sich nicht wirklich auseinandersetzen. Aber das ist eine
andere Geschichte. Immerhin evozierte er vierzig Jahre später
noch einmal die leidenschaftliche Begegnung, ob sie nun wirklich gelebt oder von beiden nur imaginiert worden war.

Die gegenseitige Faszination währte nicht lang, denn Gottfried Benn galt als Womanizer, der die Frau dominieren und gleichzeitig selbst herausgelockt werden wollte. Neben seinen jeweiligen Ehefrauen hatte er immer Affären mit Frauen, die ihm intellektuell gewachsen waren. So orientierungslos er sich oftmals vorkam, war Benn doch zielstrebig und radikal in seinem Denken. Ihm ging es vor allem um die Essenz des Lebens und der Kunst, weniger um die persönliche Erfahrung mit einem Du respektive einer Frau, der er sich auf Dauer verpflichtet fühlen müsste. Else Lasker-Schüler hingegen oszillierte eher ziellos in ihrem fantasieerfüllten Leben zwischen den Polen der künstlerischen Freiheit und der menschlichen Ungebundenheit. Benn war 1914 als Schiffsarzt unterwegs von Hamburg nach New York, als sie ihm ihr letztes Lied zurief.

Die gegenseitige Anziehung bestand wesentlich im fantasievollen Ausbrechen aus der Konvention und der damit einhergehenden Gleichgültigkeit gegenüber gesellschaftlichen Normen. So konnten beide der eigenen künstlerischen Berufung folgen. Selbst wenn er sich in seinem Narzissmus nicht wirklich auf sie einlassen konnte, bewunderte und respektierte er ihre offensiv exaltierte Andersartigkeit. Sie gehörte zu den wenigen ersten Lesern von *Morgue*, die darin innovative Literatur und in dem Dichter einen faszinierenden Mann sahen. So verletzlich, verrückt und einsam beide gewesen sein mögen – wie die aufeinander bezogenen Texte zeigen, inspirierten und begegneten sie sich. Dass die Kluft zwischen ihrem Judentum und seinem Deutschtum nicht offen und angemessen ausgetragen wurde, muss man in der Rückschau beklagen. Aber immerhin thematisierten sie sie, als Ruth und Boas. Die erotische Anziehung zwischen Lasker-Schüler und Benn verschob sich in die Gründungsmythen beider Religionen und Kulturen, weit genug weg, in eine literarische Wirklichkeit.

# GEORGIA O'KEEFFE &
## ALFRED STIEGLITZ

Es war ein Kulturskandal: In seiner berühmten Galerie 291 an der Fifth Avenue in New York zeigte Alfred Stieglitz, Avantgarde-Fotograf und Trendsetter der zeitgenössischen Kunst, seine neuen Werke. Besonders die Portraits einer namenlosen Frau erregten die Gemüter. Offensichtlich präsentierte Stieglitz mit diesen Bildern der Öffentlichkeit jene Künstlerin, mit der ihm schon länger eine Liaison nachgesagt wurde. Derart intime Fotos jedoch hatte man bis dato noch nie gesehen. Geradezu wie Liebesgedichte erzählten sie die Geschichte einer jungen Liebe.[32] Die Besucherströme wollten nicht abreißen.

Als eine Freundin von Georgia O'Keeffe Alfred Stieglitz die Kohleskizzen einer jungen Frau vorlegte, die ihn auf den ersten Blick überzeugten, wollte er diese Künstlerin kennenlernen und lud sie in seine Galerie ein. Und schon bald begann er, sie zu fotografieren. Zwischen den beiden bestand eine magische Anziehungskraft. Leidenschaftliche Briefe wurden gewechselt, ehe Georgia im Juni 1918 von Texas nach New York zog, um sich vollkommen auf ihn einzulassen. Wie seine Fotos ihre erotische Ausstrahlung in den Fokus rückten, verstieß zwar gegen jegliche sexuelle Konvention, aber Georgia war ein Freigeist. Sie genoss gerade das Unkonventionelle an ihrer beider Lebens- und Kunstauffassung. Je mehr Zeit sie miteinander verbrachten, desto enger wuchs nicht nur das Paar zusammen, sondern gedieh auch kreative Arbeit: Die Sommer verbrachten sie am Lake George im Staat New York. Für ihn waren es die gewohnten Familienferien, sie fühlte sich wohl in der Stille der Natur, die sie zu ihren überdimensionalen Blumenbildern inspirierte. Stieglitz und O'Keeffe dokumentierten beide in ihren Werken die Stadt New York, seine Fotos und ihre Gemälde traten in einen Dialog miteinander. Alfreds Kunstsinn und seine Begeisterungsfähigkeit elektrisierten Georgia geradezu.

Doch so funkelnd die Gegenwart oft war, es sollten trübe Zeiten folgen. Als die Stadt New York und ein Seitensprung von

Stieglitz Georgia O'Keeffe die Kräfte raubten, fand sie in New Mexico ihre eigene Welt. Sie erschuf sich als Künstlerin neu, eine freie Frau unabhängig von Alfred. Es entstanden jene kühnen Abstraktionen von Blumen, Tierschädeln und Felsen, die Georgia stetig berühmter machten als ihren ehemaligen Förderer Stieglitz, mit dem sie nach wie vor in Kontakt war. Er stellte die Werke einer nun vollkommen unabhängigen Künstlerin weiterhin aus, in insgesamt zweiundzwanzig Einzelausstellungen. Die über 25 000 erhaltenen Seiten der Briefe sind Zeugnis einer großen Liebe, die als Affäre zwischen Muse und Meister begann und trotz des Altersunterschieds und räumlicher Distanz zu einer leidenschaftlichen Liebe heranreifte, während beide die Kunst ihres Genres revolutionierten. Anfangs brachte Georgia seine Portraits zum Strahlen, aber am Ende übertraf sie Alfred Stieglitz als glanzvollere Künstlerpersönlichkeit.

Georgia O'Keeffe wuchs mit sechs Geschwistern auf einer Farm in Wisconsin auf. Die Familie des Vaters war irischer Herkunft, die Mutter stammte aus einer ungarisch-niederländischen Familie und war eine sehr gebildete Frau. Schon als Schulkind ermöglichten die Eltern ihrer talentierten Tochter privaten Kunstunterricht und behielten dies auch nach dem Umzug nach Virginia bei. 1905 nahm Georgia ihr Studium an der School of the Art Institute of Chicago auf, das sie 1907 an der Art Students League in New York fortsetzte. Dort begegnete sie – in der Galerie 291 – als Einundzwanzigjährige den Pionieren der europäischen Moderne, Paul Cezanne, Henri Matisse und Pablo Picasso, woraus sich der für sie wegweisende ästhetische Impuls ergab: abstrakte Malerei. Als es ihrer Familie finanziell schlecht ging, zog Georgia nach Chicago, um dort zwei Jahre lang zum Einkommenserwerb Muster für maschinell hergestellte Spitze und Werbeillustrationen zu entwerfen. Mit dem Neujahrstag 1916 lässt sich eine Wende in ihrem Leben datieren: Eine ihrer Freundinnen zeigte Alfred Stieglitz jene Kohleskizzen, in denen er eine Sinnlichkeit und Klarheit der Linie erkannte, die seinem eigenen Stil verwandt war, nur in einem anderen Medium. Er meinte, in den Zeichnungen einen Teil von sich selbst zu sehen. Gleich im Frühjahr nahm Alfred Werke von Georgia in einer Gruppenausstellung für seine Galerie 291 auf. Als sich die beiden kennenlernten, waren sie an ganz unterschiedlichen Punkten im Leben: Stieglitz, zweiundfünfzig Jahre alt und im Bereich der Fotografie ein ebenso bekannter wie umstrittener Vorreiter der Avantgarde, Georgia als achtundzwanzigjährige Kunststudentin noch am Beginn ihrer Karriere. Auch hinsichtlich ihrer Herkunft und Persönlichkeit unterschieden sich die beiden sehr.

Ganz anders als Georgia, die weite Horizonte und Ruhe bevorzugte, um zu ihren Bildern zu finden, liebte Alfred Stieglitz New York. Er erlebte den Wandel einer Stadt mit Pferdekutschen hin zur Metropole der Moderne und bestimmte die Innovationen der amerikanischen Kunst mit. Stieglitz stammte aus einer weit verzweigten, wohlhabenden deutsch-jüdischen Familie. Als geliebtes erstes Kind stand er stets im Mittelpunkt; noch als Erwachsener wusste er gewöhnlich für angemessene Aufmerksamkeit zu sorgen. Alfred hatte sein Studium in New York begonnen, um es 1882 in Berlin an der Königlichen Technischen Hochschule fortzusetzen, wo er begeistert mit allen Aspekten des Fotografierens experimentierte und sich fundierte Kenntnisse in technisch-handwerklichen Anforderungen aneignete. Sein Vater unterstützte ihn darin vollauf, zumal wenn der Sohn die Sommeraufenthalte der Familie in den Alpen dokumentierte. Noch war nicht abzusehen, dass Alfred Stieglitz eines Tages die Fotografie in Amerika als eine anerkannte Kunstform nobilitieren würde.

Alfred Stieglitz war seit über zwanzig Jahren in einer anspruchslosen, enttäuschenden Ehe gefangen, die im starken Gegensatz zu seinem öffentlichen Leben stand. Er gehörte zur

Prominenz der New Yorker Kunstwelt und war ein leidenschaftlicher, wortgewandter, auch streitlustiger Intellektueller, der stets engen Austausch mit den Menschen in seiner Umgebung suchte.

Georgia O'Keeffe hingegen war eher introvertiert und beobachtend veranlagt. Sie liebte lange, einsame Spaziergänge. Dennoch ließ sich die schöne junge Frau mit fantasievollem Kleidungsstil gern auf geistreiche Gespräche mit gut aussehenden Männern ein und zeigte sich dabei mitunter frappierend offen. Ihre beiden früheren Beziehungen waren in die Brüche gegangen, weil sich ihr Bedürfnis nach Unabhängigkeit nicht mit einer festen Bindung vertrug. Einem Verehrer erklärte sie ihren Wunsch nach Selbstbestimmtheit so: Morgens würde sie manchmal am liebsten im Bett bleiben, nicht, weil sie müde sei, sondern weil sie keine Lust habe, zur festgesetzten Zeit zu frühstücken – lieber hungrig als gelangweilt. Ein solches Lebensmotto konnte Stieglitz verstehen: Ihn trieb ein ähnlich innovativer und freier Geist.

Ab September 1916 lebte Georgia in Texas, wo sie die Leitung der Kunstabteilung eines Colleges übernommen hatte, doch der Kontakt zwischen ihr und Stieglitz wurde postalisch lebhaft fortgesetzt. Beinahe täglich schrieben sie sich, und es entwickelte sich eine leidenschaftliche Beziehung.

Im folgenden Frühjahr präsentierte Alfred eine erste Einzelausstellung von Georgia, danach musste die Galerie allerdings erst einmal aus ökonomischen Gründen schließen. Die USA standen kurz vor dem Eintritt in den Weltkrieg, die Stimmung im Land und besonders in der Kulturszene war aufgeheizt. Georgia war klar, dass Alfred mit der Schließung der Galerie 291 einen Albtraum durchlitt, und so stieg sie in den nächsten Zug von Texas nach New York – er ahnte nichts, bis sie in seiner Galerie stand. Zu dieser Zeit begann er mit seinen Fotoserien von ihr. Sie hatte seine Träume und Fantasien erfüllt, jetzt portraitierte er sie fotografisch: Das war seine Art, sie im richtigen Leben kennenzulernen und ihr sein Begehren zu zeigen. Das Ergebnis war 1921 zu sehen, als er eingeladen wurde, in den sogenannten Anderson Galleries auszustellen. Er zeigte 145 Fotografien, unter ihnen 45 Fotos von Georgia O'Keeffe, die von der erotischen und geistigen Nähe zwischen beiden, aber auch von ihrem Mut zu Offenheit und Natürlichkeit zeugten.

Beide setzten sich in ihrer Korrespondenz nicht nur mit der Kunst und dem aktuellen Weltgeschehen auseinander, sondern auch mit sich selbst, dem Bedürfnis nach Freiheit und vor allem mit der wachsenden gegenseitigen Zuneigung: »Ich fühle mich meiner selbst sicherer denn je (...) Ich frage mich, was Du für mich bist – wie Vater, Mutter, Bruder, Schwester, bester Freund und beste Freundin, alles zugleich – ich liebe Dich sehr.«[33] Worauf er etwa zehn Tage später etwas selbstironisch, väterlich antwortete, er sei froh, für sie all dies zu bedeuten, »eine ziemliche Familie in einer Person«.[34]

Solche Liebeserklärungen sind eingebettet in detaillierte Berichterstattungen über alltägliche Begebenheiten und Sorgen. Die Briefe sind in einem so natürlichen Stil verfasst, dass man glauben könnte, einem zärtlichen Gespräch zu lauschen. Nach zwei Jahren postalischen Flirtens überzeugte Alfred Georgia – als sie in Texas an einer schweren Grippe laborierte –, nach New York zu kommen. Er wollte hier für seine Traumfrau sorgen. Intuitiv entschied Georgia sofort, dass sie bei ihm sein wollte. Da hatten beide zur rechten Zeit – und keineswegs übereilt – das Rechte gesagt und getan. Seine Erklärung für die geradezu magische Anziehungskraft zwischen beiden lautete: »Ich vermute, das liegt an Dir – ich habe damit nichts zu tun, außer, dass ich Dich Dir selber zurückspiegele (...)«[35] Er überließ sich seinen Gefühlen für diese selbstbestimmte Frau, die die Kontrolle über ihr Leben nicht aus der Hand gab. Dass seine Ehefrau dieses Liebesspiel nicht tolerieren konnte, war klar, und so zog er aus der gemeinsamen Wohnung aus, um mit seiner Muse Georgia zu leben. Im Sommer nahm Alfred Georgia mit an den Lake George, wo sie aufs Herzlichste im Familienkreis willkommen geheißen wurde. Zwar wurde ihr der ganze Trubel gelegentlich zu viel, aber niemand störte sich daran, wenn sie mal eine Mahlzeit allein auf der Veranda einnahm. Im Gegenteil, die Familie erfreute sich am Glück des verliebten Paares. Für beide waren diese Ferien wiederum der Auftakt zu einer enorm kreativen Phase: Zurück in New York, malte sie, er fotografierte. Dabei entstand auch jene Fotoserie *Portrait*, mit der beide die knisternde Erotik zwischen ihnen kunstvoll übersetzten – und gegenseitig verstärkten. In dem hier abgebildeten Foto zeigt sich eine selbstbewusste Frau, mit skeptischem, aufmerksamem Blick und sensiblen, aber auch zupackenden Händen – und man spürt den forschenden Blick des Fotografen. In dem Band *Georgia O'Keeffe: a Portrait*, der diese Porträtfotos und ein Vorwort von ihr enthält, wird jene innige Gegenwärtigkeit spürbar, die Stieglitz in immer neuen Augenblickseindrücken festhalten wollte. Jede Facette ihrer Persönlichkeit wollte er mit ihr gemeinsam erforschen, mit Blicken abtasten und mit der Kamera einfangen. Über diese einzigartige Kollaboration zwischen O'Keeffe als Modell und dem Fotografen Stieglitz ist viel geschrieben worden. Sicher ist, dass Georgia mit Alfred zusammen nicht nur sich selber, sondern ein Kunstwerk gestaltete, in dem sich Gespräche, gegenseitige Bewunderung und Wahrnehmung manifestierten.

Georgia kannte Alfreds Stärken ebenso wie seine Schwächen. Sie versuchte, in ihm zu sehen, was diesen strahlenden, hellsichtigen Mann ausmachte. Aber sie brauchte Zeiten für sich allein, und so renovierte sie einen Schuppen auf dem Grundstück des Sommerhauses, der ihr nach der Fertigstellung als Atelier diente. Alfred zeigte sich enttäuscht, weil er sich einen gemeinsamen Arbeitsbereich vorgestellt hatte. Noch ahnte er nicht, dass sie eines Tages in ihrer Unabhängigkeit noch wesentlich radikaler sein würde.

Drei Jahre später, im März 1924, bewies eine erste Ausstellung des Duos die künstlerischen Ergebnisse der gegenseitigen Inspiration und des gelebten Augenblicks: einundfünfzig Bilder von ihr, einundsechzig Fotos von ihm. Im Dezember heirateten die beiden, dies geschah vor allem auf seinen Wunsch hin. Der nüchterne Ablauf der Eheschließung, ohne Feier, ohne Austausch von Eheringen, scheint rückblickend kein gutes Omen gewesen zu sein.

War man in Künstlerkreisen schon neugierig auf das Paar O'Keeffe – Stieglitz, so wuchs zunehmend auch ein Interesse daran, ihre Bilder unter dem Eindruck der aufkommenden Psychoanalyse stark sexualisierend zu interpretieren. Georgia war damit überhaupt nicht einverstanden. Sie sah ihre von fotografischen Nahaufnahmen angeregten abstrakten Bilder in einer Weise ausgelegt, die mehr mit dem Zeitgeist als mit ihren eigenen Vorstellungen zu tun hatte. Sie selbst bewies geistige Offenheit, indem sie sich auch auf die Großstadt einließ, auf Alfreds Welt. Es entstanden abstrakte Stadtlandschaften, scheinbar mit dem Weitwinkelobjektiv fotografiert, ähnlich wie Stieglitz mit *The City of Ambition* schon Jahre zuvor die unfassbaren Dimensionen der Großstadt modern und dynamisch erfasst hatte. O'Keeffes *City Night* stellt ihr eigenes Erleben dem Alfreds gegenüber: verschiedene Lichteffekte zwischen riesigen Hochhäusern, der nächtliche Mond, der Straßenschluchten beleuchtet und die Gebäude im Mittelgrund surreal weiß anstrahlt. Als winziger Lichtpunkt spiegelt er sich in einer Häuserfront. Scharfe Konturen und das tiefe Schwarz vor Blaugrau-Tönen, all dies vermittelt den Eindruck einer majestätischen Kulisse mit klaren Begrenzungen, die vollkommen im Gegensatz steht zu den Weiten der Wüstenlandschaft oder auch den farbenfrohen Blüten, die Georgia am Lake George oder später dann in

New Mexico malte. Georgias Bilder erforschten etwas Visionäres, Spirituelles in allem, was sie umgab. Dafür musste sie traditionelle Kategorien der Kunst hinter sich lassen, die Dimensionen umkehren oder farblich oder formal neu definieren, ähnlich wie Stieglitz mit der Fotografie innovativ Komplexität darstellte und den Augenblick in seiner Unmittelbarkeit festhielt.

Georgia besaß ein unbändiges Freiheitsbedürfnis. Sie wolle »ihr eigener Meister« sein, schrieb sie einmal einem der sie umwerbenden Gefährten. Mit Alfred verspürte sie offenbar diese Freiheit, zumal er sich geduldig die Berichte über ihre Verehrer anhörte. Nach seiner gescheiterten Ehe empfand er die Beziehung mit dieser unabhängigen Frau als befreiend. Besonders genoss er die Gleichzeitigkeit von Kunst und Liebe: Fotografieren war für ihn wie ein Liebesakt. Zu dieser Überzeugung führte nicht zuletzt, dass er schönen Frauen immer zugeneigt war. Trotz seiner Liebe zu Georgia bedeutete dies Verlockungen, denen er erst recht nicht widerstehen konnte, nachdem Georgia schon früh formuliert hatte, sie seien gerade dann »eins«, wenn sie getrennt lebten. Auf ihren ausgedehnten Reisen war sie meist ohne ihn unterwegs.

Als Alfred 1927 ganz offen eine Liaison mit der viel jüngeren Autorin und Fotografin Dorothy Norman begann, bedeutete dies einen tiefen Einschnitt. Das Netzwerk der Künstlerfreunde half da wenig, auch nicht das eingespielte Quartett, das Georgia und Alfred mit der Malerin Rebecca Salsbury und dem Fotografen Paul Strand bildeten. Als Georgia zunehmend klar wurde, dass diese Affäre nicht vorübergehend war, verschlechterten sich ihr Gesundheitszustand und die Stimmung – trotz all ihrer freiheitlichen Grundsätze. Sie fühlte sich in jeder Hinsicht betrogen. Alfred schrieb ihr besorgte Briefe in die Klinik, in die sie 1933 nach einem Nervenzusammenbruch stationär aufgenommen werden musste. Er fühlte sich schuldig. Allmählich erholte Georgia sich, besonders gern in New Mexico – mit oder ohne Begleitung von Rebecca. Die Weite und Wildheit der Umgebung von Taos beflügelten sie, auf langen Spaziergängen bekam sie den Kopf frei und kam wieder zu Kräften. Fundstücke wie Steine, Schädel, Skelette, Blüten, Bäume brachten sie auf neue künstlerische Ideen: Die Wüste sollte eine ganz eigene Werkphase bestimmen. Sie wiederholte diese Aufenthalte in der Ghost Ranch, und als sich die Möglichkeit zum Kauf bot, entschied sie, ihren Lebensmittelpunkt nach New Mexico zu verlegen. Hier wollte sie unabhängig und intensiv leben. Sie entschied sich nicht gegen Alfred, sondern wählte vielmehr die Einsamkeit – für eine Frau ihrer Zeit keineswegs üblich. Unter diesen Bedingungen entstanden ihre so berühmten abstrakten, glühenden Landschaften, die surrealen Zusammenstellungen von Sujets wie Blumen, Bäumen, Tierknochen. Sinnliche Farbabstufungen, Anschnitte, Fragmentierung gehörten zu ihren Techniken, mit denen sie zu Ruhm gelangte. Ihr immenses Werk, das Alfred Stieglitz jahrelang regelmäßig ausstellte und auf diese Weise die Beziehung zu ihr fortsetzte, ist inzwischen nicht nur in ihrer ehemaligen Ghost Ranch, sondern in den Museen dieser Welt zu sehen.

Als Alfred gebrechlich wurde, kümmerte sie sich wieder mehr um ihn. Sie teilte ihr Jahr in Zeiten bei ihm in New York und am Lake George und dann wieder in New Mexico auf, so dass sich die Beziehung auf einer neuen Ebene fortsetzte, ohne je abzubrechen. Im Mai 1946 besuchten sie gemeinsam die große Retrospektive von Georgia O'Keeffes Werk im MoMa, für ihn ein Höhepunkt des gemeinsamen Künstlerlebens. Wenige Tage vor seinem Tod schrieb er an James Sweeney, damals Kurator am MoMa: »Es ist eine glanzvolle Ausstellung. In gewissem Sinne ein Wunder ... Ich bin froh, diesen Tag noch zu erleben.«[36] Drei Jahre später verlegte Georgia ihren Wohnsitz ganz nach New Mexico, das war nun ihre Welt. Vorher sorgte sie für zwei

Alfred Stieglitz,
*Georgia O'Keeffe* (1918),
Silbergelatineabzug

Georgia O'Keeffe,
*City Night* (1926),
121,92 × 76,2 cm,
Öl auf Leinwand

Ausstellungen im MoMa, die im Juni 1947 die Kunstsammlung und die besten Fotografien von Alfred Stieglitz zeigten, zu diesen 1600 Meisterwerken gehörten 331 Fotos, die er in der besten gemeinsamen Zeit von und mit ihr aufgenommen hatte.

Obwohl die Sehnsucht nach einer andauernden Intimität, nach einer Verschmelzung von Ich und Du sich letztlich nicht erfüllte, weil die größte Nähe zwischen ihnen beiden wohl nur ohne Zeit und ohne Ziel zu haben war, blickte Georgia stets gern auf das zurück, was »klar und hell und wunderbar«[37] an dieser Beziehung war.

# BEZIEHUNGSKUNST

Kreative Paare haben etwas Faszinierendes. Irgendwie scheint ihnen die Quadratur des Kreises zu gelingen: eine dauerhafte Beziehung zu führen und gleichzeitig die eigene Kreativität zum Ausdruck zu bringen. Mehr als zehn Jahre lang bin ich den Spuren deutscher und amerikanischer Künstler, Literaten und Musiker gefolgt, habe ihre Gedichte und Prosa gelesen, bin zu ihren Geburts- und Lebensorten gereist, habe Konzerte gehört und Ausstellungen besucht. Mit allen in diesem Buch versammelten Paargeschichten habe ich gelebt und gelitten, mich von ihnen faszinieren lassen. Manchmal habe ich mir vorgestellt, sie alle könnten bei einem großen Künstlerfest zusammenkommen, wo sie ihre Erinnerungen und Erfahrungen austauschten. Ich würde sie fragen: Was hat die künstlerische Arbeit für ihre Beziehung bedeutet? Wie sind sie mit Rivalität und Berühmtheit, mit Kommunikation und purem Alltag, mit Beziehungsstress und Verlust umgegangen? Die Ergebnisse meiner Begegnungen mit Literatur, Kunst und Musik, vor allem mit den Geschichten und Dokumenten lassen sich am besten mit dem Wort Liebe zusammenfassen.

Einige der hier beschriebenen Paare waren befreundet. Ilse Aichinger und Günter Eich pflegten zum Beispiel eine herzliche Freundschaft mit Ingeborg Bachmann und Paul Celan. Yoko Ono und John Lennon kannten John Cage und Merce Cunningham gut. Andere haben mit ihrer Emigration aus Deutschland ähnliche Lebenserfahrungen gemacht, wie das Ehepaar Albers, Kurt Weill und Lotte Lenya oder Mascha Kaléko und Chemjo Vinaver. Gemeinsam war allen, dass die Beziehung, ob sie nun zwei Jahre (wie im Falle von Dylan und Baez) oder fünfzig (wie beim Ehepaar Albers) dauerte, gute ebenso wie schwierige Seiten hatte. Nichts war perfekt und in die Beziehung musste stets investiert werden, sei es mit Worten oder Blicken, in Tagebüchern und Briefen oder im künstlerischen Dialog, in Auszeiten oder in Therapieversuchen.

Für Liebende sind die Zeiten keineswegs leichter geworden. Jederzeit verfügbare Alternativen stellen jede Partnerschaft auf die Probe, denn nicht nur die virtuelle Welt bietet ständig neue Kandidaten, die ohne die Makel langjähriger Partner ungemein attraktiv wirken. Andererseits hat die Psychologie sich nicht verändert: Der anfängliche Blick durch die rosarote Brille, mit dem wir die Geliebte oder den Geliebten idealisieren, weicht irgendwann der nüchternen Wahrnehmung und plötzlich stört, was wir anfangs liebevoll übersehen haben. Die Beziehungen der hier versammelten Kreativen wirkten über die Verliebtheit hinaus, zumindest eine Zeitlang, für beide Partner bereichernd und beglückend. Unabhängig davon, in welcher Kunstsparte sie tätig waren, wo und wann genau sie lebten, experimentierten die meisten von ihnen nicht nur in der Kunst, sondern auch im Leben. Daraus sind Kunstwerke entstanden, die oftmals miteinander im Dialog stehen wie ihre Schöpfer.

Die zahlreichen Chancen und Risiken glücklicher Beziehungen versuchen die beiden Soziologen Niklas Luhmann und Eva Illouz zu erklären. Illouz stützt sich gern auf Beispiele aus der Literatur, weil, wie sie meint, »literarische Texte systematisch kodifizierte kulturelle Annahmen«[1] sind, die beim Lesen eigene Erfahrungen mit der Liebe verständlich machen. Vor allem untersucht sie, warum die Liebe oft so weh tut. Ja, sie hält diesen Schmerz für eine paradoxe Bedingung von Partnerschaft: Leistung und Effizienz treffen auf emotionale Hingabe. Denn es sind jeweils verschiedene innere Dimensionen, die im »richtigen« Leben einerseits und in der Intimität einer Liebesbeziehung andererseits zum Tragen kommen. Die Gesellschaft fordert gleichbleibende Disziplin, Fokus, Wettbewerbsfähigkeit, Zielstrebigkeit, während die Partnerschaft Empathie, Bewunderung und Kommunikation ohne Ende braucht. Allein die Zeit für gegenseitige Aufmerksamkeit ist kaum noch da – ein weiterer Grund, warum tragfähige Beziehungen Unterstützung, Anregung und Bestätigung brauchen. Diese Spannung müssen Künstler naturgemäß erst recht aushalten, denn für sie sind beide Dimensionen zutiefst mit ihrer Identität als Künstler verbunden.

Luhmann hingegen sieht das wesentliche Paradox in unserer Wunschvorstellung von Liebe darin, dass wir einerseits froh sind über die Loslösung von gesellschaftlichen Erwartungen, aber den erhöhten beziehungsinternen Spannungen nicht gewachsen sind. Die Stabilität der Beziehung muss heutzutage rein aus den persönlichen Ressourcen der beiden Partner gestärkt werden.[2] Im Vergleich mit früheren Konventionen bedeutet für Niklas Luhmann die Freiheit heutiger Beziehungen ja eben gerade nicht nur eine Gunst des historischen Augenblicks, sondern eine enorme Herausforderung. Die Stabilität und Begründung jeder dauerhaften Beziehung garantieren nicht mehr Äußerlichkeiten wie Status oder finanzielle Notwendigkeiten, sondern sie müssen wesentlich innerhalb der Partnerschaft immer wieder neu ausgehandelt werden. Demnach ist unsere heutige Liebesvorstellung zugleich Geschenk wie Fluch dieser neuen Freiheit.

Solche Komplikationen bleiben auch kreativen Paaren nicht erspart, im Gegenteil. Bei vielen der hier versammelten nahm es kein gutes Ende: Trennung, Depression, Suizid. Dennoch waren alle hier ausgewählten Paare aufs Innigste in der Liebe verbunden, sind daran gewachsen und hätten ohne diese Beziehung vermutlich weniger kreativ und weniger freudvoll gelebt. Beispielsweise waren Lotte Lenya und Kurt Weill glücklich und gemeinsam enorm ideenreich, nicht zuletzt, weil sie sich darauf geeinigt hatten, dass Affären ihre Beziehung nicht in Frage stellten, sondern vielmehr stabilisierten. Demnach ist das traditionelle Familienbild nicht das einzige Versprechen für Glück in der Liebe. Oder Sylvia Plath und Ted Hughes, die darum gerungen haben, exzellentes Schreiben mit Familie und

Kindern zu vereinbaren, und dies ein paar Jahre lang schafften. Oder schließlich Marina Abramovic und Ulay oder Yoko Ono und John Lennon, die ihren künstlerischen Fokus auf die Paarbeziehung richteten und entsprechend intensiv lebten. Mit ihren Performances provozierten sie heftige Diskussionen über alle Facetten der Liebe. Auch ein so geistig unabhängiges Paar wie John Cage und Merce Cunningham war nicht gefeit vor Verlustängsten, Stress und aufgewühlten Emotionen. Aber sie alle hatten ihr künstlerisches Schaffen, in dem sie sich essentiell begegnet sind.

Dass Künstlerbeziehungen nicht zu jeder Zeit gleichberechtigt gelebt werden konnten, liegt sicher nicht nur an der Dynamik zwischen Mann und Frau oder an sozialen Rollenvorgaben, sondern auch an einem der Kunst inhärenten Ringen um jeweils individuelle künstlerische Ausdrucksformen. Wie die Kunsthistorikerin Renate Berger aufzeigt, gibt es unterschiedliche Strukturen, in denen Künstlerpaare funktionieren. Sie beobachtet, dass beispielsweise in den Jahren nach dem Ersten und Zweiten Weltkrieg, als bestehende Wertesysteme neu definiert und geschlechtsspezifische Arbeitsteilungen aufgeweicht worden waren, die Fragen nach Kunst und Leben, Leidenschaft und Konkurrenz in der Konstellation des Künstlerpaares jeweils neu ausgehandelt wurden.[3] Vielleicht lässt sich diese Beobachtung dahingehend auf die Gegenwart übertragen, dass sich Partner in heutigen Beziehungen in Bezug auf Rivalität und Intimität, Privat- und Berufsleben neu einzuordnen versuchen und somit in einer den Künstlern früherer Jahrzehnte vergleichbaren Situation befinden.

Wie steht es mit dem Genie in der Kunst? Ist nicht die Idee vom Künstler eine sehr individuelle? Wie kann das Paar als kreative Einheit funktionieren? Und was hat die Kunstproduktion mit diesem »Zu-sich-selber-Kommen des Menschen«[4] zu tun? Die Selbstpsychologie geht davon aus, dass diese Suche nach sich selbst schon im Kindesalter durch Beziehung geschieht. Man könnte also vermuten, die Steigerungsform erfahren wir im Erwachsenenalter durch einen sensiblen Partner. Demnach geht es in einer kreativen Paarbeziehung um diverse Aspekte: einmal um die Beziehung zum eigenen Kunstwerk, das die Künstleridentität zurückspiegelt und bestätigt. Dann ist da der kreative Partner, der oder die sich in einem eigenen Schaffensprozess findet.

Wir konnten bei den hier vorgestellten Paaren beobachten, wie die beiden kreativ Suchenden aufeinander bezogen sich in ihrem kreativen Wollen, in der Suche nach einzigartigem Ausdruck spiegelten. Innerhalb der Paarbeziehung geschah im Hinblick auf das künstlerische Werk bereits etwas, das sonst erst durch Kollegen und die Gesellschaft geleistet wird: Sie erprobten miteinander, ob das Geschaffene eine Bedeutung für andere hat, ob damit innovative Sichtweisen oder Darstellungsmöglichkeiten geliefert werden. Auf diese Weise wurden mutige künstlerische Ideen und Schaffensprozesse gefördert und zugleich eine gemeinsame Lebensform kultiviert.

ANHANG

# DANKSAGUNG

Indem ich jahrelang mit diesem Projekt und den Künstlerpaaren gelebt habe, gilt es vielen Menschen zu danken für wunderbare Gespräche, Anregungen, kritische Einwände und Zusammenarbeit. Nicht jeden dieser Weggefährten kann ich hier erwähnen, aber ich fühle mich ihnen allen verbunden. Besonders herzlich danke ich Frau Rosa Loy und Herrn Neo Rauch, die den Text über ihrer beider Leben und Werk so freundlich und großzügig genehmigten. Ich danke den Nachlassverwalterinnen Frau Mirjam Eich und Frau Gisela Zoch-Westphal, die mir die Einsicht in die Korrespondenzen von Ilse Aichinger und Günter Eich sowie von Mascha Kaléko und Chemjo Vinaver gewährten und auch Zitaten daraus zustimmten. Rüdiger Bering, Chefdramaturg des Theaters Freiburg, lässt mich aus seiner deutschen Fassung von Kurt Weills *Love Life* zitieren: ein herzliches Danke! Der Filmemacherin Alla Kovgan danke ich für enthusiastische Gespräche über Merce Cunningham und John Cage; desgleichen bin ich Alastair Macaulay dankbar, dass er seine Kenntnisse über dieses Künstlerpaar mit mir geteilt hat. Besonderer Dank gilt meinem geschätzten Kollegen und Freund, dem Psychiater und Psychotherapeuten Peter M. Wehmeier, mit dem ich über Jahre immer wieder Wochenendseminare zu Literatenpaaren angeboten und ungemein anregende Gespräche geführt habe. Des Weiteren danke ich meinen ehemaligen Studenten an der Leuphana Universität Lüneburg und an der Freien Universität Berlin, die mir in unseren Seminaren über kreative Paare mit ihrer Energie und Neugier bewiesen haben, wie lohnend dieses Thema ist. Ein großer Dank geht an das Literaturarchiv Marbach sowie an die Staatsbibliothek zu Berlin und die Bibliothek des John-F.-Kennedy-Instituts Berlin, wo ich jeweils geduldig und kompetent unterstützt wurde. Zudem bedanke ich mich beim Deutschen Akademischen Auslandsdienst, der mir ein Stipendium für eine USA-Reise bewilligte, so dass ich im April 2019 in Stanford meine Recherchen fortsetzen konnte. Über die Jahre haben mich so viele Partner, Freunde, Kollegen und Studierende motiviert, ohne sie wäre dieses Buch niemals zustande gekommen. Unsere jeweiligen Gespräche und Beziehungen haben durch das Buch *Paare* eine andauernde Intensität und Tiefe gewonnen, für die ich unendlich dankbar bin.

# ANMERKUNGEN

## PROJEKTE
### Joan Baez und Bob Dylan

1 Bob Dylan, *Chronicles*, S. 254.
2 Joan Baez, *We Shall Overcome*, S. 80.
3 Bob Dylan, »Mit Gott auf unserer Seite« / »With God on Our Side«, in: *Lyrics*, S. 177.
4 Howard Sounes, *Down the Highway*, S. 136.


### Ilse Aichinger & Günter Eich

5 Roland Berbig, »Zum frühen Werkverständnis von Ilse Aichinger«, in: *Text und Kritik*. Heft 175, Juli 2007, S. 19-28, hier S. 22.
6 Ilse Aichinger, *Die größere Hoffnung* (1948), S. 387.
7 Günter Eich, »Träume«, GEW 2, S. 383 f.
8 Ilse Aichinger, »Verschenkter Rat«, in: dies., *Verschenkter Rat. Gedichte*, S. 91.
9 Ilse Aichinger, »Ins Wort«, in: dies., *Kleist, Moos, Fasane, Werke*, S. 112.
10 Günter Eich, (undatiert, vermutlich 1964), GEW 1, S. 151.
11 Eich an Aichinger am 4. Dezember 1951, MLA.
12 Aichinger an Eich am 7. Dezember 1951, MLA.
13 Günter Eich, GEW 3, S. 243.
14 Jürgen Serke, *Frauen schreiben*, S. 119.
15 Günter Eich, GEW 4, S. 503.
16 Jürgen Serke, *Frauen schreiben*, S. 117.
17 Iris Radisch, *Die letzten Dinge*, S. 47.
18 Günter Eich, GEW 1, S. 297 bzw. MLA Handschriften.
19 Ilse Aichinger, »Erwiderung«, in: dies., *Verschenkter Rat*, S. 101.
20 Günter Eich, GEW 4, S. 621.
21 ebd., S. 627.
22 Günter Eich, in: »Wo ich wohne«, in: *Werke 1*, S. 94.
23 Eich an Aichinger am 3. Februar 1953, MLA.
24 Aichinger an Eich, 1951 undatiert, MLA.

25 Eich an Aichinger am 14. September 1952, MLA.
26 Eich an Aichinger am 30. November 1952, MLA.
27 Iris Radisch, *Die letzten Dinge*, S. 47.

## Anni & Josef Albers

28 Charles Darwent, *Josef Albers. Life and Work*, S. 224.
29 Nicholas Fox Weber, »Anni und Josef Albers: Gemeinsames Leben, gemeinsame Arbeit«, in: *Josef und Anni Albers*, S. 30-35.
30 Anni Albers am 22. November 1934, in: Josef Helfenstein, »Josef und Anni Albers – Europa und Amerika«, in: *Josef und Anni Albers. Europa und Amerika*, S. 68.
31 Josef Helfenstein, »Josef und Anni Albers – Europa und Amerika«, in: *Josef und Anni Albers*, S. 65-81.
32 Andi Schoon, »Das Ideal einer freien Schule«, in: *Black Mountain*, S. 410-419.

## Lil Hardin & Louis Armstrong

34 Toni Morrison, *Jazz*, S.41. (»All songs display my life somewhat.«)
35 Louis Armstrong, S. 43. (»Music kept you rolling.«)
36 Louis Armstrong, S. 7.
37 https://riverwalkjazz.stanford.edu/?q=program/louis-armstrong-man-and-his-world zit. nach: Terry Teachout, S. 77.

# GEGENSÄTZE
## Rosa Loy & Neo Rauch

1 *Hinter den Gärten*, Interview S. 200.
2 Gespräch zwischen Rosa Loy, Neo Rauch und Doris Apell-Kölmel, in: *Rosa Loy, Neo Rauch. Die Strickerin*, S. 14.
3 ebd., S. 17.
4 http://kunstforum.de/artikel/rosa-loy

## Friederike Mayröcker & Ernst Jandl

5  Ernst Jandl, »Rede an Friederike Mayröcker«, in: ders., *Werke* 6, S. 293.
6  Ernst Jandl & Friederike Mayröcker, »Rede anlässlich der Verleihung des Hörspielpreises«, in: Ernst Jandl, *Werke* 6, S. 133.
7  Ernst Jandl, »Rede an F.M.«, ebd.
8  Jürgen Serke, *Frauen schreiben*, S. 142.
9  Ernst Jandl, »liegen, bei dir« (7.5.1956), in: *Werke* 2, S. 279.
10  Friederike Mayröcker, (zwischen 1955 und 1960), *Gesammelte Gedichte*, S. 42.
11  ebd., S. 43.
12  Ernst Jandl, »ottos mops«, *Werke* 2, S. 63.
13  Friederike Mayröcker, *Requiem*, S. 45.
14  Iris Radisch, *Die letzten Dinge*, S. 124.
15  Ernst Jandl, *Werke* 6, S. 294.
16  Friederike Mayröcker, *Requiem*, S. 12f.
17  ebd., S. 22.
18  Friederike Mayröcker, *Reise durch die Nacht*, S. 31.
19  ebd., S. 33.

## Lotte Lenya & Kurt Weill

20  Weill in Berlin an Lenya in Grünheide, 1924 undatiert und 15. oder 22. Dezember 1924, in: *Sprich leise, wenn du Liebe sagst*, S. 50f.
21  *Kurt Weill, Musik und Theater*, S. 67f.
22  Gespräch mit Gottfried Wagner, Sommer 1978, ebd., S. 199.
23  Lenya in Detroit an Weill in New York City, 6. März 1942, in: *Sprich leise, wenn du Liebe sagst*, S. 308.
24  *Love Life. Vaudeville in zwei Akten*, Kurt Weill und Alan Jay Lerner, Rüdiger Bering (Üb.), Freiburger Fassung, mit freundlicher Genehmigung der Kurt Weill Foundation / Verlag Musik und Bühne.
25  Stephen Hinton, *Weill's Musical Theater*, S. 404-421.

# WIR
## Marina Abramović & Ulay

1  Karoline Künkler, »Das kreative Duo als ästhetische Form. Zur gemeinschaftlichen Selbstgestaltung von Abramović/Ulay und Gilbert&George«, in: *Künstlerpaare – Liebe, Kunst, Leidenschaft*, S. 364-374, S. 364.

2  Marina Abramović, *Durch Mauern gehen*, S. 122.

## Yoko Ono & John Lennon

3  *Lennon über Lennon*, S. 13.

4  ebd., S. 53.

5  zit. nach Lesley-Ann Jones, *John Lennon*, S. 293.

6  Desmond Morris, in: *Erinnerungen an John Lennon*, S. 170.

7  Yoko Ono in: *Lennon über Lennon*, 1978, S. 59.

8  James Woodall, *John Lennon und Yoko Ono*, S. 218.

## Mascha Kaléko & Chemjo Vinaver

9  Mascha Kaléko, »Ein Herr namens Tristan«, in: *Werke*, Bd. 1, S. 239.

10  Mascha Kaléko, Tagebucheintrag 1. & 2. Februar 1938, zit. nach Gisela Zoch-Westphal, S. 67, 68 & S. 70.

11  Mascha Kaléko, »Sogenannte Mesalliance«, in: *Werke*, Bd. 1, S. 574 f.

12  Mascha Kaléko, 27. Januar 1939, in: Gisela Zoch-Westphal, S. 98.

13  Mascha Kaléko: »Die Frau in der Kultur« (1957) in: *Werke*, Bd. 1, S. 385.

14  Mascha Kaléko, »Apropos, Hollywood«, in: *Werke*, Bd. 1, S. 379.

15  Mascha Kaléko vom 20. Juni 1941, in: Gisela Zoch-Westphal, S. 118 ff.

16  Mascha Kaléko, »Frühlingslied für Zugereiste«, in: *Werke*, Bd. 1, S. 188.

17  Mascha Kaléko, »Memento«, in: *Werke*, Bd. 1, S. 227.

18  Mascha Kaléko, »Die frühen Jahre«, in: *Werke*, Bd. 1, S. 669.

# DIALOG
## Susan Sontag & Annie Leibovitz

1  Benjamin Moser, S. 466.
2  Annie Leibovitz, S. 14 f.
3  Susan Sontag, »The Rolling-Stone-Interview« mit Jonathan Cott, in: *Conversations with Susan Sontag*, S. 120. »Women should be proud of and identify with women who do things at a very high level of excellence, and not criticize women for not expressing feminine sensibility or a feminine sense of sensuality.«
4  Moser, S. 613.
5  Annie Leibovitz, Interview, 14.3.2009, https://www.faz.net/aktuell/feuilleton/bilder-und-zeiten-1/im-gespraech-annie-leibovitz-koennen-sie-die-seele-fotografieren-mrs-leibovitz-1928321-p3.html
6  Moser, S. 605 ff.
7  Susan Sontag, *So leben wir jetzt*, S. 27.
8  Susan Sontag, Interview mit Alfonso Armanda, in: *Conversations with Susan Sontag*, S. 268.
9  Susan Sontag im Gespräch mit der Autorin, 7. Februar 1992, Deutschlandfunk.
10  Susan Sontag, *Women*, S. 29 f.
11  Susan Sontag, Dankesrede zur Verleihung des Friedenspreises des Deutschen Buchhandels 2003.
12  Annie Leibovitz, Interview FAZ.

## Elizabeth Hardwick & Robert Lowell

13  Elizabeth Hardwick, *Schlaflose Nächte*, S. 70.
14  Elizabeth Hardwick, *Schlaflose Nächte*, ebd.
15  Robert Lowell, *Letters*, S. 147.
16  Kay R. Jamison, *Robert Lowell*, S. 117.
17  Robert Lowell, »Man and Wife«, in: *Collected Poems*, S. 189.
18  Jeffrey Meyers, *Robert Lowell in Love*, S. 100 f.
19  Jeffrey Meyers, *Robert Lowell in Love*, S. 94 f.
20  Elizabeth Hardwick an Robert Lowell, New York, 26. Juni 1970, in: *The Dolphin Letters*, S. 67.

21 Robert Lowell, »Dolphin« (1976), »not avoiding injury to others, not avoiding injury to myself«, in: *Collected Poems*, S. 708.

22 Kay R. Jamison, *Robert Lowell*, Brief vom 9. April 1972, S. 347.

23 Jeffrey Meyers, *Robert Lowell in Love*, S. 120.

24 Robert Lowell, »Loneliness«, »We were / so by ourselves and calm this summer, I would love to live forever«, in *Collected Poems*, S. 852.

## Ingeborg Bachmann & Paul Celan

25 in: »Kulturkritik und Gesellschaft«, geschrieben 1949 in den USA, erschienen 1951, wieder abgedruckt in *Prismen*, Berlin 1955.

26 Paul Celan an Ingeborg Bachmann, 20. August 1949, in: *Herzzeit*, S. 13

27 Paul Celan, *Die Gedichte*, Kommentar zu »Die Todesfuge«, S. 606.

28 Andrea Stoll, *Ingeborg Bachmann*, S. 50 ff.

29 Bachmann an Celan am 24. November 1949, in: *Herzzeit*, S. 14

30 Celan an Bachmann am 31. Oktober 1957, in: *Herzzeit*, S. 64.

31 Paul Celan, »Corona« (1948), in: *Mohn und Gedächtnis* (1953), *Die Gedichte*, S. 39.

32 Ingeborg Bachmann, »Dunkles zu sagen« (1952), in: *Die gestundete Zeit, Werke 1*, S. 32.

33 Bachmann: »An die Sonne« (1956), in: *Anrufung des Großen Bären, Werke 1*, S. 136 f.

34 Bachmann an Celan, 21. Februar 1952, in: *Herzzeit*, S. 43.

35 Celan an Bachmann, Paris, 20. Oktober 1957, in: *Herzzeit*, S. 59 f.

36 Celan an Bachmann, Paris, 1. November 1957, in: *Herzzeit*, S. 65.

37 Celan an Bachmann, Paris, 11. Januar 1958, in: *Herzzeit*, S. 83.

38 Ingeborg Bachmann, »Erklär mir Liebe« (1956), in: *Anrufung des Großen Bären, Werke 1*, S. 109 f.

39 Celan an Bachmann, 21. September 1963, in: *Herzzeit*, S. 159.

40 Ingeborg Bachmann, *Malina*, in: *Werke 3*, S. 68 f. und S. 70.

41 ebd., S. 195.

# RISIKEN UND NEBENWIRKUNGEN
Marilyn Monroe & Arthur Miller

1 Joyce Carol Oates: *Blond*, S. 636.
2 Marilyn Monroe: »I was full of strange feelings, as if I were two people. One of them was Norma Jean (sic) from the orphanage who belonged to nobody. The other was someone whose name I didn't know. But I knew where she belonged. She belonged to the ocean and the sky and the whole world.« In: *my story*, S. 25.
3 Jeffrey Meyers, *The Genius and the Goddess*, S. 53 ff.
4 Arthur Miller, *Zeitkurven*, S. 398.
5 ebd., S. 432 f.
6 ebd., S. 475.
7 zit. nach Jeffrey Meyers, *The Genius and the Goddess*: »When I married Miller, one of the fantasies I had in my mind was that (through him) I could get out of Marilyn Monroe.« S. 105.
8 Marilyn Monroe, *Tapfer lieben*, S. 155.
9 Arthur Miller, *Zeitkurven*, S. 317.

## Lee Krasner & Jackson Pollock

10 Gail Levin, *Lee Krasner*, S. 143.
11 Jackson (New York) an Stella (Iowa) und Lee Krasner (New York) an Stella, beide 1943 undatiert, *American Letters*, S. 185.
12 zit. nach: Gail Levin, *Lee Krasner*, S. 269.
13 Lee Krasner, »Wer war Jackson Pollock? Gespräch mit Francine du Plessix und Cleve Gray«, in: *Lee Krasner – Jackson Pollock*, S. 101.
14 zit. nach: *Lee Krasner*, Ausstellungskatalog, S. 111.

## Sylvia Plath & Ted Hughes

15 Diane Middlebrook, *Du wolltest deine Sterne. Sylvia Plath und Ted Hughes*, S. 15 ff.
16 Ted Hughes: »Rugby Street 18«, in: *Birthday Letters*, S. 32.
17 Sylvia Plath: Brief an Aurelia Plath am 8. Oktober 1956, in: *Briefe nach Hause*, S. 287.

18 Sylvia Plath, *Die Tagebücher*, S. 214.

19 Sylvia Plath, Tagebucheintrag 25. Februar 1957, ebd., S. 210.

20 Sylvia Plath, *Die Glasglocke*, S. 13.

21 ebd., S. 89 f.

22 Connie Palmen, *Du sagst es*, S. 10.

23 Sylvia Plath: »Du bist«, in: *Ariel*, S. 113

24 Ligia Batista Silverman, »Double Entendre: Sylvia Plath and Psychiatric Diagnosis«, in: *Plath Profiles*, Volume 8, 2015, S. 31-36.

25 Sylvia Plath: »Burning the Letters«, 13. August 1961, in: *Collected Poems*, S. 204 f.

26 Erica Wagner: *Ariel's Gift*, S. 13.

27 Ted Hughes: »Besuch«, in: *Birthday Letters*, S. 15.

28 Ted Hughes, »Leben nach dem Tod«, ebd., S. 190.

## PURE GEGENWART
John Cage & Merce Cunningham

1 John Cage, »Autobiographischer Abriss«, in: *Empty Mind*, S. 9.

2 John Cage, *Love, Icebox*, S. 51.

3 in: *Black Mountain College Bulletin*, 1949, Jg. 6 Nr. 4, o. S., in: BLC, Ausgewählte Dokumente, S. 48.

4 *Black Mountain College*, S. 322.

5 Gespräch mit Jonathan Hollander, Gründer und Leiter der Battery Dance Company New York, drei Jahre lang Schüler bei Merce Cunningham, am 16. 1. 2021.

6 John Cage, *Empty Mind*, S. 31.

7 E-Mail-Korrespondenz der Autorin mit Laura Kuhn, Direktorin des John Cage Trust, 4. Januar 2021.

8 John Cage, *Silence*, S. 7.

9 Jonathan Katz, »To be homosexual in a homophobic culture was to forcefully realize that conversation was not always about expression; that it could in fact be about the opposite – dissimulation, camouflage, hiding. But is there another frame through which to assess Cage's conspicuous silence? For if Cage's silence was an attempt to escape notice ... Silence was not only a symptom of oppression, it was also, I want to argue, a chosen mode of resistance.«

10 E-Mail Alastair Macaulay, Tanzexperte der *New York Times*, 17. Januar 2021.

11 zit. nach: Kenneth Silverman, S. 365.

12 Laura Kuhn, Nachwort in: *Love, Icebox*, S. 152.


## Zelda & F. Scott Fitzgerald

13 Scott an Zelda Fitzgerald, Sommer 1930, *Lover!*, S. 61.

14 F. Scott Fitzgerald, *Der große Gatsby*, S. 105.

15 ebd., S. 109 f.

16 Zelda an Scott Fitzgerald, *Lover!*, S. 29 f.

17 Zelda Fitzgerald, »Die erste Revuetänzerin«, in: *Himbeeren mit Sahne*, S. 39.

18 Zelda an F. Scott Fitzgerald im September 1920 aus Westport, Connecticut, in: *Lover!*, S. 55.

19 Scott an Zelda Fitzgerald, Juli 1930, in: *Lover!*, S. 87.

20 Zelda Fitzgerald, *Ein Walzer für mich*, S. 32.

21 Zelda Fitzgerald, *Ein Walzer für mich*, S. 242.


## Else Lasker-Schüler & Gottfried Benn

22 Else Lasker-Schüler, »Mein Volk«, in: *Die Gedichte*, S. 137, S. 292.

23 Else Lasker-Schüler, »Doktor Benn«, in: *Der Prinz von Theben und andere Prosa*, S. 228.

24 Else Lasker-Schüler, »Giselheer dem König«, in: *Die Gedichte*, S. 207.

25 Else Lasker-Schüler, *Gottfried Benn*, in: ebd., S. 201.

26 Else Lasker-Schüler, »Boas«, in: *Die Gedichte*, S. 307.

27 Else Lasker-Schüler, »Ruth«, in: *Die Gedichte*, S. 126, S. 308.

28 Gottfried Benn, »Hier ist kein Trost«, in: *Sämtliche Gedichte*, S. 350.

29 Else Lasker-Schüler, »Höre«, in: *Die Gedichte*, S. 215.

30 Else Lasker-Schüler, *Die Gedichte*, S. 346.

31 Gottfried Benn, *Sämtliche Werke VI*, S. 1101, S. 54 ff.

32 Carolyn Burke, *Foursome*, S. 5, S. 105.
33 O'Keeffe an Stieglitz, Canyon Texas, 17. Dezember 1917: »I feel more sure of myself than I ever have … I wonder what you are to me – it's like father, mother, brother, sister, best man and woman friend, all mixed up in one – I love you greatly.« In: *My Faraway One*, S. 223.
34 Stieglitz an O'Keeffe, New York City, 28. Dezember 1917: »quite a family in one person«, ebd., S. 229.
35 Stieglitz an O'Keeffe, New York City, 10. Juni 1918: »I guess it's you – I have nothing to do with it except reflect yourself back to yourself …«, ebd., S. 300.
36 Alfred Stieglitz an James Johnson Sweeney am 3. Juli 1946: »It is a glorious exposition. In a sense a miracle … I am glad to live to see this day.«, zit. nach: Carolyn Burke, *Foursome*, S. 276.
37 Georgia O'Keeffe, Einleitung zu: Alfred Stieglitz, *Georgia O'Keeffe*, (nicht paginiert).

## BEZIEHUNGSKUNST

1 Eva Illouz, *Warum Liebe weh tut*, S. 59.
2 Niklas Luhmann, *Liebe als Passion*, S. 198.
3 Renate Berger, *Liebe Macht Kunst*, S. 30.
4 Christa Wolf stellt ihrem Roman *Nachdenken über Christa T.* das Zitat von Johannes R. Becher voran: »Was ist das: Dieses Zu-sich-selber-Kommen des Menschen?«

# BIBLIOGRAFIE

Marina Abramović, *Durch Mauern gehen. Autobiografie*, Charlotte Breuer und Norbert Möllemann (Üb.), München: Luchterhand 2016.

Ilse Aichinger, *Die größere Hoffnung*, Amsterdam: Bermann-Fischer 1948.

dies., *Kleist, Moos, Fasane*, Frankfurt: S. Fischer 1991.

dies., *Verschenkter Rat. Gedichte*, Frankfurt: S. Fischer 1991.

dies., *Wo ich wohne. Erzählungen, Gedichte, Dialoge*. Frankfurt: S. Fischer 1963.

*Ilse Aichinger*, in: *Text und Kritik* Heft 175, Juli 2007.

*Josef und Anni Albers. Europa und Amerika*. Josef Helfenstein und Henriette Mentha (Hrsg.) (Kunstmuseum Bern), Köln: DuMont 1998.

*American Letters 1927-1947. Jackson Pollock & Family*, Sylvia Winter Pollock (Hrsg.), Cambridge: Polity 2011.

*Louis Armstrong – A Self-Portrait. The Interview by Richard Meryman.* New York: The Eakins Press 1971. Erstveröffentlichung im *Life* Magazin am 15. April 1966.

Steven G. Axelrod, *Robert Lowell. Life and Art*, Princeton, New Jersey: Princeton University Press 1978.

Ingeborg Bachmann, *Gedichte, Hörspiele, Libretti, Übersetzungen*, Werke I, Christine Koschel et al. (Hrsg.), München: Piper 1982.

dies., *Malina, Roman*, Frankfurt: Suhrkamp 1974 (1971).

Ingeborg Bachmann & Paul Celan, *Herzzeit. Briefwechsel*, Frankfurt: Suhrkamp 2008.

Joan Baez, *We Shall Overcome. Mein Leben*, Christiane Müller (Üb.), Bergisch Gladbach: Gustav Lübbe 1988.

Jonathan Bate, *Ted Hughes. The Unauthorized Life*, London: William Collins 2015.

Gottfried Benn, *Sämtliche Gedichte*, Stuttgart: Klett-Cotta 2016 (9. Aufl.).

ders., *Sämtliche Werke*, Band VI, Prosa 4, Stuttgart: Klett-Cotta 2001.

*Gottfried Benn*, in: *Text & Kritik*. Heft 44 (3. Aufl.) April 200.

Roland Berbig, *Am Rande der Welt. Günter Eich in Geisenhausen 1944-1954*, Göttingen: Wallstein 2013.

Renate Berger, *Liebe Macht Kunst. Künstlerpaare im 20. Jahrhundert*, Köln, Weimar, Wien: Böhlau 2000.

Karin Berndt, *Yoko Ono – In her Own Write. Ihr musikalisches Schaffen und der Einfluß von John Lennon*, Marburg: Tetum Verlag 1999.

*Black Mountain. ein interdisziplinäres experiment 1933-1957*, Eugen Blume et al. (Hrsg.), Leipzig: Spector Books/Nationalgalerie Berlin 2015.

Hellmut Böttiger, *Wir sagen uns Dunkles. Die Liebesgeschichte zwischen Ingeborg Bachmann und Paul Celan*, München: Deutsche Verlags-Anstalt 2017.

Carolyn Burke, *Foursome. Alfred Stieglitz, Georgia O'Keeffe, Paul Strand, Rebecca Salsbury*, New York: Alfred A. Knopf 2019.

Carolyn Brown, *Chance and Circumstance. Twenty Years with Cage and Cunningham*, New York: Alfred A. Knopf 2007.

John Cage, *Empty Mind*, Marie Luise Knott und Walter Zimmermann (Hrsg.), Klaus Reichert et al. (Üb.), Berlin: Suhrkamp 2013 (2. Aufl.).

ders., *Silence*, Ernst Jandl (Üb.), Frankfurt: Suhrkamp 1995.

ders., *Love, Icebox, Letters from John Cage to Merce Cunningham*, Laura Kuhn (Hrsg.), Annandale, New York: The John Cage Trust 2019.

Paul Celan, *Die Gedichte. Kommentierte Gesamtausgabe*, Barbara Wiedemann (Hrsg.), Berlin: Suhrkamp 2014 (5. Aufl.).

Charles Darwent, *Josef Albers. Life and Work*, London: Thames & Hudson Ltd. 2018.

Kerstin Decker, *Mein Herz – Niemandem. Das Leben der Else Lasker-Schüler*, Berlin: Ullstein 2010.

Bob Dylan, *Chronicles*, Bd. 1, New York: Simon & Schuster 2004.

ders., *Lyrics*, Gisbert Haefs (Üb.), Hamburg: Hoffmann & Campe 2004.

Günter Eich, *Gesammelte Werke*, Axel Vieregge (Hrsg.), Frankfurt: Suhrkamp 1991.

Ines Janet Engelmann, *Jackson Pollock und Lee Krasner*, München: Prestel 2007.

John Felstiner, *Paul Celan. Eine Biographie*, Holger Fliessbach (Üb.), München: C. H. Beck 2010 (2. Aufl.).

F. Scott Fitzgerald, *Der große Gatsby, Roman*, Reinhard Kaiser (Üb.), Berlin: Insel 2013 (4. Aufl.).

ders., *Für dich würde ich sterben. Erzählungen*, Anne Margaret Daniel (Hrsg.), Gregor Runge, Andrea Stumph und Melanie Walz (Üb.), Hamburg: Hoffmann & Campe 2017.

ders., *Früher Erfolg. Über Geld und Liebe, Jugend und Karriere, Schreiben und Trinken*, Melanie Walz, Bettina Abarbanell, Renate Orth-Guttmann (Üb.), Zürich: Diogenes 2017.

Zelda Fitzgerald, *Himbeeren mit Sahne im Ritz, Erzählungen*, Eva Bonné (Üb.), München: Penguin 2019.

dies., *Ein Walzer für mich, Roman*, pociao (Üb.), Zürich: Diogenes 2011.

F. Scott und Zelda Fitzgerald, *Lover! Briefe*, Jackson R. Bryer, Cathy W. Barks (Hrsg.), Dora Winkler (Üb.), München: Deutsche Verlags-Anstalt 2004.

Bülent Gündüz, *Jackson Pollock. Die Biografie*, Berlin: parthas 2013.

David Hajdou, *positively 4th street. the lives and times of joan baez, bob dylan, mi-mi baez farina and richard farina*, London: Bloomsbury 2001.

Elizabeth Hardwick, *Schlaflose Nächte, Roman*, Regine Laudann (Üb.), Frankfurt: S. Fischer 1988.

Elizabeth Hardwick und Robert Lowell, *The Dolphin Letters, 1970-1979*, Saskia Hamilton (Hrsg.), New York: Farrar, Straus and Giroux 2019.

*Hinter den Gärten, Rosa Loy Neo Rauch*, Ausstellungskatalog Essl Museum Klosterneuburg, München, London, New York: Prestel 2011.

Stephen Hinton, *Weill's Musical Theater. Stages of Reform*, Berkeley: University of California Press 2012.

Ted Hughes, *Birthday Letters*, Andrea Paluch und Robert Habeck (Üb.), Frankfurt: Frankfurter Verlagsanstalt 1998.

ders., *Collected Poems*, Paul Keegan (Hrsg.), London: Faber & Faber 2003.

Eva Illouz, *Warum Liebe weh tut*, Michael Adrian (Üb.), Frankfurt: Suhrkamp 2016.

Ernst Jandl, *Werke 1, 5 & 6*, Klaus Siblewski (Hrsg.), München: Luchterhand 2016.

Lesley-Ann Jones, *John Lennon. Genie und Rebell*, Conny Lösch (Üb.), München: Piper 2020.

Mascha Kaléko, *In meinen Träumen läutet es Sturm, Gedichte und Epigramme aus dem Nachlass*, Gisela Zoch-Westphal (Hrsg.), München: dtv 1977.

dies., *Sämtliche Werke und Briefe*, Jutta Rosenkranz (Hrsg.), München: dtv 2013 (2. Aufl.).

Michaela Karl, *»Wir brechen die 10 Gebote und uns den Hals«. Scott und Zelda Fitzgerald. Eine Biografie*, München: btb 2013.

Jonathan D. Katz, »John Cage's Queer Silence; or, How to Avoid Making Matters Worse«, in: *Journal of Lesbian and Gay Studies*, 5/2, 1. April 1999, S. 231-252.

Heinz Kohut, »*Idealization and Cultural Selfobjects*«, in: *Self Psychology and the Humanities. Reflections on a New Psychoanalytic Approach*, 12. Februar 1981, Charles B. Strozier (Hrsg.), New York: W. W. Norton 1985.

Hartmut Kraft (Hrsg.), *Psychoanalyse, Kunst und Kreativität*, Berlin: Medizinisch Wissenschaftliche Verlagsgesellschaft 2008 (3. Aufl.).

*Lee Krasner*, Eleanor Nairne und Ilka Voermann (Hrsg.), München: Hirmer/ Schirn Kunsthalle Frankfurt 2019.

*Lee Krasner – Jackson Pollock. Künstlerpaare – Künstlerfreunde*, Sandor Kathy und Ellen G. Landau, Kunstmuseum Bern 1989/1990.

*Künstlerpaare. Liebe, Kunst und Leidenschaft*, Barbara Schaefer und Andreas Blühm (Hrsg.), Ostfildern: Hatje Cantz 2008.

Else Lasker-Schüler, *Die Gedichte 1902-1942*, Friedhelm Kemp (Hrsg.), Frankfurt: Suhrkamp 1997.

dies., *Der Prinz von Theben und andere Prosa*, Friedhelm Kemp (Hrsg.), Frankfurt: Suhrkamp 1998.

*Annie Leibovitz at Work*, Ursula Wulfekamp und Tanja Handels (Üb.), München: Schirmer/Mosel 2008.

dies., *Women*, mit einem Essay von Susan Sontag, Jörg Trobitius (Üb.), München: Schirmer/Mosel 1999.

Ralf Leisner, *Lee Krasner – Jackson Pollock. Eine Ateliergemeinschaft 1942-1956*, München: scaneg 1995.

*Lennon über Lennon. Leben in Amerika*, John Lennon und Yoko Ono im Gespräch mit Andy Peebles, Wolfgang Döbling (Üb.), Reinbek: Rowohlt 1981.

Lotte Lenya, *Eine Autobiographie in Bildern*, David Farneth (Hrsg.), Köln: Könemann 1999.

Gail Levin, *Lee Krasner. A Biography*, New York: William Morrow 2011.

Robert Lowell, *Collected Poems*, Frank Bidart und David Gewanter (Hrsg.), New York: Farrar, Straus and Giroux 2003.

ders., *The Letters of Robert Lowell*, Saskia Hamilton (Hrsg.), New York: Farrar, Straus and Giroux 2005.

*Rosa Loy Neo Rauch. Die Strickerin*, Grafikstiftung Neo Rauch (Hrsg.), Leipzig: E.A. Seemann 2018.

Niklas Luhmann: *Liebe als Passion*, Frankfurt: Suhrkamp 2012 (12. Aufl.).

Gerda Marko, *Schreibende Paare. Liebe, Freundschaft, Konkurrenz*, Frankfurt: Suhrkamp 1998.

Friederike Mayröcker, *Reise durch die Nacht*, Frankfurt: Suhrkamp 1984.

dies., *Requiem für Ernst Jandl*, Frankfurt: Suhrkamp 2001.

dies., *Gesammelte Gedichte, 1939-2003*, Marcel Beyer (Hrsg.) Frankfurt: Suhrkamp 2014 (4. Aufl.).

Christa Merker, *Marilyn Monroe und Arthur Miller. Eine Nahaufnahme*, Berlin: Rowohlt 1997.

Julia Meyer, »*Zwei Seelen wohnen, ach, in mir zur Miete«. Mascha Kaléko. Inszenierungen von Autorschaft*, Dresden: Thelem 2018.

Jeffrey Meyers, *The Genius and the Goddess. Arthur Miller and Marilyn Monroe*, London: Hutchinson 2009.

ders., *Robert Lowell in Love*, Amherst & Boston: University of Massachusetts Press 2016.

Diane Middlebrook, *Du wolltest deine Sterne. Sylvia Plath und Ted Hughes*, Barbara v. Bechtolsheim (Üb.), Gräfelfing: edition fünf 2013.

Arthur Miller, *Tod eines Handlungsreisenden* (1949), Volker Schlöndorff mit Florian Hopf (Üb.), Frankfurt: S. Fischer 2013 (51. Aufl.).

ders., *Zeitkurven*, Manfred Ohl und Hans Sartorius (Üb.), Frankfurt: S. Fischer 1987.

Marilyn Monroe, *My Story*, mit Ben Hecht, Lanham, Maryland: Taylor Trade 2007.

dies., *Tapfer lieben. Ihre persönlichen Aufzeichnungen, Gedichte und Briefe*. Uda Strätling (Üb.), Frankfurt: S. Fischer 2010.

Ethan Mordden, *Love Song. The Lives of Kurt Weill and Lotte Lenya*, New York: St. Martin's Press 2012.

*My Faraway One. Selected Letters of Georgia O'Keeffe and Alfred Stieglitz*, Volume I, 1915-1933, Sarah Greenough (Hrsg.), New Haven und London: Yale University Press 2011.

Benjamin Moser, *Sontag. Die Biografie*, Hainer Kober (Üb.), München: Penguin/Random House 2020.

Jascha Nemtsov, *Doppelt vertrieben. Deutsch-jüdische Komponisten aus dem östlichen Europa in Palästina/Israel*, Wiesbaden: Harrassowitz 2013.

Pinchas Noy, »Die formale Gestaltung in der Kunst: Ein ich-psychologischer Ansatz kreativen Gestaltens« (1979), in: Hartmut Kraft, *Psychoanalyse, Kunst und Kreativität*, S. 135-155.

Sigrid Nunez, *Sempre Susan. A Memoir of Susan Sontag*, New York: Atlas & Co. 2011.

Joyce Carol Oates, *Blond, Roman*, Uda Strätling, Sabine Hedinger und Karen Lauer (Üb.), Frankfurt: S. Fischer 2000.

Yoko Ono. *Half-a-Wind Show. Eine Retrospektive*, Ingrid Pfeffer und Max Hollein (Hrsg.), Frankfurt: Schirn Kunsthalle 2013.

*Erinnerungen an John Lennon*, Yoko Ono (Hrsg.), Berlin: Schwarzkopf & Schwarzkopf 2005.

Connie Palmen, *Du sagst es. Roman*, Hanni Ehlers (Üb.), Zürich: Diogenes 2016.

Pasqualina Perrig-Chiello, *Wenn die Liebe nicht mehr jung ist. Warum viele langjährige Partnerschaften zerbrechen und andere nicht*, Bern: Hogrefe 2017.

Sylvia Plath, *Collected Poems*, Ted Hughes (Hrsg.), New York: Harper & Row 1981.

dies., *Ariel. Gedichte*, Englisch und deutsch, Erich Fried (Üb.), Frankfurt: Suhrkamp 1977 (6./7. Aufl.).

dies., *Die Glasglocke*, Reinhard Kaiser (Üb.), Frankfurt: Suhrkamp 2013.

dies., *Die Tagebücher*, Ted Hughes und Frances McCullough (Hrsg.), Alissa Walser (Üb.), Frankfurt: Frankfurter Verlagsanstalt 1997.

dies., *Zungen aus Stein*. Erzählungen, Julia Bachstein und Susanne Levin (Üb.), Frankfurt: Frankfurter Verlagsanstalt 2012 (Neuaufl.).

dies., *Briefe nach Hause 1950-1963*, Aurelia Schober Plath (Hrsg.), Iris Wagner (Üb.), München: Hanser 1979.

Iris Radisch, *Die letzten Dinge. Lebensendgespräche*, Reinbek: Rowohlt 2015 (2. Auf.).

Jutta Rosenkranz, *Mascha Kaléko*, München: dtv 2004.

Roxana Robinson, *Georgia O'Keeffe. A Life*, Hanover & London, University Press of New England 1989.

Jens Rosteck, *Zwei auf einer Insel. Lotte Lenya und Kurt Weill*, Berlin: Ullstein 1999.

Helma Sanders-Brahms, *Gottfried Benn und Else Lasker-Schüler. Giselheer und Prinz Jussuf*, Reinbek: Rowohlt 1998.

David Schnarch, *Intimität und Verlangen. Sexuelle Leidenschaft in dauerhaften Beziehungen*, Theo Dierdorf und Hildegard Höhr (Üb.), Stuttgart: Klett-Cotta 2015 (6. Aufl.).

Julia H. Schröder, *Cage & Cunningham Collaboration. In- und Interdependenz von Musik und Tanz*, Hofheim: Wolke 2011.

Jürgen Serke, *Frauen schreiben. Ein neues Kapitel deutschsprachiger Literatur*, Frankfurt: S. Fischer 1982.

Robert Shelton, *Bob Dylan. No Direction Home. Sein Leben, seine Musik 1941-1978*, Gisbert Haefs (Üb.), Hamburg: Edel Germany 2011.

Interview mit Robert Shelton, in: *Bob Dylan. The Essential Interviews*, Jonathan Cott (Hrsg.), New York: Wenner Books 2006, S. 81-91.

Kenneth Silverman, *Begin Again. John Cage. A Biography*, New York: Alfred Knopf 2010.

Susan Sontag, *On Photography*, New York: Farrar, Straus and Giroux 1973.

dies., *Aids und seine Metaphern*, Holger Fliessbach (Üb.), München: Hanser 1989.

dies., *So leben wir jetzt* (1986), Karin Graf (Üb.), Zürich – Frankfurt – New York: Parkett 1991.

dies., »Dankesrede«, Reinhard Kaiser (Üb.), in: *Friedenspreis des Deutschen Buchhandels 2003: Susan Sontag. Ansprachen aus Anlass der Verleihung*, Frankfurt am Main: Börsenverein des Deutschen Buchhandels im Verlag der MVB 2003. S. 60 und https://www.friedenspreis-des-deutschen-buchhandels. de/alle-preistraeger-seit-1950/2000-2009/susan-sontag.

*Conversations with Susan Sontag*, Leland Poague (Hrsg.), Jackson: University Press of Mississipi 1995.

Howard Sounes, *Down the Highway. The Life of Bob Dylan*, New York: Grove Press 2001.

*Sprich leise, wenn du Liebe sagst. Der Briefwechsel Kurt Weill – Lotte Lenya*, Lys Symonette und Kim H. Kowalke (Hrsg. & Üb.), Köln: Kiepenheuer & Witsch 1998.

Alfred Stieglitz, *Georgia O'Keeffe: a Portrait*, mit einer Einführung von Georgia O'Keeffe, New York: Metropolitan Museum of Art 1997.

Andrea Stoll, *Ingeborg Bachmann. Der dunkle Glanz der Freiheit. Biografie*, München: C. Bertelsmann 2013.

Terry Teachout, *Pops. A Life of Louis Armstrong*, Boston & New York: Houghton Mifflin Harcourt 2010.

Chemjo Vinaver, *Anthology of Hassidic Music*, Eliyahu Schleifer (Hrsg.), Jerusalem: The Hebrew University of Jerusalem 1985.

Erica Wagner: *Ariel's Gift. A Commentary on Birthday Letters by Ted Hughes*, London: Faber & Faber 2000.

*Kurt Weill. Musik und Theater. Gesammelte Schriften*, Stephen Hinton und Jürgen Schebera (Hrsg.) Berlin: Henschelverlag 1990.

Jürg Willi, *Psychologie der Liebe. Persönliche Entwicklung durch Partnerbeziehungen*, Stuttgart: Klett-Cotta 2002.

James Woodall, *John Lennon und Yoko Ono. Zwei Rebellen – eine Poplegende*, Berlin: Rowohlt 2001.

Gisela Zoch-Westphal, *Aus den sechs Leben der Mascha Kaléko*, Berlin: arani 1987.

Paul Zollo, *Song-Writers on Song-Writing*, Cambridge: Da Capo Press 2003 (2. Aufl.).

# BILDNACHWEIS

PROJEKTE Seite 9 Getty Images/Rowland Scherman/National Archive/News-makers (Joan Baez und Bob Dylan beim Freiheitsmarsch in Washington, D.C., 28. August 1963) Seite 18 Bayerische Staatsbibliothek München/Bildarchiv (Ilse Aichinger und Günter Eich, 1964) Seite 33 Mit freundlicher Genehmigung der Josef and Anni Albers Foundation (Anni und Josef Albers, ca. 1935) Seite 44 & 45 Tim Nighswander/Imaging4Art/© The Josef and Anni Albers Foundation Seite 46 Getty Images/Gilles Petard/Redferns (Louis Armstrong mit den Hot Five, von links nach rechts: Louis Armstrong, Johnny St Cyr, Johnny Dodds, Kid Ory and Lil Hardin, ca. 1926) GEGENSÄTZE Seite 59 Uwe Walter, Berlin (Rosa Loy und Neo Rauch) Seite 69 Mit freundlicher Genehmigung der Galerien EI-GEN+ART, David Zwirner, Kohn Gallery, Galerie Kleindienst, Gallery Baton, Ly-les & King/Uwe Walter Seite 70 © privat (Friederike Mayröcker & Ernst Jandl, Kennenlernen, 1954) Seite 81 Getty Images/G. D. Hackett/Hulton Archive (Lotte Lenya und Kurt Weill, um 1940) WIR Seite 95 Mit freundlicher Genehmigung der Marina Abramović Archives/© Ulay und Marina Abramović (Marina Abra-mović und Ulay: Relation in Space, Biennale 1976) Seite 103 © 1972 Bob Gruen (Yoko Ono and John Lennon at Butterfly Studios in New York City, 1972) Sei-te 121 Deutsches Literaturarchiv Marbach (Mascha Kaléko und Chemjo Vinaver) DIALOG Seite 135 Bild links: Getty Images/Leonardo Cendamo (Susan Sonntag, 2000), Bild rechts: Getty Images/Mike Coppola (Annie Leibovitz, 2019) Seite 149 Mit freundlicher Genehmigung der Castine Historical Society (Elizabeth Hard-wick (Lowell) und Robert Lowell, Castine, Maine, 1977) Seite 164 Heinz Bach-mann (Ingeborg Bachmann und Paul Celan im Prater-Vergnügungspark in Wien, 1948) RISIKEN UND NEBENWIRKUNGEN Seite 183 Getty Images/Fox Pho-tos/Hulton Archive (Marilyn Monroe und Arthur Miller am Flughafen London, 14. Juli 1956) Seite 194 Lawrence Larkin/Jason McCoy Collection, entnommen aus *Paarbeziehungen*, Barbara von Bechtolsheim, 2020 (Lee Krasner und Jack-son Pollock in Pollocks Atelier, 1950) Seite 212 Bridgeman Images/Christie's Images/© Pollock-Krasner Foundation Seite 213 akg-images/© Pollock-Kras-ner Foundation Seite 214 Interfoto/Writer Pictures Ltd (Sylvia Plath und Ted Hughes, 1956) PURE GEGENWART Seite 229 Mit freundlicher Genehmigung der State Archives of North Carolina/John Cage Trust, New York (John Cage und Merce Cunningham, 1953) Seite 248 Getty Images/Hulton Archives (Scott und Zelda Fitzgerald, 1921) Seite 261 Bild links: Deutsches Literaturarchiv Marbach (Gottfried Benn, Brüssel 1915/16), Bild rechts: Suhrkamp Verlag (Else Lasker-Schüler als Performance-Künstlerin, 1909/1910) Seite 269 Everett Collection/CSU (Georgia O'Keeffe und Alfred Stieglitz, 1936) Seite 279 akg-images Seite 280 akg-images/© Georgia O'Keeffe Museum

Für die Wiedergabe der Werke von Josef und Anni Albers, Neo Rauch und Rosa Loy, Ulay und Marina Abramović, Lee Krasner, Jackson Pollock, Georgia O'Keeffe: © VG Bild-Kunst, Bonn, 2022

## »Mein geliebtes Herz«

Als Otto von Bismarck mit Anfang dreißig seine politische Karriere plant, fehlt ihm nur noch die passende Frau. Die findet er in der Gutsherrentochter Johanna von Puttkamer. Über die Verbindung mir ihr verspricht sich Bismarck eine Unterstützung seines Aufstiegs durch ihre Verwandtschaft.

Äußerlich eher unscheinbar, neun Jahre jünger als Bismarck und sehr fromm, wird Johanna die erste Kanzlergattin Deutschlands. Und obgleich ihr Zusammenleben schon alle Spannungen einer modernen Politikerehe zeigt, trotz langer Trennungen, Eifersucht, Überarbeitung und Krankheit wird der Pakt fester, den sie mit ihrer Liebe geschlossen hatten für – wie Johanna von Puttkamer sagte – Zeit und Ewigkeit.

**Gabriele Hoffmann, Otto von Bismarck und Johanna von Puttkamer. Die Geschichte einer großen Liebe.** Mit zahlreichen Abbildungen. insel taschenbuch 4431. 400 Seiten

**»… doch bist Du mir das beglückendste Wunder meines Lebens.«** Ninon Hesse

Ninon war vierzehn Jahre alt, als sie 1910 an den berühmten Autor des Peter Camenzind schrieb – zwanzig Jahre später wurde sie seine Frau. Nach Jahren der Korrespondenz besucht Ninon – inzwischen von ihrem ersten Mann, dem Wiener Künstler Benedikt Fred Dolbin, getrennt – Hermann Hesse erstmals 1922 im Tessin. Fünf Jahre später bricht sie alle Brücken hinter sich ab, verkauft ihr Elternhaus, löst ihren Wiener Hausstand auf, um Hesse aus einer lebensbedrohenden Krise zu retten. Sie wird zu seiner Vertrauten und ist ihm besonders in der krisenhaften Zeit des *Steppenwolfs* so unentbehrlich, dass der Schriftsteller das Wagnis einer dritten Ehe eingeht. Es wird eine harmonische Ehe, die über drei Jahrzehnte bis zu Hesses Tod währt.

Doch wer war diese außergewöhnliche Frau, die Hesse von der Zerrissenheit des mittleren Lebensjahrzehnts zur inneren Stabilisierung und Ausgewogenheit seines Spätwerks führte? Und dabei auch ihre eigenen kunsthistorischen Interessen nicht vernachlässigte?

Gisela Kleine erzählt fesselnd und einfühlsam die Geschichte dieser Ehe und zeigt, wie die dialogische Gemeinschaft mit Ninon auch das Werk Hermann Hesses geprägt hat.

**Gisela Kleine, Ninon und Hermann Hesse.** Biographie eines Paares. Mit zahlreichen Abbildungen. insel taschenbuch 4498. 663 Seiten. Auch als eBook erhältlich.

»Es giebt ein Wesen auf der Welt,
woran mein Geist Jahrtausende
verweilen kann und wird.«

Im Jahr 1796 trifft der Dichter Friedrich Hölderlin auf Suzette Gontard. Die Frau eines Frankfurter Bankiers suchte nach einem Hauslehrer für ihre vier Kinder. Diese Begegnung ist der Beginn einer leidenschaftlichen Liebesbeziehung. Drei Jahre leben sie unter einem Dach, treffen sich heimlich, tauschen Briefe, zögern die unvermeidliche Trennung immer wieder hinaus. Als Suzette 1802 überraschend stirbt, stürzt dies den Dichter in eine Lebenskrise, von der er sich nie ganz erholen wird. Seiner großen Liebe setzt er in der Gestalt der Diotima in seinem Roman *Hyperion oder Der Eremit in Griechenland* ein Denkmal.

Mit Empathie und Genauigkeit erweckt Beatrix Langner die intensive Amour fou im Hause Gontard zum Leben, füllt sie mit Briefen, Tagebucheintragungen und Szenen aus dem Alltag und zeichnet so die dramatische Liebesgeschichte von Hölderlin und seiner Diotima nach.

**Beatrix Langner, »Übermächtiges Glück«.** Die Liebesgeschichte von Hölderlin und Diotima. insel taschenbuch 4772. 239 Seiten. Auch als eBook erhältlich.